# EL PROTOCOLO FAMILIAR
# GUÍA PRÁCTICA PARA SU
# ELABORACIÓN EN 7 SESIONES

# EL PROTOCOLO FAMILIAR GUÍA PRÁCTICA PARA SU ELABORACIÓN EN 7 SESIONES

## *LA FORMA MÁS EFECTIVA PARA TRABAJAR EN PAZ EN FAMILIA*

**MAURICIO EDUARDO ÁLVAREZ MARTÍNEZ**
**JESÚS RENÉ DE LEÓN RODRÍGUEZ**

Número de Control de la Biblioteca del Congreso de EE. UU.:      2014919630
ISBN:          Tapa Dura                        978-1-4633-9511-7
               Tapa Blanda                      978-1-4633-9512-4
               Libro Electrónico                978-1-4633-9513-1

Este libro fue impreso en los Estados Unidos de América.

Diseño de portada: Juan Ángel García Saucedo.
Fotografía de contraportada: Andrés Josué De León

Fecha de revisión: 23/12/2014

**Para realizar pedidos de este libro, contacte con:**
Palibrio
1663 Liberty Drive
Suite 200
Bloomington, IN 47403
Gratis desde EE. UU. al 877.407.5847
Gratis desde México al 01.800.288.2243
Gratis desde España al 900.866.949
Desde otro país al +1.812.671.9757
Fax: 01.812.355.1576
ventas@palibrio.com
663981

# ÍNDICE

# SOBRE LOS AUTORES

**Mauricio Eduardo Álvarez Martínez** es Director Fundador del *Family Business Institute* de México, institución dedicada a la generación de conocimiento sobre las empresas familiares y al servicio de capacitación y consultoría a familias empresarias, con sede en Monterrey, N.L., México.

Consultor de familias empresarias con amplia experiencia en la elaboración de Protocolos Familiares. Recibió el certificado de consultor del *Family Firm Institute* (Boston, MA, EUA). Egresado del Programa *Leading the Family Business* del IMD Suiza. Fue el primer Latinoamericano en formar parte del consejo (*Member of the Board*) del *Family Firm Institute* (Boston, MA) y del consejo del *Family Enterprise Research Conference* (Canadá). Instructor del programa del Certificado para Consultores del *Family Firm Institute*. Ha realizado un extenso número de investigaciones sobre las empresas familiares en México. Entre sus publicaciones se encuentran los libros "Lecciones para Empresarios Familiares" Volúmenes 1, 2 y 3. Ha publicado en la revista Expansión y sus estudios se han divulgado en revistas como *Latin Trade y Entrepreneur*. En Monterrey, N.L. dirigió durante 10 años el primer Centro de Empresas Familiares instalado en una universidad de esta ciudad. Ha sido orador huésped, expositor e instructor en diversos países de América Latina y en los Estados Unidos.

mauricio@empresasfamiliaresmexico.com
www.empresasfamiliaresmexico.com

**Jesús René De León Rodríguez** es Socio Fundador de Renovo Consultores, S.C, institución dedicada a la capacitación y consultoría a familias empresarias, con sede en Monterrey, N.L., México.

Consultor de familias empresarias con amplia experiencia en la elaboración de Protocolos Familiares. Fue consultor asociado durante 10 años en el primer Centro de Empresas Familiares instalado en una universidad en la ciudad de Monterrey, N.L. Obtuvo el grado de Licenciado en Psicología y una maestría en Psicología por la *Vanderbilt University* en Nashville, TN, en los Estados Unidos. Forma parte del consejo de administración de varias empresas familiares mexicanas. Sus estudios de investigación sobre empresas familiares le han valido el reconocimiento como mejor investigación y algunas de ellas se han divulgado en la revista *Entrepreneur* y en el libro "Lecciones para Empresarios Familiares" Volumen 3. Ha sido orador huésped, expositor e instructor en diversos países de América Latina y en los Estados Unidos.

jrdeleon@renovo.com.mx
www.renovo.com.mx

## Dedicatoria
## Mauricio Eduardo Álvarez Martínez

A mi esposa Isabel Yolanda
A mis hijos Mauricio Eduardo, Isabel Alejandra y Álvaro Eduardo
A mi hija política: Verónica Choi
A mis padres políticos Álvaro e Isabel
mi familia empresaria favorita

A mi hermana Patricia
A quien admiro por su amor y paciencia en su proceso de sucesión

A mis padres y a mis hermanos

De todos ellos aprendí que no es suficiente nacer como familia,
sino que hay que construir la familia.

## Dedicatoria
## Jesús René De León Rodríguez

A mi esposa Myrna
A mis hijos Abraham, Daniel, Josué y María (la muqueta)

A mis padres:
Marcos y Elia

A mis hermanos:
Marcos (Quitos), Roberto (Robe), Armando (Mandis),
Gerardo (Geris), David (Mac) y Alejandro (Ale)

De quienes he aprendido el sentido de vivir en una familia armoniosa.

Con un especial agradecimiento a mi hermano Armando (Mandis)
de quien tengo referencias muy importantes en mi vida. Por su
testimonio vocacional de entrega, dedicación, esmero y la calidad
de su evangelización que ha inspirado mucho de mi quehacer
como consultor y ha marcado el discurso de este libro.

# PRÓLOGO – TRABAJANDO EN PAZ EN FAMILIA

En su homilía de año nuevo, el padre Armando De León habló sobre el deseo del Papa Benedicto XVI de que todos tuviéramos un año de paz y de esperanza y de su propuesta de que el tema de reflexión en la noche de fin de año fuera la paz. Comentó que la paz es un don de Dios y que quien la alcanza vive el sentido pleno de la palabra hebrea "Shalom", es decir, vive en armonía consigo mismo, con los demás, con la naturaleza y con el creador.

Continuó diciendo que la paz es necesaria, que todos nos debemos esforzar por construirla, y que en estos momentos que nos ha tocado vivir, se impone el educar a las nuevas generaciones en este ideal para preparar una nueva era mejor para toda la humanidad y un tiempo mejor para nuestra familia. Habló que en la encíclica "Paz en la Tierra", Juan XXIII propuso tres acciones para vivir en paz, tres pilares sobre los cuales se ha de construir la paz. Estos son: La Verdad, la Justicia y el Amor. Habló también que Benedicto XVI, en su encíclica "Salvado en Esperanza", invita a colocar un cuarto pilar para conquistar la paz. Este pilar es la Esperanza.

A través de nuestra labor como consultores de familias empresarias, nos hemos dado cuenta que estos pilares resumen todo lo que hemos estudiado y aprendido sobre las familias a las que hemos tenido la oportunidad de servir, y que toda familia puede trabajar en construir estos pilares para si misma, para poder trabajar en paz.

Veamos cómo podemos colocar cada uno de estos cuatro pilares en nuestra empresa familiar.

## Primer Pilar: "Hablar con la verdad"

Es nuestra experiencia que, generalmente, los problemas que surgen en las familias que trabajan juntas, es por fallas en la comunicación. Y no es sólo la simple falta de comunicación, sino la falta de una comunicación adecuada.

Una comunicación adecuada, efectiva, se logra con este pilar: hablando con la verdad. El hablar con la verdad y en forma oportuna, genera un elemento indispensable en las familias empresarias que se mantienen unidas: la confianza.

- ¿Puedo yo confiar en que lo que me dice mi hermano, mi hermana, mis familiares sobre la empresa, es cierto?
- ¿Puedo yo confiar en que lo que están haciendo los demás miembros de la familia en la empresa corresponde a lo que deben hacer y que además lo hacen bien?

"Cuando se genera desconfianza se pierde la paz", nos dice el padre Armando. Si esto nos pasa en la empresa, si hay desconfianza entre los que trabajan juntos, se generan costos extras que ponen en desventaja a nuestro negocio. La desconfianza nos hace ganar menos dinero o muy seguramente, nos hace perder dinero.

El hablar con la verdad en todo ante la familia, ante los accionistas que son nuestros socios y seguramente también familiares nuestros, y ante quienes laboran en la empresa, genera un ambiente en el que es seguro trabajar, haciendo nuestra empresa mucho más productiva, más competitiva y más rentable.

Al hablar con la verdad educamos a nuestros hijos para que sean no sólo buenos hermanos, sino buenos socios. Si nuestro sueño es ver a nuestros hijos trabajando juntos en paz, como buenos socios, nos deben ver hablando con la verdad. Si nuestro sueño es trabajar en paz con nuestros hermanos, debemos hablarles con la verdad. Si queremos que nos hablen con la verdad, debemos hablar con la verdad.

## Segundo Pilar: Tratarse con Justicia

El padre Armando decía en su Homilía: "Donde hay injusticia, donde un hombre o una mujer es tratado injustamente y no es respetado en sus derechos, donde un hombre y una mujer no cumple con sus obligaciones responsablemente, se pone en riesgo la paz".

En la empresa familiar, cuando uno de los miembros de la familia se siente tratado injustamente, se genera división. Cuando uno de los familiares, hombre o mujer, no cumple con sus obligaciones responsablemente, se pone en riesgo la paz de la familia trabajando juntos.

El problema con el concepto de justicia es que cada uno tiene su propia percepción de lo que es justo. En la empresa familiar, debemos entonces hacernos estas preguntas con respecto a la justicia: ¿Cada uno de los miembros de la familia recibe lo que corresponde de acuerdo con su condición de familiar, empleado de la empresa o accionista? ¿Cada uno de los miembros de la familia cumple con sus obligaciones responsablemente?

Para mantener la paz actuando con justicia, debemos entonces definir claramente algunas cosas tales como las siguientes:

- Roles de cada uno de los miembros de la familia. Cuáles son las responsabilidades de cada uno en la empresa y en la familia.
- Los ingresos a que tiene derecho cada uno de los miembros de la familia dependiendo de los roles que desempeña.
- Indicadores de desempeño. ¿Cómo sabemos si se está cumpliendo con lo que se le asignó? Tenemos que evaluar a cada miembro de la familia, con indicadores bien diseñados.

La mejor forma de evitar que alguien se sienta tratado injustamente, es poniendo las reglas claras desde un principio. La justicia se va a medir con respecto a lo que hemos acordado. Si tratamos a todos con justicia, de acuerdo con lo que convenimos, podremos trabajar en paz.

"La justicia nos conduce a darle a cada uno lo que corresponde en tiempo, en atención, en bienes materiales y en afecto", nos dice el padre Armando.

## Tercer pilar: "Saber perdonar"

El tercer pilar como lo planteó el padre Armando es el Amor. Donde hay odio, rencor y deseos de venganza no hay lugar para el amor y se destruye la paz.

Este tercer pilar lo enfocamos en la empresa familiar como el saber perdonar. Por amor es que debemos perdonar. Juan Pablo II decía "No hay paz sin perdón".

Hemos observado que una de las barreras más fuertes que se autoimponen los miembros de la familia para llegar a acuerdos que les permitan trabajar en paz es el aferrarse a situaciones que han ocurrido en el pasado. Es una fuerza desoladora. Basamos nuestras estrategias para trabajar juntos en lo que sucedió en el pasado y no en lo que deseamos para el futuro, aun a costa de nosotros mismos.

Cuando perdonas, recuperas tu vida. Cuando perdonas, liberas tu mente. Cuando perdonas, puedes continuar tu vida poniendo tus energías en tus prioridades, y no en mezquindades, nos dice el Padre Armando.

En la empresa familiar, cuando no perdonamos, no actuamos como lo haríamos normalmente, sino de acuerdo con nuestra amargura. Al no perdonar, la falta de perdón nos mantiene bajo control. Sin embargo, si perdonamos, entonces podemos mantener el control de nosotros mismo y dedicarnos a lo que realmente es importante.

Perdonar no significa que olvidas lo que te hicieron - el perdonar significa liberarte de la ofensa que te causaron de tal forma que puedas continuar teniendo una vida plena. Cuando perdonamos no es al otro a quien hacemos el favor, es a nosotros mismos.

Perdonar es reconocer que todos somos diferentes y que todos cometemos errores. Es también una oportunidad para sacar provecho de las características que nos hacen diferentes, en favor del proyecto empresarial que compartimos y que queremos perdure en las siguientes generaciones.

Tenemos que abandonar lo que vivimos en el pasado y basar nuestro actuar en lo que esperamos para el mañana, lo que nos lleva al cuarto y último pilar para construir la paz.

**Cuarto pilar: Tener esperanza**

Uno de los primeros ejercicios que hacemos con las familia que asesoramos es el definir el por qué quieren continuar unidos trabajando en la empresa familiar.

Invariablemente las respuestas a esta pregunta reflejan en ellas la esperanza de un futuro mejor, tanto para la empresa como para cada uno de los integrantes de la familia.

- "Juntos podremos hacer crecer nuestro patrimonio"
- "Juntos podremos aprovechar las ventajas de ser familiares"
- "Juntos podremos continuar la labor de nuestros padres"
- "Juntos nos apoyaremos unos a otros a lograr nuestras metas personales"

El trabajar juntos en familia no ha sido ni será nunca una cosa sencilla. Más bien es difícil. Pero lo podemos lograr si compartimos la esperanza de lograr algo juntos. Cuando se complican las cosas, es bueno tener una razón para seguir adelante ¿Por qué soportar a mi hermano, a la cuñada o al cuñado? ¿Por qué seguir insistiendo en que se hagan las cosas mejor en la empresa cuando parece que nadie nos escucha? ¿Por qué voy a hablar con la verdad aunque me afecte? ¿Por qué voy a tratar a los demás con justicia? ¿Por qué voy a perdonar al familiar que me ofende? La esperanza en tener una familia unida y una empresa exitosa nos mueve a cambiar nuestro actuar. La esperanza nos fortalece para seguir luchando con optimismo superando el cansancio y la desilusión.

Las familias tienden a atribuir el que no pueden trabajar juntas al hecho de que no existe suficiente amor entre ellos, y generalmente no es así. Las familias que no pueden trabajar juntas es porque no han tenido la capacidad de coincidir en un sueño común.

En la empresa familiar la esperanza se manifiesta en la definición de un sueño común por el que todos los miembros de la familia están dispuestos a trabajar y a hacer sacrificios. Es la visión familiar de un mañana mejor, en el que disfrutamos una empresa exitosa y en el que la familia trabaja en paz.

El trabajar en paz, como se ha visto, es posible. Si se busca tener estos cuatro pilares se podrá hacer realidad. Hay que iniciar con el primer paso. No será un camino fácil, pero la esperanza de lograrlo los mantendrá en el camino.

Siguiendo las 7 sesiones descritas en este libro su familia podrá diseñar las estrategias para poder trabajar en paz juntos.

# CONCEPTOS SOBRE EL PROTOCOLO FAMILIAR

El Protocolo Familiar es el proceso mediante el cual se obtiene en forma consensuada un grupo de acuerdos entre los miembros de una familia, los que les permite trabajar en paz para la empresa de su propiedad, buscando su desarrollo y continuidad en las siguientes generaciones. El Protocolo Familiar va más allá de un simple documento. Mediante la aplicación de la metodología altamente probada que se describe en este libro, el Protocolo Familiar se transforma en un proceso mediante el cual los miembros de la familia participante se capacitan para comprender lo que implica el ser parte de la empresa familiar y entender sus posibles roles en ella, a un grado tal que les permite definir, con plena consciencia, qué es lo que quieren lograr juntos, cómo desean participar en la empresa familiar y establecer el firme compromiso de trabajar en paz para hacer realidad lo que aspiran como familia, como individuos y como empresarios.

Si bien hay algunos instrumentos corporativos que pueden ser eficaces por su obligatoriedad ante la ley, como lo indica Manuel Díaz Salazar, estos no son suficientes para regular todos los aspectos que de una forma u otra afectan la empresa familiar, como lo son la confianza mutua y el compromiso con la empresa. Para lograr esto, la familia debe ponerse de acuerdo sobre cómo trabajar juntos en forma efectiva. El ponerse de acuerdo debe iniciarse con la elaboración de lo que Miguel Ángel Gallo llamó hace ya más de 20 años el "Protocolo Familiar". También recibe otros nombres como "Constitución Familiar", "Código de Entendimiento Familiar", "Plan Estratégico de la Familia", "Principios de Familia", "Convenio Familiar" y "Políticas Familiares", entre otros.

En este capítulo exploraremos los aspectos más comunes de un Protocolo Familiar, contestando a las preguntas que con más frecuencia se plantean los miembros de familias empresarias con respecto a su elaboración:

1. ¿Por qué un Protocolo Familiar?
2. ¿En qué etapa de la familia y de la empresa es conveniente desarrollarlo?
3. ¿Cuál es el momento adecuado para desarrollar el Protocolo Familiar?
4. ¿Quiénes deben participar en el desarrollo del Protocolo Familiar?
5. ¿Cuánto tiempo toma el desarrollar un Protocolo Familiar?
6. ¿Por qué necesitamos consultores para apoyar el proceso de elaboración del Protocolo Familiar?
7. ¿Qué beneficios podemos esperar de tener un Protocolo Familiar?
8. ¿Cuáles son los factores clave en el éxito de un Protocolo Familiar?
9. ¿Son válidos legalmente los acuerdos del Protocolo Familiar?

## 1. Por qué un Protocolo Familiar

El Protocolo Familiar debe ser concebido como un proceso y no simplemente como un documento impreso. Es un proceso mediante el cual los miembros de la familia empresaria aprenden a trabajar juntos, a resolver los desacuerdos y situaciones que están poniendo en peligro la unión de la familia y la continuidad de la empresa, estableciendo la forma en que evitarán o resolverán en el futuro, los desacuerdos y situaciones que se presenten en su relación como empresarios y como familiares.

Invariablemente, las familias a las que hemos asesorado para pasar por su proceso de elaboración del Protocolo Familiar han expresado, al firmar el documento final, que lo más valioso de llegar a ese momento, fue el aprendizaje que obtuvieron de todas las experiencias que vivieron juntos en el tiempo que trabajaron en la redacción de su Protocolo Familiar. Cuando el proceso se vive en forma intensa, dejando atrás toda malicia, la familia habrá aprendido a manejar cualquier situación que se les presente posteriormente. Al final de cuentas habrán aprendido la forma en que pueden trabajar juntos. De esta forma, el Protocolo Familiar se convierte en un acuerdo entre los miembros de la familia que regula las relaciones familiares, económicas y profesionales entre los que son propietarios de la empresa, para la organización y administración efectiva de su negocio.

¿Qué es lo que sucede en un proceso de cambio de generación que lleva al fracaso a una elevada proporción de empresas familiares? La empresa familiar es una empresa como cualquier otra empresa en el sentido que está sujeta a las fuerzas del mercado. Su supervivencia a largo plazo depende de lo adecuado de las decisiones tomadas por quienes la dirigen. La empresa familiar que desaparece, generalmente es por la falta de decisiones adecuadas que la lleva al fracaso ¿Es lo mismo que con una empresa no familiar? Claro que lo es, el problema es que la empresa familiar tiene un factor adicional que puede operar en contra o a favor de la toma de buenas decisiones. Nos referimos a la familia. Es entonces de vital importancia el asegurarse que el factor familia siempre sea un factor positivo, especialmente por las consecuencias que se pueden tener no sólo para la empresa, sino para la familia misma. Si los miembros de una familia aprenden a trabajar juntos, las oportunidades que tienen de tomar mejores decisiones se incrementarán.

Las familias empresarias, que por su naturaleza tienden a estar juntos un mayor número de horas a la semana, tanto en el trabajo como en casa, están más propensos a toparse con situaciones que crean conflictos, los cuales afectan su relación familiar y de negocios. La mejor forma de manejar esos conflictos es anticipándose a ellos, y esto se puede hacer estableciendo las reglas de convivencia y comunicación abierta que aplicarán en esa prolongada estadía juntos, lo que les permitirá mantener su familia unida y eliminar factores que pueden empañar un proceso efectivo de toma de decisiones de negocio.

El Protocolo Familiar, concebido como un proceso, es una herramienta valiosa para lograr lo anterior ¿Que no lo es todo? Por supuesto que no, pero es una herramienta que muchas familias han utilizado y a una gran mayoría de ellas les ha sido útil para establecer las bases en que habrán de trabajar y convivir, abriendo mejores posibilidades al éxito de su empresa.

## 2. Etapas cruciales en las que el Protocolo Familiar puede ayudar

El Protocolo Familiar no tiene sentido cuando sólo está el fundador de la empresa. En la medida en que se van incorporando más miembros de la familia o la propiedad de la empresa se encuentra en más personas, la necesidad de acuerdos familiares se incrementa. Así que el Protocolo Familiar se vuelve crítico en la medida en que se avanza hacia más generaciones en la empresa familiar, ya sea trabajando en ella o simplemente como socios al ser propietarios de las acciones de la sociedad. Generalmente son dos las etapas en las cuales es importante establecer acuerdos de familia.

La primera es aquella en que los miembros de la generación mayor trabajan junto con los miembros de la generación joven (padres e hijos, hijos y nietos, etc.). Esta etapa es una etapa de transición, en la que la familia se prepara para un cambio de generación inminente, donde la transmisión de sólidos principios de negocios basados en los valores de la familia es un aspecto de gran relevancia.

La segunda de las etapas se inicia cuando los miembros de la generación joven se encuentran ya solos tomando decisiones sobre el negocio, sin la presencia diaria de los miembros de la generación mayor (hermanos con hermanos, primos con primos, etc.). Es en esta etapa donde los valores recibidos de la generación anterior rendirán frutos. En esta etapa, los miembros de una misma generación han sido dejados solos para trabajar juntos. Pueden ser hermanos, los hijos del fundador, o pueden ser primos y nietos del fundador, o miembros de generaciones más avanzadas. Es la etapa que más inquietud genera en la generación mayor, que se preguntan si serán capaces de trabajar juntos, unidos y en armonía cuando no estén con ellos, si cumplirán con sus deseos con respecto a la propiedad, al flujo de efectivo acordado, etc.

El Protocolo Familiar debe cubrir esas dos etapas y establecer las reglas de trabajo, convivencia y comunicación que regirán en cada una de ellas.

El Protocolo Familiar resultará tan amplio y complejo como lo familia y la empresa lo requieran. Algunos autores hablan de Protocolos que nacen de una búsqueda de protección para la empresa de los efectos de la interacción con la familia y de Protocolos que buscan proteger a la familia de los efectos de la empresa, buscando la unión y el desarrollo de sus miembros. El Protocolo es un documento que se debe actualizar a las circunstancias de la familia y de la empresa. En una familia determinada s podrán ver, a través del tiempo, las fluctuaciones que se dan en las actualizaciones de su Protocolo Familiar.

## 3. Momento adecuado para la elaboración del Protocolo Familiar

El momento adecuado para desarrollar el Protocolo Familiar será aquél en que los miembros de la familia se pueden sentar pacíficamente a negociar y a buscar consensos sobre cómo habrán de trabajar juntos. Si existen diferencias que no les permiten sentarse a deliberar sobre los asuntos de la empresa y de la familia, que de hacerlo resultaría en discusiones inútiles, es preferible buscar ayuda profesional para resolver las diferencias y emociones que no los dejan negociar.

El Protocolo Familiar es un proceso que demanda discusión y debate, muchas veces acalorado, para poder llegar al consenso. Es indispensable también buscar un momento pacífico para la empresa. Si pretendemos iniciar el proceso de elaboración del Protocolo Familiar en un momento crítico para el negocio, en el que éste demande todos los recursos de sus dueños, es preferible atender la empresa, estabilizar las cosas, poner en orden lo que se haya que poner en orden y después entrar al proceso del Protocolo Familiar. Si no hay empresa, no hay empresa familiar y tampoco se requerirá un Protocolo Familiar.

## 4. Definición de quiénes deben participar en el proceso de elaboración

El proceso de elaboración del Protocolo Familiar exige la colaboración de todos los miembros de la familia propietaria que están involucrados en la empresa familiar. En forma general se puede decir que participan en este proceso aquellos miembros de la familia que actualmente son propietarios y aquellos miembros de la familia que en el futuro, ante los ojos de los actuales propietarios, podrían llegar a tener acciones de la empresa, trabajen actualmente en ella o no.

Adiciones a este criterio podrían ser otras personas, miembros de la familia o no, que sin ser propietarios son respetados por todos y considerados como sabios, prudentes y capaces de ver desinteresadamente por el bien de la familia y de la empresa. La regla general para estos casos es que todos deben estar de acuerdo en incluirlos. Si algún miembro de la familia tiene dudas, es mejor no incluirlos y en todo caso, previo acuerdo, consultarlos si se requiere de una opinión externa.

Excepciones a este criterio podrían ser los menores de cierta edad y familiares que aun cuando cumplen alguno de los criterios mencionados no se pueden integrar a la familia por alguna razón. En este último caso la familia se pone de acuerdo tanto en cómo trabajarán juntos como en cuál debe ser su relación con ese familiar no integrado.

La participación de los familiares políticos

Algunas familias los incluyen, algunos otros no, todos por razones muy particulares de cada familia. Cualquier decisión en este sentido, tomada por la familia después de una reflexión seria, será una buena decisión. Cuando se incluyen es porque se considera que su presencia puede ayudar a crear un ambiente propicio para que los miembros de la familia tomen mejores decisiones. La experiencia muestra que cuando la familia completa desea incluirlos y lo hace, los resultados son muy positivos en términos de comprometerlos a apoyar los acuerdos alcanzados. "Tenía un concepto muy equivocado de lo que era mi cuñado" y "No conocía la generosidad con que se maneja mi suegro", están entre algunas de las expresiones que se han escuchado después de terminar un proceso de elaboración de Protocolo Familiar en que fueron incluidos los familiares políticos. El no incluirlos por alguna razón válida y bien reflexionada seguramente no terminará siendo una experiencia negativa con las familias que han decidido que no participen los familiares políticos. Hay familias que consideraron sano para el proceso el no introducir otros puntos de vista en las deliberaciones para llegar a acuerdo familiares, o que pensaron que la presencia de los familiares políticos podría haber creado un ambiente no propicio para las deliberaciones y los acuerdos. En cualquiera de los casos, en el proceso del protocolo familiar debe incluir sesiones especiales para que estos familiares tomen conciencia de la importancia de los acuerdos que la familia está suscribiendo y de su rol como apoyo para que estos acuerdos se cumplan.

## 5. Duración del proceso de elaboración del Protocolo Familiar

Para definir este tiempo, se habrá de tomar en cuenta que éste es un proceso que no conviene acelerar más allá del tiempo que los miembros de la familia requieren para asimilar y reflexionar a conciencia sobre lo que están acordando. Pero tampoco debe extenderse de tal forma que se pierda el interés o se pierda la secuencia de lo que está sucediendo. El número de participantes no es el único determinante del tiempo que dura el proceso de elaboración del Protocolo Familiar. La duración del proceso depende primordialmente del tiempo que la familia esté dispuesta a invertir en esto y de la motivación que tengan para alcanzar acuerdos.

Fijar un día y una hora de tal manera que todos sepan que tienen ese compromiso familiar ayuda mucho a la continuidad y avance del proceso. Si el proceso se enfoca en la toma de acuerdos en lo que han de realizar, sin desviaciones para implementar algunos de los acuerdos que se alcanzan (a menos que se trate de un asunto que apoye al proceso mismo de elaboración, lo que alarga la conclusión del proceso), la familia podría esperar que su Protocolo Familiar estará concluido en un periodo de un año. Algunas familias podrían realizarlo en diez meses, algunas otras en mucho más tiempo, hasta dos o tres años. La mejor estimación del tiempo de redacción se podrá hacer al terminar la fase de diagnóstico, que es cuando queda claro qué es lo que la familia necesita hacer. Como sucede con toda estimación, es esperable tener variaciones en el tiempo de desarrollo.

## 6. Apoyo de consultores externos en la elaboración del Protocolo Familiar

Un año después de haber contestado a una familia sus dudas sobre la posibilidad de elaborar su Protocolo Familiar se tuvo la oportunidad de platicar nuevamente con uno de sus miembros. Al preguntarles sobre cómo estaban manejando su proceso de acuerdos familiares, comentó que tenían un año tratando de realizarlo ellos solos y que no habían podido avanzar mucho. Si bien es posible que alguna familia pueda hacerlo solo, generalmente es mejor buscar apoyo externo. El consultor externo ofrece ventajas sobre el hacerlo solos. El consultor adecuado complementará a la familia con sus conocimientos, experiencias y características personales.

Gallo y Tomaselli (2006) sugieren algunas características para seleccionar a los consultores adecuados: a) que sean personas que amen las buenas empresas familiares, que en vez de pensar que es preferible profesionalizar la empresa para que deje de ser familiar, estén dispuestos a encontrar la mejor forma de redactar Protocolos Familiares que fomenten la unidad y el compromiso, estableciendo las bases para profesionalizar su empresa y motivando a los miembros de la familia a prepararse para convertirse en los profesionales que requiere su empresa; b) que tengan valores acertados sobre la familia y conozcan el verdadero significado de el desarrollo humano; c) que tengan suficientes conocimiento sobre estrategia y organización; y d) no tiene que ser sólo una persona, es preferible que sea un equipo que se complemente entre si.

## 7. Beneficios de la elaboración de un Protocolo Familiar

El Protocolo Familiar, visto como un proceso, es mucho más valioso por la experiencia que recorren juntos los miembros de la familia que por los acuerdos que toman. Definitivamente los acuerdos son trascendentales e impactarán el futuro del negocio y de toda la familia. Los beneficios concretos más relevantes que se pueden esperar de entrar en este proceso son los siguientes:

a.  Todos en la familia tendrán claro que es lo que buscan como familia y como empresa. La visión de su futuro les permitirá en todo momento tener una guía para definir si sus actos los llevan o los alejan del sueño que han decidido buscar juntos.

b.  Todos en la familia habrán identificado su rol en la empresa familiar, y sabrán a qué atenerse, evitando actos de oportunismo por parte de alguno de ellos.

c.  Se habrá formado en los miembros de la familia una conciencia clara sobre sus deberes como socios responsables.

d.  Se habrá mejorado la comunicación formal e informal entre los miembros de la familia, lo que abre posibilidades ilimitadas para el manejo de asuntos delicados y el aprovechamiento de oportunidades que como familia y como empresa se les presentarán.

e.  Permite a la familia preparar mejor la sucesión en el mando de la empresa.

f.   Se establecen las bases para manejar la empresa en forma profesional.

## 8. Factores clave para el éxito del Protocolo Familiar

Las posibilidades de éxito del Protocolo Familiar se incrementan si se toman en cuenta los siguientes factores:

a.   Al hablar de Protocolo Familiar se está hablando y poniendo en juego primordialmente la familia. La familia debe ser puesta antes que la empresa. Si la familia comprende lo que le conviene, cuidará la empresa y ésta se convertirá en un medio para los fines de la familia.

b.   Mantener como cimiento de los acuerdos los valores y principios familiares.

c.   Anticiparse a los conflictos. No limitarse a resolver lo que está sucediendo, se deberá también prever lo que puede suceder en el futuro, ahora cuando aun no suceden las cosas.

d.   100% de los acuerdos logrado por consenso de los familiares. No se debe dejar fuera a alguien en uno de los acuerdos. Cada uno de ellos deber ser asumido con conciencia por todos los miembros de la familia. Ninguno de sus integrantes debe ceder por sentirse presionado por los demás. Si cede en algún punto, debe ser sólo por el convencimiento de que así es mejor para él y para la familia.

e.   No dejar fuera a personas clave. Esto aplica desde la primera sesión. Se han encontrado padres que prefieren que sus hijos se pongan de acuerdo y después revisar ellos qué fue lo que hicieron. Esto no funciona si el padre no está realmente convencido de dejar en completa libertad a sus hijos de decir cómo serán las cosas en el futuro. Los acuerdos no son los mismos si no están presentes todos los que deben estar.

f.   Actitud positiva y apertura a encontrar la mejor alternativa para la familia como grupo. Se debe pensar en qué puede cada miembro de la familia aportar y no qué se puede sacar de beneficio propio en este proceso. El asistir a las sesiones de elaboración del Protocolo Familiar con la mentalidad de que se deberá hacer lo que uno piensa, sólo estancará el proceso. Se debe asistir con la mentalidad de que se encontrará algo que será bueno para uno mismo y para la familia, para lo que se deberá estar realmente dispuesto a considerar seriamente las propuestas de los demás.

g.  El proceso de elaboración es más importante que los acuerdos que se tomen. El aprendizaje de la familia estará en cómo viven el proceso practicando el comunicarse entre ellos, aprendizaje que será valioso para encontrar cómo tomar decisiones juntos en el futuro y para resolver las situaciones de conflicto que seguramente se les presentarán.

h.  Mantenerlo actualizado, vivo. Se deberá tener esto en mente durante su elaboración. El Protocolo Familiar no se queda como se firma para toda la vida. Se redacta bajo las circunstancias de los participantes y de la empresa vigentes en el momento de su elaboración. En el futuro se podrán hacer ajustes que respondan a las necesidades que en ese entonces tengan la familia o la empresa.

i.  Poner la empresa y la propiedad en orden. Si bien es difícil separar los asuntos de la familia de los de la empresa, es más complicado cuando los bienes de la familia y de la empresa no están delimitados claramente, por ejemplo, cuando terreno del tío puede ser el que se usó para construir la nave de la planta que es propiedad de la empresa. Los acuerdos del Protocolo Familiar deben ser acompañados de acuerdos sobre cómo se pondrán en orden estos aspectos que son fuentes potenciales de conflicto para la familia.

## 9. Validez legal de los compromisos del Protocolo Familiar

Especial cuidado se debe tener al considerar este aspecto del Protocolo Familiar. Si lo que se busca es asegurar que los firmantes del documento cumplan con todo lo que se ha estipulado y lo cual han firmado, el pensar que un documento legal lo garantizará podría ser no realista en un 100%. Los que firman un Protocolo Familiar son personas que llegan a un acuerdo bajo ciertas circunstancias personales, familiares y de la empresa. Estas circunstancias pueden variar con el tiempo y nadie puede asegurar cómo se comportarán esas personas en el futuro, al variar estas circunstancias. Tampoco lo puede asegurar un documento legal, especialmente si el compromiso no nació de un convencimiento personal y una intención sincera de cumplir con lo que se firma.

Es por esta razón que los acuerdos del Protocolo Familiar deben ser, en primera instancia, compromisos morales, asumidos voluntariamente. Los compromisos así adquiridos tienen mayor probabilidad de ser respetados en el futuro, aun cuando las circunstancias cambien para las personas, la familia o la empresa. Si lo que nos preocupa son los bienes que dejaremos a la siguiente generación, también debemos pensar en que la mejor herencia que les podemos dejar es el ejemplo y el amor que les demos mientras estemos con vida.

También con el mismo convencimiento debemos decir que si los acuerdos del Protocolo Familiar son asumidos como un compromiso moral, no tienen por qué no ser asumidos como un compromiso legal, por lo que el que alguien solicite llevarlos a esa instancia no debe ser considerado como muestra de desconfianza, sino como un manifestación adicional de mantenerse en lo que se firma.

La ratificación de las firmas de un Protocolo Familiar ante un Notario por sí sola no garantiza legalmente el cumplimiento de todo lo acordado. Lo que se logra mediante este procedimiento es evitar que alguien pueda desconocer su propia firma. Si bien se puede demandar por daños y perjuicios basados en este documento, en México el comprobar que se ha sido víctima de daños y perjuicios no ha sido muy fácil de establecer, por lo que no se puede garantizar que se tendría éxito en lo que se demande. Se deben establecer estrategias claras para ser seguidas buscando lograr el compromiso legal en los aspectos que más preocupen en este sentido a los miembros de la familia.

Ante la sociedad, los documentos sociales prevalecen con fuerza legal, empezando con el acta constitutiva. Estos documentos son firmados por quienes ostentan los derechos sobre la empresa por ser propietarios de ella, los accionistas. El Protocolo Familiar no reemplaza los estatutos y reglamentos vigentes en una sociedad respecto a los derechos y obligaciones de los accionistas.

Si la validez legal es un aspecto que preocupa a quienes firman el Protocolo Familiar, el documento debe ser redactado como un documento base para que de él emanen documentos con fuerza legal. Es importante antes que nada, tener muy claro qué es lo que se desea hacer valer. Una vez determinado esto, del Protocolo Familiar podría derivarse documentos como los siguientes:

a. Estatutos de la sociedad
En este documento se pueden incluir los acuerdos alcanzados que a la familia no le preocupe se vuelvan públicos, dado el carácter de escritura pública que tiene el acta constitutiva de una empresa, por lo que los asuntos privados de la familia no serán incluidos aquí.

b. Convenio entre accionistas
Varios de los acuerdos del Protocolo Familiar pueden ser llevados a este instrumento, comprometiendo legalmente a quienes participan en él. No todos los que firman el Protocolo Familiar son accionistas en el momento de suscribirlo, aunque se tenga expectativas de que puedan serlo en el futuro, por lo que habrá que encontrar una estrategia para sean obligados legalmente en un convenio entre accionistas, como el otorgarles al menos una acción de la sociedad.

c. Testamentos
Habrá que considerar la posibilidad de que el testamento pueda ser impugnado, por lo que no todo lo que se diga en él tendrá un 100% de garantía de que se cumplirá. También es importante recordar que al heredar en un testamento las acciones o bienes de una empresa, las acciones o

bienes heredados se transmiten y se reciben con la carga u obligación que se estableció por el propietario original.

d.  Fideicomisos

Un instrumento que ayuda a cumplir con lo acordado son los fideicomisos. Este instrumento, bien manejado, puede proteger y asegurar que los bienes que se aporten (dinero, derechos, acciones, etc.) sólo serán aplicados a los fines que se indiquen.

Es importante que se discutan abiertamente todas las inquietudes que se tengan y se llegue a un consenso sobre lo que ha de proceder, para lo que es muy útil el contar con la asesoría legal adecuada durante el proceso de elaboración del Protocolo Familiar. En la Sesión 4 de este libro encontrarán más información sobre aspectos legales relacionados con los acuerdos del Protocolo Familiar.

# SESIONES PARA LA ELABORACIÓN DEL PROTOCOLO FAMILIAR

Cada familia y empresa son únicas, las circunstancias por las que atraviesan también son únicas y no existen recetas para resolver toda circunstancia. Así que los puntos que cada familia incluye en su Protocolo Familiar varían. Sin embargo, hemos clasificado en seis sesiones los asuntos que más afectan a la familia empresaria, más una adicional para planear la implementación de lo que se acuerde en las primeras seis. Cada uno de estos aspectos causa inquietud y pone en tensión las relaciones familiares, afectando la objetividad con que se toman las decisiones de negocio, de donde se deriva el conocido fracaso en el cambio de generación.

Cada uno de estos aspectos se deberá tratar en familia y ésta deberá tomar decisiones sobre la forma en que los manejarán en el futuro, guiados por los ejercicios que se les presentan. De una respuesta clara y consensuada a cada uno de estos siete aspectos vitales, que en caso de que se desvíe de una base estricta de criterio de negocio explique el por qué, depende que la familia se comprometa al éxito del proceso de cambio generacional que está viviendo y que avanza inevitablemente.

Este libro no pretende ser un libro de texto para entender las empresas familiares. Ya existen una extensa cantidad, y muy buenos, enfocados a describir y explicar la dinámica de las familias empresarias. El objetivo de este libro es poner en práctica lo que se dice deben hacer las familias empresarias, es un libro que responde a la pregunta ¿Y cómo hacemos para aterrizar eso que nos dicen debemos hacer? Nos extenderemos en la presentación de conceptos que consideramos muy relevantes, en los que se aportan nuevos puntos de vista y en los que nos interesa convencer a la familia de tomarlos en cuenta. Los ejercicios que se encomiendan a la familia en este libro han surgido no sólo de lo expresado por decenas de autores consultados, sino en mayor proporción de lo aprendido en la práctica de asesoría a cientos de familias empresarias.

En este libro se incluyen las siguientes sesiones de trabajo:

## Sesión 1: Definir el sueño de empresa y familia: en qué creemos y hasta dónde queremos llegar juntos

En esta sesión la familia discutirá y tomará una decisión trascendental: ¿Continuaremos juntos o será mejor separarnos? Es importante que la familia tome una decisión sobre este asunto, ya que con base en ella se redactarán los acuerdos del Protocolo Familiar. Si la familia decide que la separación es la mejor opción, entonces se deberán establecer los acuerdos para lograr una separación que no afecte la relación familiar y maximice el valor de sus negocios en la separación. Si la familia decide permanecer unida, los acuerdos se encaminarán a definir la manera en que lo harán y a reforzar el compromiso de todos a que su empresa se desarrolle y permanezca en las siguientes generaciones.

En esta sesión la familia buscará razones de peso que sustenten su deseo de trabajar juntos por un sueño que también habrán de definir. En general, en esta sesión se diseñará el futuro que juntos quieren lograr, las cosas que juntos quieren alcanzar, los valores que habrán de compartir, el modelo de empresa que quieren construir y los logros que como familia empresaria quieren obtener.

## Sesión 2: El gobierno de nuestra familia y de la empresa

Una vez que se ha decidido qué futuro construir juntos, el primer paso que se debe dar es el ponerse de acuerdo en cómo asegurarse que tanto en la familia como en la empresa se haga lo que se tiene que hacer para que el sueño definido en la Sesión 1 se haga realidad.

Esto se logrará reflexionando sobre las instancias que deberán instalarse para poder tomar las mejores decisiones sobre la empresa, sobre la propiedad común y sobre asuntos familiares, haciéndolo en una forma ordenada y lo más independiente posible una de otra. Estamos hablando sobre el gobierno de la familia y de la empresa.

Podemos agrupar las decisiones que toma la familia en tres ámbitos. El primero es el ámbito familiar, lo que se hace generalmente a través de constituir una Asamblea Familiar, en la que se decide cómo formar una familia más fuerte, más unida, cómo lograr la transmisión de valores familiares y empresariales a las siguientes generaciones y el crecimiento personal de cada uno de sus miembros. El segundo ámbito de toma de decisiones es la empresa, lo que se puede hacer a través de la Asamblea de Accionistas, en la que los dueños del negocio deciden cómo cuidar sus intereses, lo que harán a través del Consejo de Administración, al que se encomienda cuidar lo que es de su propiedad y representarlos ante quienes operan la empresa, y a través del Comité de Operación de la empresa, que se encarga de mantener la empresa próspera. El tercer ámbito se refiere a la propiedad, para lo que generalmente se instala un Consejo de Accionistas Familiares encargado de hacer crecer el patrimonio familiar. La complejidad más común en la empresa familiar es que las personas que están en cada uno de los ámbitos de toma de decisión antes mencionados, son las mismas, lo que provoca confusión y dificulta los acuerdos.

La familia diseñará e instalará cada una de estas instancias, sus objetivos, la forma en que operarán, quiénes participarán y el tipo de asuntos que podrán abordar. Para tratar este tema se trabajará bajo el concepto de Gobierno o Gobernanza como la herramienta aplicable tanto en la empresa como en la familia. Este será el primer paso que la familia dará hacia el manejo profesional de su empresa familiar.

## Sesión 3: Empleo, ingresos y beneficios para los miembros de la familia

Ya puestas las bases sobre qué es lo que quiere lograr la familia para ella misma, para sus miembros y para la empresa, y definidos los órganos de gobierno que se instalarán para asegurarse de que las cosas se hagan apropiadamente, se procederá a definir la forma en que la familia se relacionará con la empresa.

El primer tema a tratar será el definir las políticas de empleo, ingresos y beneficios para los miembros de la familia. Se definirá cómo y quiénes de la familia pueden participar en la empresa, las condiciones que se les pondrá para poder estar en la empresa y en qué roles participarán, ya sea como accionistas, como consejeros, como operadores de la empresa o en alguna combinación de ellas. También se pondrá en claro qué beneficios económicos pueden recibir cada uno de los miembros de la familia de acuerdo con los roles que desempeñen, o simplemente por ser miembros de la familia. Se hablará también de la conveniencia de tener una política de dividendos, de la obligación de rendir cuentas por parte de quienes laboran para la empresa, de la necesidad de establecer indicadores de desempeño y de evaluar los resultados que cada uno de ellos obtiene en sus puestos.

## Sesión 4: La sucesión en la propiedad de la empresa de la familia

La decisión de quién debe recibir la propiedad de la empresa en la siguiente generación, es una decisión que atañe exclusivamente a quien es propietario. Esta decisión deberá realizarse tomando en cuenta dos criterios: Cómo se garantiza la unidad familiar y cómo se garantiza la continuidad de la empresa. Algunas veces los hijos tienen dificultad en reconocer que la decisión sobre el futuro de la propiedad de la empresa atañe únicamente a sus padres como dueños que son de ella. La transmisión del legado familiar debe ser considerado por quienes los reciben como un acto de generosidad y no como un acto de justicia. Sin embargo, los jóvenes que han trabajado en la empresa y han colaborado en su crecimiento se cuestionan, algunas veces en forma legítima, si los esfuerzos y sacrificios que hacen en favor de la empresa los harán herederos de una mayor proporción de propiedad. Generalmente las sorpresas sobre cómo queda la propiedad, reveladas con la lectura de un testamento, ocasionan más problemas que estabilidad.

En esta sesión se hablará sobre las inquietudes, expectativas y anhelos que tanto los miembros de la generación actual como los miembros de la siguiente generación tiene con respecto a la propiedad de la empresa en el futuro.

Se revisarán casos de cómo otros dueños de empresa han resuelto exitosamente este asunto. Todo lo anterior para apoyar a que quien es propietario tome la mejor decisión sobre a quién, en qué proporción y en qué formato transmitirá lo que es de su propiedad. También se discutirán las herramientas legales disponibles para implementar las decisiones y asegurar que se cumplan de acuerdo con los deseos del propietario actual. Se hablará del testamento, del fideicomiso, de los seguros de vida y de otros instrumentos que pueden apoyar este proceso.

## Sesión 5: La sucesión en el mando de la empresa

En esta sesión se discutirá la forma en que se debe seleccionar a quien sucederá a quien dirige la empresa y se definirá a quién le corresponderá tomar esta decisión. La familia reflexionará sobre temas tales como si el sucesor deberá ser de la familia, o si podrá ser alguien externo a la familia, las características que deberá tener y los requisitos que deberá cumplir todo aspirante a sucesor en el mando de la empresa.

Se hablará de las inquietudes que puede tener papá o mamá sobre su retiro del mando de la empresa y sobre las cosas que pueden facilitar o dificultar su retiro definitivo. Asimismo se buscará poner claridad en las condiciones a cumplir para que los miembros de la siguiente generación se preparen para asumir este puesto en caso de que quieran aspirar a ello.

## Sesión 6: Otros acuerdos sobre la relación de la familia con la empresa

Para la buena marcha de la empresa es importante que los miembros de la familia se comporten de una manera que favorezca el desarrollo del negocio. En la medida en que la familia defina qué es lo que se vale y qué es lo que no se vale en su relación de trabajo, en esa misma medida se evitarán las sorpresas y los actos de oportunismo que afectan a la empresa y quebrantan la unidad familiar. La familia deberá reflexionar sobre las situaciones más comunes, que por una falta de definición, causan conflictos entre ellos. Algunos aspectos a definir en esta sesión podrían ser: el fomento del espíritu emprendedor en la familia, negocios personales apoyados por la empresa, tiempo de la empresa utilizado en negocios personales, el buen uso del nombre de la empresa y del apellido de la familia en negocios personales, el código de ética y de comportamiento de la familia en la empresa, el uso de los bienes de la empresa para asuntos personales y políticas sobre proveedores o clientes familiares.

## Sesión 7: Implementación de los acuerdos del Protocolo Familiar

El proceso de redactar el Protocolo Familiar permite a todos los miembros de la familia expresar y ser escuchados en sus sentimientos, anhelos y expectativas sobre lo que debe ser la relación de la familia con sus negocios. Durante el proceso es esperable que todos digan lo que tienen que decir y se acuerde el rumbo a seguir. Se atienden cabalmente todos los asuntos que tienen relevancia inmediata. Cuando esto sucede y la familia firma su protocolo familiar, se refuerza la esperanza de trabajar en paz en familia. Pero existe el riesgo de que la familia se quede en esta etapa sin transitar a la más importante de todas: poner en práctica lo que acordaron. En esta sesión la familia revisará cuáles son esos acuerdos y definirá la forma en que harán de ellos una realidad.

# EJERCICIOS PREVIOS AL INICIO DE LA SESIONES

En las páginas subsecuentes de este libro se presenta la guía para que la familia pueda realizar cada una de las sesiones para la elaboración del Protocolo Familiar, pero antes de iniciar deberán juntos trabajar en los siguientes ejercicios:

Ejercicio 0.01    Definir quiénes participan en el proceso: ¿Qué se entiende cuando nos referimos a "la familia"?

Ejercicio 0.02    Establecer cuál es el patrimonio, familiar y/o empresarial, sobre el cual vamos a trabajar en este proceso para ponernos de acuerdo: ¿De qué hablamos cuando se dice "la empresa familiar"?

Ejercicio 0.03    Definir inicialmente los temas que la familia quiere se discutan en el proceso: ¿Cuáles son los temas relevantes para la familia?

Ejercicio 0.04    Acordar la reglas del juego que facilitará el tener sesiones efectivas y constructivas: ¿Qué bases de conducta deberán prevalecer durante el desarrollo del Protocolo Familiar?

Una vez que se tienen estos cuatro puntos bien esclarecidos y entendidos por todos los participantes, la familia estará lista para iniciar su proceso de elaboración de su Protocolo Familiar.

## Ejercicio 0.01. Definir quiénes participan en el proceso ¿Qué se entiende cuando nos referimos a "la familia"?

El proceso de elaboración del Protocolo Familiar exige la colaboración de todos los miembros de la familia propietaria que están involucrados en la empresa familiar. En forma general se puede decir que participan en este proceso aquellos miembros de la familia que actualmente son propietarios y aquellos miembros de la familia que en el futuro, ante los ojos de los actuales propietarios, podrían llegar a tener acciones de la empresa, trabajen actualmente en ella o no.

Adiciones a este criterio podrían ser otras personas, miembros de la familia o no, que sin ser propietarios son respetados por todos y considerados como sabios, prudentes y capaces de ver desinteresadamente por el bien de la familia y de la empresa. La regla general para estos casos es que todos deben estar de acuerdo en incluirlos.

Si existe alguna reserva en la familia sobre incluir o no a cierto miembro de la familia, es mejor no incluirlo y en todo caso, previo acuerdo, invitarlo en el momento en que esté claro que debe estar involucrado.

Excepciones a los criterios mencionados podrían ser los menores de cierta edad y familiares que aun cuando cumplen alguno de los criterios mencionados no se pueden integrar a la familia por alguna razón.

Si se definen excepciones de participación, la familia se deberá poner de acuerdo tanto en cuál y en qué términos debe ser su relación con ese familiar no integrado.

*La participación de los familiares políticos*

Algunas familias los incluyen, algunos otros no, todos por razones muy particulares de cada familia. Cualquier decisión en este sentido, tomada por la familia después de una reflexión seria, será una buena decisión. Cuando se incluyen es porque existen fundamentos para considerar que su presencia puede ayudar a crear un ambiente propicio para que los miembros de la familia tomen mejores decisiones. La experiencia muestra que cuando la familia completa desea incluirlos y lo hace, los resultados son muy positivos en términos de comprometerlos a apoyar los acuerdos alcanzados. "Tenía un concepto muy equivocado de lo que era mi cuñado" y "No conocía la generosidad con que se maneja mi suegro", están entre algunas de las expresiones que se han escuchado después de terminar un proceso de elaboración de Protocolo Familiar en que fueron incluidos los familiares políticos. El no incluirlos por alguna razón válida y bien reflexionada seguramente no terminará siendo una experiencia negativa con las familias que han decidido que no participen los familiares políticos. Existen familias que consideraron sano para el proceso el no introducir otros puntos de vista en las deliberaciones para llegar a acuerdo familiares o que pensaron que la presencia de los familiares políticos podría haber creado un ambiente no propicio para las deliberaciones y los acuerdos. En cualquiera de los casos, en el proceso del protocolo familiar se deben incluir sesiones especiales para que estos familiares tomen conciencia de la importancia de los acuerdos que la familia está suscribiendo y de su rol como apoyo para que estos acuerdos se cumplan.

*Instrucciones*

a. Se iniciará haciendo una reflexión sobre qué es lo que se entiende por "la familia", quiénes son sus integrantes, quiénes deben participar en el proceso de elaboración del Protocolo Familiar y quiénes no. Cada miembro de la familia elabora en forma individual el Formato 0.01.1.

b. Al terminar todos el Formato 0.01.1, compartir sus propuestas y llegar a un acuerdo sobre quiénes deben participar en este proceso.

## Formato 0.01.1. Quiénes deben participan en el proceso: qué entendemos por "La Familia"

Defina de acuerdo con su criterio quiénes deben participar en el proceso de elaboración del Protocolo Familiar. Son el grupo de personas al que durante la redacción se estarán refiriendo como "La Familia". Cuando sea procedente especifique algunas razones por las cuales usted considera que deben participar o condiciones que se deben dar para que puedan participar. También puede especificar excepciones de participación, esto es, quiénes no deben participar, especificando sus razones del por qué no. Al terminar comparta con su familia sus reflexiones.

| Personas que participarán: | Razones o Condiciones para la participación o la exclusión |
|---|---|
| Miembros de la familia nuclear, esto es, papá, mamá y todos sus hijos e hijas. | |
| Los hijos varones | |
| Las hijas | |
| Todos los descendientes de:_____ | |
| Las nueras | |
| Los yernos | |
| Los mayores de __ años | |
| Todos los familiares que tienen participación de propiedad en la empresa o el patrimonio común. | |
| Todos los familiares que de acuerdo con los propietarios actuales pueden tener una expectativa de participación de propiedad en la empresa o el patrimonio común. | |
| Otros: | |

## Ejercicio 0.02. Definir cuál es el patrimonio, familiar y/o empresarial ¿Qué se entiende cuando hablamos de "la empresa familiar"?

En este ejercicio la familia dará respuesta a la pregunta: ¿De qué hablamos cuando se dice "la empresa familiar"? Es importante que todos los miembros de la familia tengan el mismo concepto de lo que constituye el patrimonio sobre el cual van a construir acuerdos para el futuro. Se busca una definición común de lo que es "la empresa familiar". Esto dará mucha claridad a los debates sobre los acuerdos a diseñar pues todos estarán hablando de lo mismo. Es común en las familias empresarias el que su patrimonio vaya más allá de las acciones de la empresa de su propiedad, o algunas de hecho no tienen una empresa como tal, sino un conjunto de bienes, por lo que, para evitar malos entendidos, es importante que quede definido sobre qué van a acordar. En esta definición los actuales dueños tendrán el derecho de definir qué es lo que están poniendo inicialmente sobre la mesa. En la Sesión 4 se dedicará más tiempo a especificar qué es lo que se va a transferir a la siguiente generación. Por ahora es suficiente especificar sobre qué van a trabajar.

*Instrucciones*

a. Elaborar individualmente el Formato 0.02.1 con lo que piensan debe ser el patrimonio con el cual van a trabajar y a definir los acuerdos del Protocolo Familiar.
b. Al terminar, compartir con el resto de la familia y llegar a un acuerdo sobre qué es lo que van a considerar "la empresa familiar".

## Formato 0.02.1. Qué compone la "empresa familiar"

Defina de acuerdo con sus criterios, qué debe componer el patrimonio sobre el cual trabajarán en su Protocolo Familiar. En caso de requerirse, justifique su propuesta. Podrá especificar excepciones concretas sobre lo que NO debe formar parte de la empresa familiar. Al terminar comparta con su familia sus reflexiones y juntos lleguen a un acuerdo.

| La empresa familiar | Justificación del por qué incluirse o por qué no incluirse |
|---|---|
| Las sociedades cuya razón social son: | |
| No deberá incluirse para el Protocolo el patrimonio siguiente: | |
| Los siguientes bienes de la familia: | |
| Los siguientes derechos intelectuales, de marca y otros: | |
| El patrimonio personal de cada uno de los miembros no estará incluido en el Protocolo Familiar. | |
| Papá/mamá definirán en qué es lo que esperan que nos pongamos de acuerdo para trabajar juntos. | |
| Es mejor vender la empresa y disponer de alguna otra forma los ingresos que se reciban por este concepto. | |
| Debemos desinvertir algunos negocios que no son suficientemente rentables. | |
| Otras consideraciones: | |

# Ejercicio 0.03. Temas relevantes para el Protocolo Familiar

Es conveniente que se tenga una idea clara y consensuada de los temas que se van a tratar en cada una de las sesiones. Para esto podrán elaborar el siguiente ejercicio para determinar los asuntos que son de mayor relevancia para la familia y poner mayor énfasis en ellos durante el desarrollo del Protocolo Familiar.

*Instrucciones*

1. En forma individual cada miembro de la familia califica los temas que se muestran en el Formato 0.03.1, de acuerdo con el criterio indicado.
2. Al terminar, compartir entre todos los miembros de la familia los temas que cada uno propuso. Compartan la calificación asignada por todos los miembros de la familia y obtengan un promedio familiar para cada uno de los temas.
3. Basados en las respuestas individuales acuerden sobre los temas que tratarán en el protocolo familiar. Podría requerirse el ponerse de acuerdo en qué es específicamente lo que se quiere tratar en cada uno de los temas mostrados. Los criterios que podrían utilizar para decidir cuáles incluirán en el proceso podrían ser los siguientes:
   a. La calificación promedio es entre 1 y 2, por lo que es importante para el grupo.
   b. Aunque la calificación promedio sea menor a 1, el tema es importante para al menos uno de los miembros de la familia.

## Formato 0.03.1. Temas relevantes para el Protocolo Familiar

Reflexione sobre los temas que usted desea se traten en el Protocolo Familiar. Califique cada uno de estos temas de acuerdo con la importancia que usted propone se le debe dar: (2) Muy importante; (1) Importante; (0) No importante en este momento. Puede agregar temas muy específicos importantes para usted y proponer al grupo familiar que los incluyan y califiquen.

| No. de refe-rencia | Tema | Mi Califi-cación: (2) M.I. (1) I. (0) N.I. | Pro-medio familiar | Temas a tratar |
|---|---|---|---|---|
| 1.01 | Definir o confirmar si debemos continuar unidos en este proyecto empresarial de la familia. | | | |
| 1.02 | Definir qué queremos lograr como familia y hasta dónde queremos llegar con nuestra empresa. | | | |
| 1.03 | Definir reglas de comportamiento que regulen nuestro actuar en la empresa. | | | |
| 2.01.1 | Establecer un mecanismo para tomar juntos decisiones sobre asuntos familiares, que incluya a todos los miembros de la familia, que no se revuelva con temas de empresa. | | | |
| 2.01.2 | Organizarnos para fomentar el conocernos mejor, diseñar formas de mantenernos en contacto y fomentar la unión familiar. | | | |
| 2.01.3 | Establecer juntas familiares y/o mecanismos con los que podamos confrontar diferencias en forma constructiva. | | | |
| 2.02.1 | Organizarnos para buscar estrategias que hagan crecer el patrimonio de la familia. | | | |
| 2.02.2 | Organizarnos para definir nuestra postura como accionistas ante el consejo de administración y la asamblea de accionistas | | | |
| 2.02.3 | Establecer un mecanismo para tomar juntos decisiones sobre los negocios y bienes que son propiedad común de los miembros de la familia. | | | |

| | | | | |
|---|---|---|---|---|
| 2.03.1 | Establecer un mecanismo para tomar juntos decisiones sobre asuntos de empresa, ya sea con un consejo de administración o de alguna otra forma, en el que no se revuelvan temas de familia. | | | |
| 2.03.2 | Definir cómo puede apoyar la familia para tener una empresa administrada profesionalmente. | | | |
| 2.03.3 | Definir cómo apoyarán los que no trabajen en la empresa y los compromisos que tienen hacia ellos los que sí trabajan en la empresa. | | | |
| 2.03.4 | Definir estrategias para prepararnos para ser buenos socios. | | | |
| 3.01 | Definir políticas para el empleo y evaluación de desempeño de miembros de la familia. | | | |
| 3.02 | Definir políticas para compensaciones y beneficios a miembros de la familia | | | |
| 3.03 | Establecer una política de pago de dividendos a accionistas de la empresa familiar. | | | |
| 4.01 | Definir cómo vamos a quedar cada uno de nosotros en cuanto a la propiedad de la empresa. | | | |
| 4.02 | Reglas para la transferencia y venta de acciones. | | | |
| 4.03 | Definir la distribución del patrimonio familiar entre los miembros de la familia. | | | |
| 5.01 | Planeación del retiro de papá/mamá, asegurar su bienestar económico y su rol posterior al retiro. | | | |
| 5.02 | Proceso para la sucesión en la dirección general y en otros puestos clave. | | | |
| 5.03 | Diseñar un plan de desarrollo profesional y humano para los miembros de la familia | | | |
| 6.01 | Definir las políticas de uso de los bienes de la empresa por parte de los familiares | | | |
| 6.02 | Definir políticas de uso de bienes de la familia. | | | |

| | | | | |
|---|---|---|---|---|
| 6.03 | Definir si se vale tener negocios personales mientras se trabaja en la empresa de la familia. | | | |
| 6.04 | Definir reglas de participación de los miembros de la familia en actividades de la comunidad como sociales, políticas o empresariales; cómo cuidar su impacto en la empresa y en la familia. | | | |
| 6.05 | Definir el nivel de apoyo que dará la empresa o la familia para la formación profesional de los miembros de la familia. | | | |
| 6.06 | Definir políticas de apoyo hacia familiares en crisis personales o que no se puedan valer por sí mismos. | | | |
| 6.07 | Definir políticas de apoyo hacia familiares que quieran emprender nuevos negocios. | | | |
| 6.08 | Definir la postura de la familia con respecto a acciones altruistas | | | |
| 6.09 | Definir las políticas para el manejo de los miembros de la familia como proveedores o clientes de la empresa. | | | |
| 6.10. | Definir políticas para el uso del apellido, marcas y emblemas de la familia o de la empresa, en negocios personales. | | | |
| 7.01 | Asegurar legalmente el cumplimiento de los acuerdos de nuestro protocolo familiar. | | | |
| 8.01 | Otros que quiero proponer: | | | |

Una vez que cada miembro de la familia tiene calificados los asuntos mostrados, todos comparten sus resultados y juntos obtienen una calificación promedio para cada tema. El resultado les ayudará a determinar los asuntos que son de mayor relevancia para la familia y podrán poner mayor énfasis en ellos durante el desarrollo del Protocolo Familiar. El primer número de cada asunto representa la sesión de este libro en que se trata.

## Ejercicio 0.04 Acuerdos para tener sesiones más efectivas

El objetivo de este ejercicio es definir las bases de conducta que deberán prevalecer durante el desarrollo del Protocolo Familiar, los acuerdos iniciales que se requieren para facilitar la deliberación. Se busca el establecer "una tregua" mientras definen cómo quedarán las cosas para el futuro del tal forma que no se distraigan y se enfoquen en deliberar y acordar sobre temas más transcendentales.

En este ejercicio la familia dará respuesta a las siguientes preguntas:

A.  ¿Qué comportamiento nuestro haría que las sesiones fueran más eficientes, enriquecedoras, productivas?
B.  ¿Qué actitudes entre nosotros mismos haría que crezca la confianza y se facilite un clima adecuado para la deliberación y los acuerdos?
C.  ¿Cómo aseguramos que las cosas vayan bien en la empresa mientras llegamos a un acuerdo completo en nuestro protocolo familiar?

*Instrucciones*

Se trabajará en cada una de las preguntas planteadas de la siguiente manera:

a)  Individualmente sugerir 5 reglas que se deben seguir para dar respuesta a cada una de las preguntas planteadas. Pueden basarse en las sugerencias que se muestran en los Formatos 0.04.1, 0.04.2 y 0.04.3
b)  Al terminar, compartir con el grupo sus sugerencias y trabajar juntos para acordar cuáles aplicarán para la familia durante el desarrollo del Protocolo Familiar.
c)  Redactar un acuerdo por escrito y firmarlo todos. Ver Cuadro 0.04.1 para ejemplos de compromisos iniciales para facilitar la deliberación y los acuerdos sobre los temas que se van a tratar en el protocolo familiar.

## Formato 0.04.1. Reglas de conducta en relación con nuestras sesiones

| ¿Qué comportamiento de los miembros de la familia haría que las sesiones fueran más eficientes, enriquecedoras y productivas? | |
|---|---|
| 1. | Estar a tiempo para que las sesiones inicien en la hora programada. |
| 2. | Pensar en el interés del grupo más que en el personal. |
| 3. | Prepararse para la sesión con lo que nos encarguen. |
| 4. | Dar oportunidad a que todos expresen lo que piensan y sienten. |
| 5. | No interrumpir a los demás, saber escuchar, respetar su opinión. |
| 6. | Hablar con sinceridad. |
| 7. | Tomar todas las decisiones por consenso. |
| 8. | No atender asuntos de la empresa o de los negocios personales. No tomar llamadas ni consultar o contestar correos. |
| 9. | Apegarnos al Orden del Día aprobado. |
| 10. | Buscar el acuerdo basados en lo que queremos para el futuro y no en lo que sucedió en el pasado. |
| 11. | No triangular, decirle las cosas a quien se las tenemos que decir. |
| 12. | Concretar lo que discutimos, llegar a acuerdos, no dejar que las cosas se queden en el aire. |
| 13. | Participar activamente en las discusiones, dinámicas, actividades y toma de decisiones de la sesión. |
| 14. | |

## Formato 0.04.2. Reglas de conducta durante el desarrollo del Protocolo Familiar

| ¿Qué actitudes entre nosotros mismos haría que crezca la confianza y se facilite un clima adecuado para la deliberación y los acuerdos? | |
|---|---|
| 1. | Cualquier cambio en los ingresos o beneficios que estamos recibiendo actualmente debe ser acordado en estas sesiones. |
| 2. | Seremos tolerantes de las faltas que puedan tener los demás. |
| 3. | Discutiremos nuestras diferencias en estas sesiones, no fuera de ellas. |
| 4. | Reconoceremos cuando nos equivoquemos y nos disculparemos con nuestros hermanos. |
| 5. | No recurrir a nuestros padres buscando un beneficio personal o para quejarse de alguno de los hermanos. |
| 6. | Cumpliremos lo que prometemos y con lo que nos comprometemos. |
| 7. | No haremos caso a chismes y rumores, nos dirigiremos directamente con la persona que corresponda. |
| 8. | No nos quejaremos de los hermanos ante nadie, ni ante los hermanos ni ante nuestros cónyuges. |
| 9. | En todo asunto que queramos negociar con otro familiar deberán estar presentes lo asesores. |
| 10. | |

## Formato 0.04.3. Reglas de conducta con respecto a la empresa, los negocios y la propiedad

| ¿Cómo aseguramos que las cosas vayan bien en la empresa mientras llegamos a un acuerdo completo en nuestro protocolo familiar? | | |
|---|---|---|
| 1. | Respetar las normas, políticas y procedimientos de la empresa. | |
| 2. | Rendir cuenta a la familia de nuestro desempeño en la empresa. | |
| 3. | Respetar y apoyar el trabajo que cada uno tiene. | |
| 4. | Proyectar imagen de unidad ante los empleados. No pelearnos ante ellos, tratar nuestras diferencias en privado. | |
| 5. | No disponer en lo personal de ningún bien de la empresa. | |
| 6. | No disponer de los bienes del legado familiar mientras no lo acordemos en estas sesiones. | |
| 7. | Todos apoyaremos la gestión del director de la empresa al menos hasta que tomemos una decisión sobre el liderazgo de la empresa. | |
| 8. | | |

## Cuadro 0.04.1. Ejemplo de acuerdos iniciales para facilitar la deliberación y los acuerdos

*Se llegó a los siguientes acuerdos para facilitar la deliberación y los acuerdos sobre los temas que se van a tratar en el protocolo familiar. Todos se comprometen a respetarlos al menos por el tiempo que dure el proceso de acuerdos del Protocolo Familiar. Los acuerdos podrán variar según lo acordemos durante el proceso.*

- a. *Reglas de conducta en las sesiones. Todos nos comprometemos a observar los siguientes comportamientos durante las sesiones a fin de que sean eficientes, enriquecedoras y productivas:*
  - i. *Pensar en el interés del grupo más que en el personal.*
  - ii. *Prepararse para la sesión con lo que nos encargan.*
  - iii. *No interrumpir a los demás, saber escuchar, respetar su opinión.*
  - iv. *Dar oportunidad a que todos expresen lo que piensan y sienten.*
  - v. *Hablar con sinceridad, no manejar agendas ocultas.*
  - vi. *Tomar todas las decisiones por consenso.*
  - vii. *Apegarnos al Orden del Día que se apruebe al inicio de cada sesión.*
  - viii. *Buscar el acuerdo basados en lo que queremos para el futuro y no en lo que sucedió en el pasado.*
  - ix. *Mantener la confidencialidad de lo que discutimos y acordamos. No comentarlo fuera de la sesión ni a los cónyuges.*

- b. *Reglas de conducta entre nosotros mismos dentro y fuera de las sesiones. Todos nos comprometemos a observar las siguientes actitudes en nuestra relación con el objetivo de fomentar el que crezca la confianza entre los hermanos y se facilite un clima adecuado para la deliberación y los acuerdos:*
  - i. *Cualquier cambio en los ingresos o beneficios que estamos recibiendo actualmente debe ser acordado en estas sesiones.*
  - ii. *Discutiremos nuestras diferencias en estas sesiones, no fuera de ellas. Convocaremos a una sesión con los asesores cuando lo consideremos necesario para discutirlas y tomar una decisión.*
  - iii. *Reconoceremos cuando nos equivoquemos y nos disculparemos con nuestros hermanos.*
  - iv. *No recurriremos a papá buscando un beneficio personal o para quejarse de alguno de los hermanos.*
  - v. *No haremos caso a chismes y rumores, nos dirigiremos directamente con el hermano o hermana que corresponda. Nos basaremos sólo en los hechos.*
  - vi. *Cuando haya diferencias entre dos de nosotros que puedan afectar al grupo nos apegaremos a la decisión de la mayoría.*

c.  *Reglas de conducta con respecto a la empresa, los negocios y la propiedad. Todos nos comprometemos a observar las siguientes reglas para asegurar que las cosas vayan bien en la empresa mientras llegamos a un acuerdo completo en nuestro protocolo familiar:*

  i.  *Respetaremos y apoyaremos el trabajo que cada uno tiene. Todos estamos de acuerdo en que ___ esté al frente de la empresa al menos hasta que tomemos una decisión sobre el liderazgo de la empresa. Todos apoyaremos su gestión.*

  ii.  *Proyectaremos una imagen de unidad ante los empleados. No pelearemos ante ellos, en todo caso lo haremos en privado.*

  iii.  *No dispondremos en lo personal de ningún bien de la empresa que no haya sido autorizado por el grupo.*

  iv.  *No solicitaremos a papá su intervención en asuntos de la operación de la empresa que le correspondan a quienes trabajan en ella.*

# SESIÓN 1: NUESTRO SUEÑO DE EMPRESA Y FAMILIA: EN QUÉ CREEMOS Y HASTA DÓNDE QUEREMOS LLEGAR JUNTOS

Esta sesión es la más trascendental de la elaboración del Protocolo Familiar, sin embargo, la mayoría de las familias siente prisa por abordar los temas que le apremian y pretenden pasar por alto esta etapa. Los acuerdos a que lleguen juntos no tendrán la efectividad que deben tener si no están redactados con la intención de llevar a la familia por un camino en el que todos están de acuerdo en seguir para llegar a un lugar en el que todos quieren estar. Por eso es importante que la familia defina cuál es ese lugar al que quieren llegar juntos antes de redactar los acuerdos que necesitan para lograrlo.

En esta sesión la familia definirá cuál es su punto de partida y diseñará ese futuro al que juntos quieren llegar, las cosas que unidos quieren alcanzar, los valores que habrán de compartir, el modelo de empresa que quieren construir y los logros que como familia empresaria quieren obtener. Para construir ese sueño familiar, en esta sesión se realizarán los siguientes ejercicios:

Ejercicio 1.01   Decidir si se continúan unidos o si es mejor seguir diferentes caminos empresariales manteniendo la unión familiar ¿Debemos continuar juntos o es mejor separarnos?

Ejercicio 1.02   Si deciden continuar juntos empresarialmente, definir las razones que lo justifique ¿Qué razones tenemos por las que estamos dispuestos a hacer esfuerzos y sacrificios para lograr la continuidad en nuestra empresa familiar?

Ejercicio 1.03    Descubrir los valores familiares y empresariales que le son comunes a los miembros de la familia, los que constituirán el marco de referencia de los acuerdos a definir y de su interacción con la empresa ¿En qué creemos como familia? ¿Qué nos define como grupo familiar? ¿Cómo podemos vivir los valores que queremos nos distingan?

Ejercicio 1.04    Definir cuál es la misión de la familia, su razón de ser, la tarea que juntos deben realizar ¿En qué proyecto familiar trabajaremos juntos?

Ejercicio 1.05    Establecer a dónde quieren llegar juntos en el futuro, su visión de lo que juntos quieren lograr ¿Hasta dónde queremos llegar juntos como familia en el negocio?

Ejercicio 1.06    Diseñar el proyecto de empresa familiar en el que la familia quiere trabajar, definiendo sus modelos de liderazgo familiar, de toma decisiones, de participación familiar y de familia empresaria que quieren tener para hacer realidad su visión del futuro ¿Qué tipo de liderazgo queremos para nuestra empresa? ¿Cómo tomaremos decisiones? ¿Cómo participará la familia en la empresa? ¿Cómo queremos formar a los miembros de la siguiente generación?

Ejercicio 1.07    Tomar conciencia de lo que implican la Misión, Visión y Proyecto de Empresa Familiar que hemos diseñado: ¿Qué implican para cada miembro de la familia? ¿Qué acciones tendremos que emprender para adoptar y trabajar en ellos? ¿Estamos dispuestos a aceptar estas implicaciones?

Ejercicio 1.08    Establecer un código de conducta familiar que sirva de marco de referencia para la actuación de los miembros de la familia y que permita hacer realidad la visión que juntos hemos definido.

Ejercicio 1.09    Iniciar la construcción de una mejor relación entre los miembros de la familia con ejercicios para fomentar la unidad familiar.

## Ejercicio 1.01. ¿Debemos continuar unidos en la empresa de la familia?

En este ejercicio la familia discutirá y tomará una decisión trascendental: ¿Continuaremos juntos o será mejor separarnos? Es importante que la familia tome una decisión sobre este asunto, ya que con base en ella se redactarán los acuerdos del Protocolo Familiar. Si la familia decide que la separación es la mejor opción, entonces se deberán establecer los acuerdos para lograr una separación, que en su versión óptima, no afecte la relación familiar y maximice el valor de sus negocios en la separación. Si la familia decide permanecer unida, los acuerdos se referirán a la manera en que permanecerán unidos y a reforzar el compromiso de todos a que su empresa se desarrolle y permanezca en las siguientes generaciones.

Aun cuando no se tenga duda sobre el continuar unidos, vale la pena realizar este ejercicio. Esto permitirá a cada miembro de la familia reforzar su deseo y convencimiento sobre la unidad en los negocios familiares.

Es recomendable que este ejercicio se haga entre miembros de la misma generación. Los miembros de la generación actual deberán hacer su reflexión tomando en cuenta dos etapas: una etapa en la que están presentes en los negocios de la familia y otra etapa en la que ya habrán de dejar a los miembros de la siguiente generación tomar sus propias decisiones. Esta reflexión les ayudará a formarse un criterio sobre cómo transferir la propiedad de los negocios de la familia. No tomen una decisión sin antes escuchar las conclusiones de sus hijos. Los miembros de la siguiente generación deberán hacer el ejercicio viendo hacia el futuro, un futuro en el que sus padres ya los han dejado tomar sus propias decisiones. Al terminar el ejercicio, se deberán reunir los miembros de las dos generaciones y compartir sus conclusiones, lo que les será útil para tomar una decisión sobre el planear cómo seguir juntos o planear cómo separarse.

*Instrucciones*

a. Realizar los siguientes ejercicios individualmente. Al contestar piense en tres dimensiones: en lo personal, en la familia como grupo y en la empresa.
   1. Utilizando el Formato 1.01.1, elabore una lista de las ventajas y desventajas más importantes que usted considere existen en el mantenerse unidos en los negocios de la familia. En el Formato 1.01.1.1 y en el Formato 1.01.1.2. podrá encontrar ejemplos de ventajas y desventajas, aunque es recomendable trabajar primero en encontrar las propias antes de consultar estas listas de ejemplos.
   2. Utilizando el Formato 1.01.2, liste las ventajas y desventajas más importantes que usted considere existen en el separarse cada uno por su cuenta de los negocios de la familia. En el Formato 1.01.2.1 y en el Formato 1.01.2.2. podrá encontrar ejemplos de ventajas y desventajas, aunque es recomendable trabajar primero en encontrar las propias antes de consultar estas listas de ejemplos.
   3. Utilizando el Formato 1.01.3 desarrolle una lista de al menos cinco condiciones que usted considere muy importantes para que pueda funcionar bien una futura sociedad con sus familiares. En el Formato 1.01.3.1 podrá encontrar ejemplos de condiciones, aunque recomendamos trabajar primero en encontrar las propias antes de consultar esta lista de ejemplos.

b. Una vez que se han elaborado estas listas deberán trabajar juntos haciendo el siguiente análisis.
   1. Compartir las respuestas sobre las ventajas y desventajas de mantenerse unidos. Sean objetivos en su presentación. No presenten información dirigida a un miembro de la familia individual: "Nos conviene separarnos porque Ricardo será siempre un problema para trabajar juntos". Apelen a una fórmula más general en la que quien la propone quede incluido: "En este momento no estamos preparados para trabajar juntos". Den oportunidad a cada miembro de la familia de expresar las razones por las que ha escrito sus ventajas y

desventajas. No es momento de cuestionar sus razones ni de rebatirlas. Se trata de escuchar, de entender el por qué del razonamiento de cada uno de los miembros de la familia.

2. Hacer un análisis de lo que se ha presentado. Documenten las respuestas que vayan dando a cada una de las siguientes preguntas.

   i.   ¿En qué cosas coincidimos?

   ii.  ¿En qué cosas no coincidimos?

   iii.  ¿Se puede en este momento anticipar que las desventajas podrían ser superables si se trabaja en encontrar un acuerdo aceptable por todos?

   iv.  ¿Qué tiene más peso para el grupo en general? ¿Las ventajas o las desventajas?

   v.  ¿Son alcanzables o superables las condiciones que se han puesto para aceptar la sociedad? ¿Qué tanta flexibilidad podría haber en esas consideraciones? No traten de resolverlas en esta etapa. Sólo se necesita el compromiso de sentarse a platicar cómo se pueden atender esas demandas. Terminar esta reflexión con una lista de las cosas que deben discutir para resolverlas. Planifiquen en qué número de sesión del proceso de elaboración de su Protocolo Familiar tratarán cada uno de esos asuntos.

3. Con la información que han compartido y con el análisis que se ha hecho, trabajen juntos en definir si les conviene continuar unidos o separarse. Tal vez a estas alturas no se tenga claro cómo podría darse el continuar unidos, pero lo importante es que acuerden el explorar juntos esta posibilidad, teniendo como referencia las ventajas que han analizado y la lista de condiciones que se tienen que discutir. No olviden documentar todos sus acuerdos.

c. Ya con este análisis elaborado, los miembros de las dos generaciones deben compartir sus reflexiones y buscar una respuesta común al continuar o no unidos. Documenten su acuerdo por escrito. En el Cuadro 1.01.1 se muestran ejemplos de cómo podría quedar redactado su acuerdo.

Si la decisión es continuar unidos o explorar la posibilidad de hacerlo, se deberán continuar con los ejercicios. En caso contrario, se deberá trabajar en consensuar un procedimiento para una separación ordenada, considerando cómo minimizar el impacto negativo en los miembros de la familia, en la familia como grupo y en la empresa.

Sobre el separarse.

El llegar a tomar un acuerdo de separación no debe considerarse como un fracaso de la empresa familiar o de la familia empresaria. Si la empresa puede estar mejor con otros propietarios diferentes a la familia actual, es responsabilidad de esta familia el aceptarlo y hacer lo que esté a su alcance para que así sea. Por otro lado, la empresa no debe convertirse en un motivo de desunión de la familia. El hijo de una propietaria de empresa familiar, dedicada a los medios impresos, expresaba que su madre les había advertido a sus hijos: "Si veo que por motivo de la empresa ustedes se separan o pelean, le prenderé un cerillo", y agregaba posteriormente "Y estoy seguro que mi madre sí lo haría". Los padres fundadores han trabajado y han hecho crecer su empresa con la ilusión de que sea algo bueno para sus hijos. Lo menos que esperan es que la empresa los separe. Así que pueden ocurrir en cierto momento que la mejor opción para la empresa, y para la familia, sea el venderla o dividirla entre los miembros de la familia. El seguir esta alternativa es motivo de otro proceso diferente al de las siguientes sesiones de este libro.

## Formato 1.01.1. Ventajas y Desventajas de Mantenernos Unidos

| Elabore una lista de al menos cinco ventajas y cinco desventajas que usted considere existen en el mantenerse unidos. Puede consultar ejemplos en el Formato 1.01.1.1. y en el Formato 1.01.1.2., aunque es recomendable escribir su propia lista antes de hacerlo. | |
|---|---|
| **Ventajas de Mantenernos Unidos (Para mí en lo personal, para la familia y para la empresa)** | **Desventajas de Mantenernos Unidos (Para mí en lo personal, para la familia y para la empresa)** |
|  |  |
|  |  |
|  |  |
|  |  |
|  |  |

## Formato 1.01.1.1. Ejemplos de Ventajas de Mantenernos Unidos

| | Es recomendable elaborar primero su propia lista en el Formato 1.01.1. antes de tomar ejemplos de este formato. | |
|---|---|---|
| 1. | Podemos trabajar en confianza porque son nuestros familiares. | |
| 2. | Está claro que si a uno le va bien, al otro también. | |
| 3. | El cariño a la empresa nos hará cuidarla. | |
| 4. | Habrá un doble sentido de pertenencia, tanto a la familia como a la empresa. | |
| 5. | Tendremos un nexo para fortalecer la unión familiar. | |
| 6. | Mantener integrada la empresa la hace más fuerte y competitiva. | |
| 7. | Podemos aprovechar los distintos perfiles que tenemos. | |
| 8. | Habrá diversidad de opiniones que pueden llevarnos a tomar mejores decisiones. | |
| 9. | Habrá más vías potenciales de desarrollo para los miembros de la familia. | |
| 10. | Podremos cuidar juntos de lo que tenemos y hacerlo crecer. | |
| 11. | Habrá economías de escala. | |
| 12. | Unidos somos más fuertes. | |
| 13. | Daremos mayor potencial a la empresa. | |
| 14. | Tendremos mejores condiciones comerciales. | |
| 15. | Somos una empresa establecida y sabemos trabajar en equipo. | |
| 16. | El tener un proyecto empresarial conjunto puede generar unidad. | |
| 17. | Habrá oportunidad de fortalecer lazos. | |
| 18. | Para la empresa habrá más posibilidad de crecimiento. | |
| 19. | Nos enriquecemos con la experiencia y capacidad de cada uno. | |
| 20. | Podremos tener resultados más allá de lo esperado. | |
| 21. | Unidos podemos trascender como empresa. | |
| 22. | | |

## Formato 1.01.1.2. Ejemplos de Desventajas de Mantenernos Unidos

| | Es recomendable elaborar primero su propia lista en el Formato 1.01.1. antes de tomar ejemplos de este formato. | |
|---|---|---|
| 1. | Posible fuentes de fricciones y de distanciamientos por el trabajar juntos. | |
| 2. | Posibilidades de percibir que se está haciendo más que el otro o algo más importante de lo que hace el otro. | |
| 3. | Restringe las libertades individuales. | |
| 4. | Un problema afecta a todos por igual, si le va mal a la empresa nos afecta a todos. | |
| 5. | Se genera una dependencia mutua entre familia y empresa. Un problema en una afecta a la otra. | |
| 6. | Puede llegar a ocurrir que los familiares pugnen por los mismos puestos en el futuro. | |
| 7. | Riesgo de no tener un balance familia-empresa. | |
| 8. | No poder disponer de los bienes sin que haya un consenso. | |
| 9. | Las diferencias que se puedan generar. | |
| 10. | Toma más tiempo el tomar decisiones y ponernos de acuerdo. | |
| 11. | Ciertas decisiones pueden afectar a unos al beneficiar a otros. | |
| 12. | Se pueden acentuar tensiones y diferencias. | |
| 13. | Se tiene que ceder y consensuar. | |
| 14. | Podemos quebrantar la unidad familiar. Hay mas riesgo de que tengamos un problema por trabajar juntos. | |
| 15. | Que algunos se aprovechen y no le echen ganas. | |
| 16. | Aceptar ideas con las que yo no comulgo. | |
| 17. | Que nos gane el ego y nos desviemos del propósito fundamental de la empresa, en una lucha por el poder. | |
| 18. | Que la empresa no pueda mantener los sueldos de todos los integrantes de la familia. | |
| 19. | Habrá presión de dar empleo a otros familiares y amigos. | |
| 20. | | |

## Formato 1.01.2. Ventajas y Desventajas de Separarse

Haga una lista de al menos cinco ventajas y cinco desventajas que usted considere existen en el separarse de los negocios de la familia. Puede consultar ejemplos en el Formato 1.01.2.1. y en el Formato 1.01.2.2., aunque es recomendable escribir su propia lista antes de hacerlo.

| Ventajas de Separarnos (Para mí en lo personal, para la familia y para la empresa) | Desventajas de Separarnos (Para mí en lo personal, para la familia y para la empresa) |
|---|---|
| | |
| | |
| | |
| | |
| | |

## Formato 1.01.2.1. Ejemplos de Ventajas de Seguir cada uno su rumbo

Es recomendable elaborar primero su propia lista en el Formato 1.01.2. antes de tomar ejemplos de este formato.

| | | |
|---|---|---|
| 1. | Se puede disponer de los bienes sin necesidad de que haya consenso. | |
| 2. | Ser libre en mi tiempo y poder hacer mis cosas. | |
| 3. | Que cada quien tenga lo que corresponde. | |
| 4. | Cada uno puede hacer lo que quiera. | |
| 5. | Podría tomar mis propias decisiones. | |
| 6. | No tendría que rendirle cuantas a nadie. | |
| 7. | Mejores condiciones para una buena comunicación. | |
| 8. | Se evitan roces familiares al no estar trabajando juntos. | |
| 9. | La toma de decisiones puede ser mas rápida cada quien por su cuenta. | |
| 10. | Bajarían los gastos en la empresa. | |
| 11. | | |

## Formato 1.01.2.2. Ejemplos de Desventajas de Seguir cada uno su rumbo

| | | |
|---|---|---|
| Es recomendable elaborar primero su propia lista en el Formato 1.01.2. antes de tomar ejemplos de este formato. | | |
| 1. | Se corre el riesgo de perder la unión. Ya no nos veríamos tanto. | |
| 2. | Es menos probable que haya economía de escala. | |
| 3. | La posibilidad del crecimiento del patrimonio común se disminuye. | |
| 4. | No se compartirían visiones diferentes de cómo hacer las cosas. | |
| 5. | Riesgo de segregar a cada activo, perder economías de escala. | |
| 6. | Riesgo para cada uno de la familia, a unos les podría ir bien y a otros no. | |
| 7. | No podríamos cumplir con los compromisos que actualmente tiene el negocio. | |
| 8. | Dejaríamos de crecer en conjunto. | |
| 9. | Se debilitarían lazos familiares al perder el contacto. | |
| 10. | Se acentuarían más las diferencias en esta y la siguiente generación. | |
| 11. | Se pierde fuerza para tener acuerdos comerciales atractivos. | |
| 12. | Creces más lento. | |
| 13. | Se puede llegar a debilitar la imagen de la empresa. | |
| 14. | Desperdiciamos el talento de los miembros del equipo. | |
| 15. | Empezar cada uno desde cero, sin el apoyo familiar. | |
| 16. | Podríamos terminar compitiendo entre nosotros mismos. | |
| 17. | | |

## Formato 1.01.3. Circunstancias que se deben dar para que pueda funcionar en el futuro una sociedad entre familiares

Liste las circunstancias que usted considera más necesarias para que la sociedad con sus familiares sea exitosa, con las cuales usted estaría dispuesto a participar. Considérelas como condiciones sin las cuales no participaría. En el Formato 1.01.3.1 podrá encontrar algunos ejemplos, aunque es recomendable que elabore primero su propia lista.

1.

2.

3.

4.

5.

6.

7.

8.

**Formato 1.01.3.1. Ejemplos de Circunstancias que se deben dar para que pueda funcionar en el futuro una sociedad entre familiares**

| | |
|---|---|
| Es recomendable que elabore primero su propia lista en el Formato 1.01.3. antes de tomar ejemplos de este formato. | |
| 1. | Definir los roles de cada uno. |
| 2. | Tener reglas claras y equitativas, con base en los potenciales de cada uno. |
| 3. | No debe significar todos igualitos. Debemos aceptar que habrá diferencias. |
| 4. | Establecer reglas, términos y condiciones y respetarlos. |
| 5. | Tener libertad de decidir en qué y cómo participar cuando la familia o la empresa nos ofrezcan opciones. No estar obligados a tomar lo que nos ofrecen. |
| 6. | Tener un protocolo familiar en el que tengamos los parámetros de actuación que nos servirán de referencia. |
| 7. | Respeto entre familias. No meterse una familia con otra familia. |
| 8. | Respetar la individualidad de cada uno. |
| 9. | Respeto entre nosotros en todos los ámbitos. |
| 10. | Que quien decida estar en el negocio tenga la disponibilidad de aportar su lealtad y conocimientos. |
| 11. | Que se respete a quien dirige la empresa, aunque no se trabaje en la empresa. |
| 12. | Que todos los miembros de la familia estén enterados de lo que sucede en la empresa. |
| 13. | Que quien esté manejando la empresa esté informando sobre el negocio. |
| 14. | Tener la capacidad de reconocer cuando necesitemos un profesional aunque no sea miembro de la familia. |
| 15. | Que la familia no sea limitante para que el negocio crezca. |
| 16. | Contar con un consejo familiar activo. |
| 17. | Llegar a acuerdos que nos permitan trabajar juntos. |
| 18. | Ordenar las cosas dentro de la empresa. |
| 19. | Comunicarnos lo que va sucediendo y hacia dónde queremos ir, para que todos podamos aportar. |
| 20. | Tenernos confianza. |
| 21. | Hay que tener reglas para tomar decisiones. Un consejo de administración. |
| 22. | Comunicación y claridad. |
| 23. | Definir misión, visión, valores de la familia. |
| 24. | Tener una política de compensación de mercado para quienes laboran en la empresa. |
| 25. | Que los miembros de la familia estén informados de las circunstancias de los negocios, incluyendo los compromisos que se tienen y del manejo de los negocios. |
| 26. | Claridad en los ingresos que cada uno tiene de los negocios. |

| | | |
|---|---|---|
| 27. | Tener disciplina en la celebración de juntas. | |
| 28. | Que papá y mamá puedan disfrutar de lo que construyeron. | |
| 29. | Papá en otro papel diferente al de la toma de decisiones del día a día. | |
| 30. | Mantener a los cónyuges informados. | |
| 31. | Definir las condiciones de trabajo para cada miembro de la familia. | |
| 32. | Que se establezcan sanciones ante el incumplimiento de los acuerdos. | |
| 33. | Realizar evaluaciones de desempeño. | |
| 34. | Que las personas se adecuen al puesto y no el puesto a las personas. | |
| 35. | | |

## Cuadro 1.01.1. Ejemplos de acuerdos sobre el continuar unidos o separarse

*Ejemplo 1.*

*Nos mantendremos unidos, todos como copropietarios de todas nuestras empresas, basados en los siguientes criterios:*

- *Todos tendremos opción de manejar alguna de las empresas de acuerdo con las condiciones que definamos en el Protocolo Familiar.*
- *Podremos nombrar directores de las empresas a personas que no sean miembros de la familia. En el Protocolo Familiar definiremos los requisitos y la forma en que podremos tomar esta decisión.*
- *Tendremos la opción de no trabajar en los negocios de la familia y solamente recibir dividendos, respetando los acuerdos que pongamos en el Protocolo Familiar.*
- *Participaremos en los consejos de la empresa si cumplimos con los requisitos que posteriormente habremos de establecer.*
- *Buscaremos incrementar los negocios actuales en beneficio de todos por igual, ya sea en el mismo giro o diversificándonos.*

*Ejemplo 2.*

*Hemos decidido que por conveniencia para fomentar la unidad familiar evitando que nuestra empresa se vuelva un motivo de separación y no de unión, repartiremos las empresas de tal forma que cada uno sea propietario de su propio negocio respetando los siguientes criterios:*

- *Nuestro criterio rector será el anteponer primero a la familia.*
- *Buscaremos cómo dividir los negocios buscando minimizar el quebranto en la integridad de los mismos buscando siempre la viabilidad de operar separados.*
- *Cada uno continuará su trayectoria empresarial por su cuenta o asociándose con otros miembros de la familia que sean de conveniencia mutua.*
- *Podremos mantenernos como socios en algunos negocios clave que no conviene dividir.*

## Ejercicio 1.02. ¿Por qué, para qué y en qué queremos seguir juntos?

Si se ha decidido que la sociedad debe continuar, o si se ha acordado explorar esta posibilidad, la familia realizará este ejercicio para fortalecer esa intención.

En este ejercicio la familia deberá encontrar razones de peso que sustenten su deseo de trabajar juntos por un sueño que también habrán de definir.

El trabajar juntos en familia no es nada fácil. Las familias empresarias lo saben. El mantenerse en sociedad requerirá de los miembros de la familia el hacer esfuerzos importantes e inclusive el sacrificarse en algunas ocasiones. Es por eso que es crucial el tener bien claro y compartir las razones por la cuales la familia desea continuar trabajando junta, razones que deberán dar sentido a esos esfuerzos y sacrificios que seguramente tendrán que hacer.

*Instrucciones*

Para este ejercicio se trabajará con los formatos 1.02.1 y 1.02.2.

1. Individualmente seleccionar de la lista del Formato 1.02.1 al menos 5 razones por las cuales consideran que la familia deber continuar unida en sus negocios. Si consideran que existen otras adicionales a las mostradas, agréguenlas al final en el mismo formato referido.
2. Una vez que todos los miembros de la familia ya cuentan con sus razones personales para mantenerse unidos, deberán trabajar en encontrar aquellas en las que coinciden como familia. Para esto deberán compartir con los demás cuáles son esas razones y comentar el por qué es importante para ustedes. La tarea es obtener las razones en las que todos estén de acuerdo justifican el esfuerzo que van a hacer como grupo familiar.
3. Redactar una declaratoria familiar estableciendo el por qué quieren continuar trabajando juntos. En el Cuadro 1.02.1 se muestran ejemplos de este tipo de acuerdos.

## Formato 1.02.1. Nuestras razones para seguir unidos

| | |
|---|---|
| Individualmente seleccionar al menos 5 razones por las cuales consideran que la familia deber continuar unida en sus negocios. Si consideran que existen otras adicionales a las mostradas, agréguenlas al final del formato. | |
| 1. | Unidos será más probable que alcancemos una mayor rentabilidad en la empresa y un mayor crecimiento del patrimonio de la familia. |
| 2. | Dar continuidad al esfuerzo de nuestro predecesor, siguiendo una honrosa tradición unida a nuestro apellido. |
| 3. | Para que a través de lo que hagamos en la empresa los miembros de la familia mejoren como personas y empresarios. |
| 4. | Generar oportunidades de trabajo para los miembros de la familia. |
| 5. | Contribuir a la mejora de la sociedad devolviendo a ella algo de lo que hemos recibido. |
| 6. | Generar bienestar económico para nuestra siguiente generación. |
| 7. | Fomentar el espíritu empresarial y el trabajar para uno mismo. |
| 8. | Complementarnos en habilidades y personalidades. |
| 9. | Aprovechar la confianza que nos tenemos en beneficio de la empresa y de la familia. |
| 10. | Disfrutar alegremente de nuestra relación familiar. |
| 11. | Tener una buena calidad de vida y disfrutar mesuradamente de lo que se tiene. |
| 12. | Crear patrimonio propio independientemente de lo que se haga en familia. |
| 13. | Crear oportunidades para dedicarse posteriormente a hacer otras cosas que disfrutamos. |
| 14. | Trascender como empresa y como familia. |
| 15. | Transmitir a la siguiente generación valores que aseguran el éxito empresarial y familiar. |
| 16. | Aprender a ser buenos socios entre hermanos. |
| 17. | Trabajar con los que amamos. |
| 18. | |

## Formato 1.02.2. Nuestras razones para continuar juntos en la empresa de la familia

| | |
|---|---|
| Los miembros de la familia _____ manifestamos nuestro deseo de mantenernos trabajando juntos como grupo familiar en la realización de proyectos empresariales comunes.<br>Las siguientes razones para mantenernos unidos son las bases del compromiso que asumiremos en este Protocolo Familiar: | |
| 1. | |
| 2. | |
| 3. | |
| 4. | |
| 5. | |
| 6. | |
| 7. | |
| 8. | |

## Cuadro 1.02.1. Ejemplos de acuerdos familiares sobre las razones para mantenerse unidos

> *Ejemplo 1.*
>
> *Los miembros de esta familia manifestamos nuestro deseo de mantenernos trabajando juntos como grupo familiar en la realización de proyectos empresariales comunes por las razones que enseguida listamos, las que constituyen las bases del compromiso que asumimos en este Protocolo Familiar:*
>
> - *No fraccionaremos nuestra empresa ya que consideramos que unidos será más probable que alcancemos una mayor rentabilidad y un mayor crecimiento del patrimonio de la familia, logrando trascender tanto como empresa como familia.*
> - *Contribuir a la mejora de la sociedad devolviendo a ella algo de lo que recibimos, principalmente a las familias de los empleados de nuestra empresa.*
> - *Crear patrimonio propio y dedicarse posteriormente a hacer cosas que disfrutamos.*
> - *Transmitir a las siguientes generaciones valores que aseguran el éxito, fomentar el ser emprendedor, el espíritu empresarial y de trabajo.*
>
> *Ejemplo 2.*
>
> *Los miembros de esta familia declaramos nuestra intención y compromiso de trabajar juntos en favor de mantener la unión de la familia y el desarrollo sano de nuestras empresas, basados en las convicciones que en seguida listamos:*
>
> - *Unidos será más probable que alcancemos una mayor rentabilidad en la empresa y un mayor crecimiento del patrimonio de la familia. Esto nos permitirá crear y acrecentar un patrimonio para los hijos y nietos, tener una buena calidad de vida y disfrutar prudentemente de lo que se tiene.*
> - *Estamos dispuestos a aprender a ser buenos socios entre hermanos y demás familiares.*
> - *Deseamos crear oportunidades de trabajo, desarrollo, realización y crecimiento personal para los miembros de la familia.*
> - *Podremos aprovechar la confianza que nos tenemos para trabajar y crecer juntos.*

## Ejercicio 1.03. En qué creemos y qué nos distingue como familia

Este ejercicio permitirá descubrir los valores que la familia ha vivido aunque no se lo haya propuesto formalmente. Se definirán los valores sobre los cuales estará cimentada la relación de sociedad de los miembros de la familia y su relación familiar. El tener claro estos valores permite a los miembros de la familia orientar su actuación en favor de lo que juntos desean lograr.

Se iniciará contando cada uno una historia significativa de acuerdo con las instrucciones que se dan más adelante. Cuando una persona cuenta historias que le son significativas refleja lo que hay en su interior, por eso son significativas, porque van de acuerdo con lo que se piensa, se anhela o desea. Eso es lo que se quiere descubrir en los miembros de la familia: en qué creen y qué los distingue como familia. De este ejercicio de contar historias familiares se obtendrá una lista de valores que son importantes para los diferentes miembros de la familia.

El segundo paso para descubrir lo que es importante para la familia será hacer un ejercicio de ponderación de diferentes valores que la familia seleccionará para que, junto con los emanados de las historias, se llegue a un consenso sobre los que le son comunes a la familia, aquellos que tienen muy arraigados y practican diariamente, y aquellos que consideran que son importantes pero que requieren de un esfuerzo adicional para poder adoptarlos completamente, de tal forma que su relación como socios esté fundamentada en ellos.

### 1.03.A. Historias familiares

Instrucciones

1. Cada miembro de la familia narra al grupo una experiencia positiva, de los mejores momentos que han vivido en la empresa o con relación a ella. Narrar la experiencia mencionando cuándo sucedió, dónde sucedió, quiénes estaban presentes, qué hacían, qué pensaban y cómo se

sentían cuando esto sucedió. Es bueno ponerse de acuerdo en que las historias no duren más de 10 minutos cada una, aunque se puede ser flexible para permitir que cada uno diga lo que tiene que decir. Como ejemplo de lo que se puede contar se incluye en el Cuadro 1.03.A.1 una historia contada en una sesión familiar. No es necesario que las historias que se cuenten sean tan dramáticas como esta, pero sí deben corresponder a un hecho significativo para la familia relacionado con la empresa.

2.  Los que escuchan toman nota en la columna 1 del formato 1.03.A.1 de la experiencia que se escuchó, frases, palabras u oraciones significativas, cosas que para el que cuenta la experiencia son importantes.

3.  Al terminar cada historia, cada uno de los que escucharon comentarán al grupo los apuntes que hizo, lo que percibió como importante para el narrador.

4.  Al terminar todas las historias, entre todos listarán en la columna 2 del Formato 1.03.A.1 los valores que ven reflejados en cada anotación que hicieron en la columna 1 del mismo formato.

5.  Ya determinados los valores reflejados en la historia, transcribirlos a la columna 1 del Formato 1.03.A.2.

Los siguientes pasos se realizarán sólo si no se va a hacer el Ejercicio 1.03.B. La familia podrá optar por no realizar ese ejercicio si considera que los valores que surgieron de este ejercicio reflejan adecuadamente lo que es importante para la familia como grupo.

6.  Proceder individualmente a evaluar la importancia que estos valores tienen para que la sociedad de los miembros de la familia funcione bien. En forma individual califiquen en la columna 3 del Formato 1.03.1.A.2, la importancia de cada uno de ellos, utilizando la siguiente escala:

5 – Importancia alta
4 – Es importante

3 – Tiene un impacto relevante

2 – Es de poca relevancia

1 – No es relevante para la sociedad

Para cada uno de los valores ya calificados por su importancia, calcular un promedio de las calificaciones que el grupo familiar les asignó.

7. En el mismo Formato 1.03.1.A.2, columna 2, proceder individualmente a evaluar la forma en que los valores que tienen mayor relevancia para la sociedad de los miembros de la familia, son vividos por el grupo familiar en su relación como familia empresaria. Podrían seleccionar los que en la columna 3 obtuvieron un promedio mayor a 2.0. En forma individual califiquen en la columna 2 del Formato 1.03.1.A.2, la medida en que viven cada uno de ellos, utilizando la siguiente escala:

5 - Lo vivimos intensamente

4 - Normalmente nos guiamos por este valor

3 - Lo vivimos medianamente, a veces se nos olvida

2 - No lo practicamos mucho

1 - No lo vivimos en lo absoluto

Para cada uno de los valores ya evaluados, calcular un promedio de las calificaciones que el grupo familiar les asignó. Ordenarlos de mayor a menor.

8. Hacer dos grupos en el Formato 1.03.B.2 de acuerdo con lo siguiente: (A) Valores que nos distinguen (Calificación mayor o igual a 4.0); (B) Valores en los que debemos trabajar más (Calificación menor a 4.0).

9. Con la información anterior, redactar entre todos una declaración de valores de la familia. Pueden utilizar las sugerencias mostradas en el Formato 1.03.B.3.

## Cuadro 1.03.A.1. Ejemplo de historia familiar

*Durante una sesión de familia en la que se trabajaba en la definición de un sueño común, se hizo el ejercicio de contar una historia familiar. Esta era un familia numerosa. Ocho hijos con sus respectivos cónyuges. La diferencia de edad entre el más grande y el más joven era de más de 15 años. Cuando tocó el turno al mayor de ellos narró la siguiente historia:*

*"Recuerdo que tenía unos 8 años de edad y algunos de mis hermanos no habían nacido todavía. Mis padres se dedicaban a la distribución de gas LP en la ciudad. Compraban pequeñas cantidades las cuales distribuían también entre pequeños consumidores. Con sacrificios mi padre y mi madre habían juntado lo suficiente para comprar una pipa completa. Recuerdo que en el día que llegó mis padres se veían radiantes. Era la oportunidad que estaban esperando para hacer crecer su pequeño negocio. Durante las maniobras de descarga del gas algo ocurrió y la pipa se incendió. Tengo grabada la cara de angustia de mis padres. Los ahorros que con tanto sacrificio lograron se perderían al consumirse el gas. Repentinamente vi a mi padre que corrió y se metió debajo de la pipa en llamas. No le importó el peligro de una explosión. Como pudo llegó al lugar donde se encontraba la válvula que controlaba la salida del gas y la cerró. Nadie salió dañado y el negocio se salvó.*

*Algunos de los hermanos estaban sorprendidos de escuchar esta historia. "No sabía que mis padres habían pasado por eso", comentaron algunos de ellos emocionados. "Ahora apreciamos más lo que disfrutamos gracias al esfuerzo, valentía y sacrificio de nuestro padre".*

*Los que escucharon la historia resaltaron, entre otros, los siguientes elementos:*

- *El agradecimiento por lo sacrificios realizados*
- *La admiración por los miembros de la familia*
- *La disponibilidad de sacrificarse en favor de la familia*
- *El amor por la empresa*
- *La visión de un negocio futuro*
- *La austeridad y el ahorro*
- *La disponibilidad para tomar riesgos*

*Esta historia refleja estos valores que se vivían en esa familia.*

## Formato 1.03.A.1. Aspectos importantes en nuestras historias familiares

| Tomen nota de la experiencia que escucharon. Frases, palabras u oraciones significativas, asuntos que para quien cuenta la experiencia son importantes. Utilicen tantos formatos como sean necesarios. | |
|---|---|
| **Columna 1** | **Columna 2** |
| **Notas sobre la experiencia que se escucha** | **Valores reflejados en la historia** |
| | |
| | |
| | |
| | |
| | |
| | |
| | |
| | |
| | |
| Continúe la lista hasta cubrir a todos los participantes. | |

## Formato 1.03.A.2. Valores reflejados en nuestras historias familiares

| Columna 1: | Columna 2: | Columna 3: |
|---|---|---|
| Valores reflejados en las historias familiares (De la columna 2 del Formato 1.03.A.1) | Cómo los vivimos Calificar de acuerdo con lo siguiente: 5 - Lo vivimos intensamente 4 - Normalmente nos guiamos por este valor 3 - Lo vivimos medianamente, a veces se nos olvida 2 - No lo practicamos mucho 1 - No lo vivimos en lo absoluto | Importancia relativa: Calificar la importancia que tiene este valor para la sociedad de los miembros de la familia de acuerdo con lo siguiente: 5 – Importancia alta 4 – Es importante 3 – Tiene un impacto relevante 2 – Es de poca relevancia 1 – No es relevante para la sociedad |
| 1. | | |
| 2. | | |
| 3. | | |
| 4. | | |
| 5. | | |
| 6. | | |
| 7. | | |
| 8. | | |
| 9. | | |
| 10. | | |
| 11. | | |

## 1.03.B. Nuestros Valores Familiares y Empresariales

Continuamos ahora indagando aún más sobre los valores familiares y empresariales que les son comunes a todos los miembros de la familia, y determinando qué tan integrados están en el actuar diario de cada uno de ellos. Este ejercicio se podrá omitir si se considera que los valores determinados en el ejercicio 1.03.A reflejan adecuadamente lo que es importante para la familia como grupo.

En el Formato 1.03.B.1 encontrarán una lista de los valores que más frecuentemente son mencionados por familias empresarias. Deberán agregar a esta lista los valores que surgieron en las historias de la familia plasmados en la columna 1 del formato 1.03.A.2.

Instrucciones

1. De la lista de valores en el Formato 1.03.B.1, ya actualizada con el resultado de las historias familiares, deberán individualmente seleccionar los 10 valores que cada uno considera deben existir en lo que podemos llamar "una buena familia". Ponga en cada uno de esos diez valores una marca en la columna que tiene el letrero "Mi elección".

2. Compartir con los demás miembros de la familia los valores seleccionados y producir una lista de los 10 valores que para toda la familia deben estar en nivel de importancia alta para que la sociedad familiar funcione bien. Marcarlos en la columna que tiene el letrero "Acuerdo de toda la familia". Los valores que queden marcados en esta columna deben contar con la aprobación de todos como importantes.

3. Proceder individualmente a evaluar la forma en que estos 10 valores, en los que todos están de acuerdo son importantes para una familia, son vividos por el grupo familiar en su relación como familia empresaria. En forma individual califiquen en la última columna del mismo formato la medida en que cada uno de ellos es vivido por el grupo familiar, utilizando la siguiente escala:

5 - Lo vivimos intensamente

4 - Normalmente nos guiamos por este valor

3 - Lo vivimos medianamente, a veces se nos olvida

2 - No lo practicamos mucho

1 - No lo vivimos en lo absoluto

4. Para cada uno de los 10 valores calcular un promedio de las calificaciones que el grupo familiar les asignó. Ordenarlos de mayor a menor.

5. Hacer dos grupos en el Formato 1.03.B.2 de acuerdo con lo siguiente: (A) Valores que nos distinguen (Calificación mayor o igual a 4.0); (B) Valores en los que debemos trabajar más (Calificación menor a 4.0).

6. Con la información anterior, redactar entre todos una declaración de valores de la familia. Pueden utilizar las sugerencias mostradas en el Formato 1.03.B.3.

## Formato 1.03.B.1. Nuestros Valores Familiares y Empresariales

| Valor | | Mi elección | Acuerdo de toda la familia | Cómo los vivimos<br>Calificar los valores seleccionados por la familia de acuerdo con lo siguiente:<br>5 - Lo vivimos intensamente<br>4 - Normalmente nos guiamos por este valor<br>3 - Lo vivimos medianamente, a veces se nos olvida<br>2 - No lo practicamos mucho<br>1 - No lo vivimos en lo absoluto | |
|---|---|---|---|---|---|
| | | | | Mi calificación | Calificación promedio de la familia |
| 1) | Actitud Positiva | | | | |
| 2) | Apertura | | | | |
| 3) | Apoyo a los jóvenes | | | | |
| 4) | Apoyo mutuo | | | | |
| 5) | Aprender de la experiencia | | | | |
| 6) | Armonía familiar | | | | |
| 7) | Austeridad | | | | |
| 8) | Autoestima | | | | |
| 9) | Autosuficiencia | | | | |
| 10) | Balance Trabajo-Familia | | | | |
| 11) | Buscar el desarrollo de los demás | | | | |
| 12) | Cariño | | | | |
| 13) | Coherencia | | | | |
| 14) | Colaboración | | | | |
| 15) | Compromiso | | | | |
| 16) | Comunicación/Diálogo | | | | |
| 17) | Confianza | | | | |
| 18) | Confianza en uno mismo | | | | |
| 19) | Continuidad | | | | |
| 20) | Contribuir con la sociedad | | | | |
| 21) | Creatividad | | | | |
| 22) | Dar reconocimiento | | | | |
| 23) | Disciplina | | | | |
| 24) | Disponibilidad al cambio | | | | |

| | | | | | |
|---|---|---|---|---|---|
| 25) | Disposición | | | | |
| 26) | Eficacia | | | | |
| 27) | Empatía | | | | |
| 28) | Entusiasmo | | | | |
| 29) | Equidad | | | | |
| 30) | Esfuerzo | | | | |
| 31) | Espíritu emprendedor | | | | |
| 32) | Excelencia | | | | |
| 33) | Éxito | | | | |
| 34) | Felicidad | | | | |
| 35) | Firmeza | | | | |
| 36) | Flexibilidad | | | | |
| 37) | Fortaleza | | | | |
| 38) | Generar bienestar | | | | |
| 39) | Generosidad | | | | |
| 40) | Honestidad | | | | |
| 41) | Honor | | | | |
| 42) | Humildad | | | | |
| 43) | Igualdad | | | | |
| 44) | Independencia | | | | |
| 45) | Iniciativa | | | | |
| 46) | Integridad | | | | |
| 47) | Justicia | | | | |
| 48) | Libertad | | | | |
| 49) | Liderazgo | | | | |
| 50) | No arriesgar la empresa | | | | |
| 51) | No auto-imponerse límites | | | | |
| 52) | Obediencia | | | | |
| 53) | Optimismo | | | | |
| 54) | Orgullo de pertenencia | | | | |
| 55) | Orgullo por la familia | | | | |
| 56) | Pasión | | | | |
| 57) | Perdón | | | | |
| 58) | Perseverancia | | | | |
| 59) | Predicar con el ejemplo | | | | |
| 60) | Reconocimiento | | | | |
| 61) | Religión / Espiritualidad | | | | |
| 62) | Reputación | | | | |
| 63) | Resiliencia | | | | |
| 64) | Respeto a los demás | | | | |
| 65) | Respeto a los mayores | | | | |
| 66) | Responsabilidad | | | | |

| | | | | | |
|---|---|---|---|---|---|
| 67) | Responsabilidad social | | | | |
| 68) | Resultados | | | | |
| 69) | Sacrificio | | | | |
| 70) | Sencillez | | | | |
| 71) | Sensibilidad a las necesidades de los demás | | | | |
| 72) | Servicio | | | | |
| 73) | Simplicidad | | | | |
| 74) | Sinceridad | | | | |
| 75) | Solidaridad | | | | |
| 76) | Superación | | | | |
| 77) | Tener Fe en los demás | | | | |
| 78) | Tolerancia | | | | |
| 79) | Tomar riesgos | | | | |
| 80) | Tomar riesgos controlados | | | | |
| 81) | Trabajo duro | | | | |
| 82) | Trabajo en equipo | | | | |
| 83) | Transparencia | | | | |
| 84) | Unión | | | | |
| 85) | Uso óptimo de los recursos | | | | |
| 86) | Valer por uno mismo | | | | |
| 87) | Vida saludable | | | | |
| 88) | Visión | | | | |
| 89) | | | | | |
| 90) | | | | | |

## Formato 1.03.B.2. Nuestros Valores Familiares y Empresariales

| A. Valores que nos distinguen (Calificación mayor o igual a 4.0) |
| --- |
| |
| B. Valores en los que debemos trabajar más (Calificación menor a 4.0) |
| |

## Formato 1.03.B.3. Declaración de valores de nuestra familia

| Declaración de Valores de la Familia _____ |
| --- |
| Como miembros de nuestra familia compartimos una serie de valores que estamos dispuestos a vivir en nuestros proyectos empresariales comunes y a trabajar para transmitirlos a las siguientes generaciones. Estos valores son:<br><br>*(Escribir aquí los valores de la sección A del Formato 1.03.B.2)*<br><br>Asimismo, emplearemos nuestros esfuerzos para incorporar en nuestra tradición familiar los siguientes valores:<br><br>*(Escribir aquí los valores de la sección B del Formato 1.03.B.2)*<br><br>Nuestros valores empresariales serán congruentes con nuestros valores familiares, por lo que nos conduciremos con base en ellos tanto en la familia como en la empresa |

## 1.03.C. Cómo viviremos nuestros Valores Familiares y Empresariales

La familia ha definido ya los valores que desean conservar para que se conviertan en características distintivas del grupo familiar y sobre la cual cimentarán su sociedad en los negocios familiares. El objetivo de este ejercicio es unificar en todos los miembros de la familia la interpretación del significado de cada valor que definieron en el Formato 1.03.B.3 y de lo que implican en términos de acciones esperables de todo el grupo familiar.

*Instrucciones*

1. Si el grupo familiar es pequeño, trabajarán juntos en este ejercicio. Si es numeroso pueden separarse en grupos más pequeños y después compartir sus reflexiones.
2. Juntos reflexionarán sobre cada uno de los Valores que especificaron en el Formato 1.03.B.3. Para cada uno de ellos realizarán las siguientes actividades. Utilizar el Formato 1.03.C.3
   a. Definir al menos 3 acciones observables que indiquen que se está viviendo el valor. Pueden utilizar la fórmula: "Cuando yo veo que tú _____, veo que estás viviendo este valor", llenando el espacio en blanco.
   b. Listar las consecuencias positivas de vivir específicamente este valor. Pueden utilizar la fórmula: "Si vivimos este valor entonces _____", llenando el espacio en blanco.
   c. Listar las consecuencias negativas de no vivir específicamente este valor. Pueden utilizar la fórmula: "Si no vivimos este valor entonces _____", llenando el espacio en blanco.

## Formato 1.03.C.1. Cómo viviremos nuestros Valores

Reflexionar sobre cada uno de los Valores que especificaron en el Formato 1.03.B.3. Si se requiere utilicen hojas adicionales.

| |
|---|
| Valor 1: |
| Acciones observables que indiquen que se está viviendo el valor: |
| Consecuencias positivas de vivir este valor: |
| Consecuencias negativas de no vivir este valor: |
| Valor 2: |
| Acciones observables que indiquen que se está viviendo el valor: |
| Consecuencias positivas de vivir este valor: |
| Consecuencias negativas de no vivir este valor: |
| Valor 3: |
| Acciones observables que indiquen que se está viviendo el valor: |

| |
|---|
| Consecuencias positivas de vivir este valor: |
| Consecuencias negativas de no vivir este valor: |
| Valor 4: |
| Acciones observables que indiquen que se está viviendo el valor: |
| Consecuencias positivas de vivir este valor: |
| Consecuencias negativas de no vivir este valor: |
| Valor 5: |
| Acciones observables que indiquen que se está viviendo el valor: |
| Consecuencias positivas de vivir este valor: |
| Consecuencias negativas de no vivir este valor: |
| Continúen describiendo todos los valores que seleccionaron. |

## Ejercicio 1.04. Nuestra Misión Familiar

Hasta ahora la familia ya ha trabajado junta por un buen tiempo. Tiene razones sólidas por las que desean mantenerse unidos y han definido los valores sobre los cuales cimentarán su sociedad. Es tiempo de empezar a diseñar lo que quieren y pueden lograr juntos. Iniciarán por definir cuál es la razón de existir de la familia y las tareas que se proponen realizar juntos que den sentido al mantenerse unidos. Esto es su Misión Familiar. El tener claro cuál es esa misión que como familia se quieren imponer les servirá para que cada uno de sus miembros comprendan la razón por la que se mantendrán juntos como familia y motivará la actuación individual congruente con esta razón.

La Misión Familiar describe sus creencias, valores, prioridades y fortalezas como familia. Da respuesta a los siguientes cuestionamientos: Quiénes somos, a qué queremos dedicarnos – no como padre, madre, hijos o hermanos, sino como grupo familiar, por qué y para qué queremos hacerlo, cómo haremos lo que deseamos hacer y bajo qué valores lo haremos, y cuál queremos que sea nuestro legado como familia.

La Misión Familiar no es para siempre. Conviene revisarla periódicamente para verificar si continúa vigente y en sintonía con los objetivos y metas de la familia. Pueden establecer una misión que les ayude a resolver una situación en el corto plazo, un problema que estén enfrentando o un objetivo que quieran lograr relativamente en corto tiempo. Cuando el problema o meta de corto plazo se resuelve o se alcanza, pueden acordar una misión mucho más amplia.

Es recomendable evitar que la misión sea muy larga, que refleje un pensamiento pequeño de la familia, que no sea específica, que esté demasiado adornada o que sea algo que no inspira a todos los miembros de la familia.

Instrucciones:

Para este ejercicio se utilizaran los formatos 1.04.1 y 1.04.2.

1. Para iniciar este ejercicio, deberán tomarse el tiempo necesario para reflexionar sobre cada uno de los ejemplos de misiones familiares que se presentan en el Cuadro 1.04.1. Comenten qué es lo que les llama la atención en cada una de ellas. Traten de imaginar las circunstancias de familia y empresa por las que pasaban quienes las adoptaron. A qué dicen se quieren dedicar y cómo lo quieren hacer. Esta práctica les ayudará a entender lo que es una misión familiar y cómo distinguirla de lo que es una misión de empresa, además les servirá para empezar a vislumbrar lo que les gustaría que estuviera incluido en su propia misión familiar.

2. Utilizando las propuestas de misión familiar mostradas en el Formato 1.04.1, cada uno selecciona los elementos que considera deben estar contenidos en la misión de la familia. Pueden utilizar los ejemplos mostrados, mezclarlos, cortarlos o enriquecerlos, o preparar una propuesta completamente diferente.

3. Una vez que todos los miembros de la familia tengan su propuesta de lo que se debe incluir en la misión de la familia, procederán a compartirla con los demás familiares. Es importante que comenten las razones por las cuales proponen cada uno de ellos. Deberán llegar a determinar en conjunto los elementos que debe tener la misión de la familia.

4. Una vez que ya han acordado los elementos de su misión familiar, trabajarán en su redacción final y la plasmarán en el Formato 1.04.2. No se preocupen en tener una redacción impecable. Lo que deben buscar es una declaración que le haga sentido a todos y cada uno de los integrantes de la familia. Pueden apoyarse y hasta imitar algunos de los ejemplos de misión que revisaron.

## Cuadro 1.04.1. Ejemplos de Misión Familiar

*Ejemplo 1.*

*Es nuestra Misión como familia el aportar generosamente nuestros talentos para acrecentar el patrimonio familiar y transmitirlo multiplicado a las siguientes generaciones, disfrutando de manera prudente sus beneficios, generando alternativas de negocios que hagan que valga la pena continuar trabajando juntos y transmitiendo a la siguiente generación los valores de unión, amor, honestidad, espíritu emprendedor y sencillez, en los cuales creemos y practicamos.*

*Ejemplo 2.*

*Nuestra Misión como familia es proporcionar oportunidades para nosotros y para nuestros hijos y para los hijos de nuestros hijos. Así es como lo hicieron nuestros padres, nosotros deseamos también de la misma manera hacerlo en favor de las futuras generaciones.*

*Ejemplo 3.*

*Es nuestra Misión Familiar constituirnos como la base de unión entre nuestros miembros, apoyarnos en nuestras necesidades y esforzarnos en lograr que, con honradez, sinceridad y respeto, busquemos el bien de la familia y de cada uno de los que la formamos, teniéndonos confianza y ayudándonos a que todos logremos nuestras metas.*

*Ejemplo 4.*

*Somos una familia que se compromete con sus integrantes, sus descendientes y con la sociedad a ser ciudadanos responsables, a actuar con ética y a contribuir constructivamente con la comunidad. Buscamos que cada miembro de la familia desarrolle sus habilidades de autosuficiencia, autoestima e independencia, llevando un estilo de vida saludable y de satisfacción personal.*

*Ejemplo 5.*

*Nuestro éxito en el largo plazo está fundamentado en una comunicación clara y constructiva entre los miembros de nuestra familia. Por esta razón haremos todos los esfuerzos necesarios para fortalecer nuestras relaciones amistosas y nuestra comunicación, buscando acrecentar la felicidad de los integrantes mediante un balance entre las aspiraciones de largo plazo y el gozo prudente del presente.*

*Como familia empresaria continuaremos con una orientación a inversiones prudentes y cuidadosas, con una visión de resultados a largo plazo, para que todos los descendientes de nuestros padres puedan disfrutar de los beneficios de lo que ellos iniciaron.*

*Ejemplo 6.*

*Nuestra Misión como familia es lograr el éxito, la realización personal y la felicidad de cada uno de nuestros miembros, respetando la libertad de cada uno de ellos y de sus respectivas familias.*

*Somos una familia comprometida con el éxito de nuestra institución a través del éxito de nuestros alumnos y egresados, por lo que educamos con amor y dedicación, con creatividad y excelencia en el servicio, buscando siempre el liderazgo en nuestro ramo y el prestigio de la familia.*

*Creemos y fomentamos entre nosotros los valores de Unidad, Generosidad, Cariño, Obediencia, Apoyo a los Jóvenes y Solidaridad entre nuestros miembros. El apoyo mutuo y la admiración por el esfuerzo y resultados de cada uno en la familia forman la base de nuestra unión.*

*Ejemplo 7.*

*Los miembros de esta familia consideramos que tenemos como misión común, en primera instancia, el consolidar, desarrollar y fortalecer nuestra empresa como nuestra principal fuente de ingresos que es, permitiendo que se maneje profesionalmente bajo sólidos principios de negocios.*

## Formato 1.04.1. Elementos que pueden formar nuestra Misión Familiar

| | | |
|---|---|---|
| Seleccionen los elementos que considera deben estar contenidos en la misión de su familia. Pueden utilizar los ejemplos mostrados, mezclarlos, cortarlos o enriquecerlos, o preparar una propuesta completamente diferente. | | |
| 1. | Aportar generosamente nuestros talentos para acrecentar el patrimonio familiar | |
| 2. | Transmitir el legado que recibimos multiplicado a las siguientes generaciones. | |
| 3. | Disfrutar de manera prudente y responsable los beneficios que genera nuestra empresa. | |
| 4. | Generar alternativas de negocios que hagan que valga la pena continuar trabajando juntos. | |
| 5. | Transmitir nuestros valores familiares y empresariales a la siguiente generación. | |
| 6. | Proporcionar oportunidades de desarrollo profesional y personal para nosotros y para nuestros hijos y para los hijos de nuestros hijos, como lo hicieron nuestros padres. | |
| 7. | Construir de la empresa una base de unión entre los miembros de la familia. | |
| 8. | Fomentar una comunicación clara y constructiva que fundamente nuestro éxito como familia empresaria en el largo plazo. | |
| 9. | Trabajar juntos con buen humor y alegría. | |
| 10. | Establecer un balance entre las aspiraciones de largo plazo y el gozo del presente. | |
| 11. | Fortalecer la comunicación y las relaciones amistosas entre los miembros de la familia. | |
| 12. | Continuar con la orientación a inversiones prudentes y cuidadosas, con una visión de resultados a largo plazo. | |
| 13. | Cuidar que todos los descendientes de nuestros padres puedan disfrutar los beneficios de la empresa que crearon. | |
| 14. | Lograr el éxito, la realización personal y la felicidad de cada uno de los miembros de la familia. | |
| 15. | Respetar la libertad de cada uno de los miembros de la familia y de sus respectivas familias. | |
| 16. | Ser una familia comprometida con el éxito de nuestra institución buscando siempre el liderazgo en nuestro ramo y el prestigio de la familia. | |
| 17. | Tener como base de nuestra unión el apoyarnos mutuamente y el admirar el esfuerzo y resultados de cada uno en la familia. | |
| 18. | Aportar nuestro apoyo a la empresa, permitiendo que se maneje bajo principios de negocios. | |

| 19. | Cuidar que nuestra empresa proporcione excelentes oportunidades de desarrollo profesional y económico para cada uno de los miembros de la familia. | |
|-----|------------------------------------------------------------------------------------------------------------------------------------------------|---|
| 20. | Mejorar nuestra empresa para que nuestros hijos la reciban en mejores condiciones y con mejores oportunidades que en las que la generación actual la recibió. | |
| 21. | Trabajar unidos con compromiso evitando situaciones que desgasten energía que puede ser dirigida a producir valor en el largo plazo para nuestra empresa. | |
| 22. | Apoyarnos en nuestras necesidades. | |
| 23. | Buscar el bien de la familia y de cada uno de los que la formamos. | |
| 24. | Ayudarnos a que todos logremos nuestras metas. | |
| 25. | Mantenernos en un negocio siempre y cuando nos proporcione las oportunidades de portafolio, fortaleza y aprendizaje. | |
| 26. | Desarrollar en la familia personas éticas que sean fuente de mejora de la sociedad. | |
| 27. | Consolidar, desarrollar y fortalecer nuestra empresa como nuestra principal fuente de ingresos que es. | |
| 28. | Fomentar el espíritu emprendedor con sentido ético y social en los miembros de la familia. | |
| 29. | Formar personas autónomas y autosuficientes. | |
| 30. | | |

**Formato 1.04.2. Nuestra Misión como Familia**

Basados en nuestro sueño, valores y deseo de mantenernos unidos en nuestros proyectos empresariales, establecemos que nuestra Misión como familia es la siguiente:

*Incluir aquí los elementos de misión familiar que ha acordado la familia*

Esta Misión describe la razón de existir de nuestra familia y las tareas que realizamos juntos, las que dan sentido al mantenernos unidos. Es compromiso de cada uno de nosotros el actuar individualmente y en grupo en forma congruente con esta Misión.

# Ejercicio 1.05. Nuestra Visión Familiar: Nuestro sueño como familia

Por qué necesitamos una Visión Familiar

Aun cuando el compromiso de los fundadores hacia la empresa de su propiedad es muy alto y hacen todo lo que está en sus manos por su bienestar, de acuerdo con sus criterios, en algún momento deberán transferir el mando y la propiedad de su empresa a la siguiente generación, cuyo compromiso con la empresa de ninguna manera está garantizado[1]. Las nuevas generaciones en las familias empresarias tienen sus propias motivaciones y su visión de lo que debe ser el futuro de la empresa no necesariamente coincide con la de la generación de sus padres.

---

[1]    R.S. Carlock, J.L. Ward 2010, "When Family Businesses are Best"

Los estudios alrededor del mundo[2] sobre la participación de la siguiente generación en las familias empresarias muestran que los jóvenes no están dispuestos a sacrificarse por la empresa de la misma manera que lo hicieron sus padres y que se preocupan más por tener un mejor balance entre su trabajo y su vida personal. Una circunstancia poco compleja pero demasiado común que refleja esta situación y que genera una queja frecuente de los padres, es el que los hijos no se presentan a tiempo a su trabajo. Los padres y los hijos no están compartiendo una misma visión sobre el futuro de su negocio, lo que ocasiona actitudes divergentes. Otras circunstancias más complejas las observamos en las disputas sobre el patrimonio familiar que se ventilan en los medios. Los herederos no han sido capaces de hacer coincidir sus intereses sobre la empresa, sobre el patrimonio común y sobre la familia.

El definir una visión es una herramienta importante para las familias empresarias porque les ayuda a enfocar su atención en nuevas posibilidades y oportunidades, a pesar de todos los distractores que seguramente se les presentarán. Si la familia se concentra en asuntos menores perderá de vista asuntos más importantes y desaprovechará oportunidades que le podrían conducir al éxito. La familia debe tener una visión tan poderosa que las dificultades cotidianas no la puedan distraer de lo que realmente es importante, una visión que le ayude a superar sus luchas, problemas y conflictos diarios, para enfocarse en su futuro[3].

La visión de una familia empresaria es la expresión de un deseo sobre lo que la familia quiere para el futuro, de un compromiso hacia el éxito de la empresa y de la familia, es la imagen de lo que quieren ser trabajando juntos y de los resultados positivos que unidos quieren obtener. El contar con una visión familiar tiene sus beneficios: proporciona una guía para la toma de decisiones de la familia, clarifica cómo puede la familia contribuir al éxito de la

---

[2]   FBN International 2009, "Next Generation: Hopes, dreams & Ambitions".

[3]   R.S. Carlock, J.L. Ward 2010, "When Family Businesses are Best"

empresa y mueve a la familia a trabajar en equipo por un mismo ideal.

En resumen, una Visión Familiar describe el futuro que deseamos tener como familia: ¿Cómo queremos que nuestra familia se vea en el futuro con respecto a la empresa? ¿Qué lograremos con respecto a nuestra empresa? ¿Qué lograremos con respecto a la familia? Refleja los valores de la familia, representa los ideales, fantasías y sueños de lo que les gustaría que fuera la familia en el futuro y por lo cual están todos dispuestos a trabajar. Provee un propósito y una razón para cambiar, inspirar y comprometer el desempeño de todos sus integrantes.

En la Visión Familiar se pueden incluir también las expectativas futuras sobre la familia y sobre la empresa, qué es lo que la familia contribuirá a la empresa, qué se espera que la empresa regrese a la familia, quiénes serán los dueños de la empresa en el futuro y los logros deseados de la empresa.

Redacción de la Visión de la Familia.

Instrucciones

1.  Para iniciar este ejercicio, tómense el tiempo necesario para reflexionar sobre cada uno de los ejemplos de visiones familiares que se presentan en el Cuadro 1.05.1. Comenten qué es lo que les llama la atención en cada una de ellas. Traten de imaginar las circunstancias de familia y empresa por los que pasaban quienes las adoptaron. Cuáles son los elementos de cada una de estas visiones, qué pusieron, qué no pusieron. Qué tan apegada está a una visión de la empresa. Esta práctica les ayudará a entender lo que es una visión familiar y cómo distinguirla de lo que es una visión de empresa, además les servirá para empezar a vislumbrar lo que les gustaría que estuviera incluido en su propia visión familiar.

2. Una vez que terminen de revisar los ejemplos de visión familiar, iniciarán la redacción de la visión de su familia de la siguiente manera:

   a. Todos los participantes deben situarse en una fecha distante 10 años del día de hoy.

   b. Imaginar que en esa fecha cada uno de los participantes se encuentran a un buen amigo o familiar a quien no han visto desde hace 10 años.

   c. Esta persona les pregunta qué ha sido de ustedes como familia empresaria en todos estos años, qué es lo que han hecho y logrado.

3. Con esto en mente, reflexionen en la respuesta que les gustaría dar, qué éxitos les gustaría compartir con ese amigo o familiar que se han encontrado.

   a. En el Formato 1.05.1 se proporciona una lista de posibles respuestas. Cada uno de los participantes deberá seleccionar de esa lista los elementos que les gustaría relatarle a ese amigo o familiar. Pueden utilizar los ejemplos tal como están, mezclarlos, cortarlos o enriquecerlos.

   b. Pueden agregar otros elementos de lo que sueñan como familia, tal vez algunas ideas del ejercicio de Nuestras Historias Familiares.

   c. Pueden imaginarse logros intermedios, por ejemplo primero a 5 años y después a 10 años.

4. Una vez que todos hayan seleccionado lo que para cada uno constituye un sueño a lograr en el futuro, deberán compartir con los demás miembros de la familia y generar una lista común con elementos en los que todos estén de acuerdo.

5. Redactar la Visión Familiar utilizando el Formato 1.05.2.

## Cuadro 1.05.1. Ejemplos de Visión Familiar

*Ejemplo 1.*

*Nuestro sueño es contar con una empresa de la familia que sea dinámica, reconocida por su liderazgo tecnológico y por la calidad de su servicio. Una empresa que con nuestro apoyo se maneje bajo principios de negocios, y proporcione excelentes oportunidades de desarrollo profesional y económico para cada uno de los miembros de la familia. Es nuestro sueño que nuestra empresa permanezca dentro de la familia y mejorarla para que nuestros hijos la reciban en mejores condiciones y con mejores oportunidades que en las que la generación actual las recibió.*

*Ejemplo 2.*

*Es nuestra Visión como familia:*
*Al Mediano Plazo (al concluir 5 años)*
- *El patrimonio familiar es administrado por la segunda generación, con asesoría vitalicia del fundador.*
- *Hemos llevado a nuestra empresa a participar en proyectos internacionales.*
- *Contamos con recursos líquidos acumulados equivalentes al valor de nuestro negocio actual.*

*Al Largo Plazo (al concluir 10 años)*
- *Contamos con un negocio "activo" adicional a nuestra empresa actual, con un valor similar a ésta y con un ciclo desfasado.*
- *El patrimonio familiar sigue administrado por la segunda generación, y estamos preparando a la siguiente generación de empresarios de la familia.*

*Ejemplo 3*

*Contamos con un negocio saludable guiado por una familia armoniosa y somos un ejemplo para nuestras siguientes generaciones. Dirigimos nuestra empresa con base en sólidos principios de negocio y mantenemos como objetivo principal el crear valor a largo plazo para los accionistas de las siguientes generaciones. Creemos en que estos principios no son sólo un buen negocio, sino que también es algo bueno para la familia.*

*Ejemplo 4.*

*Nuestro sueño es tener una empresa que atraiga e involucre a los miembros de la familia y una familia en la que el compromiso y la unión eviten el desgaste de energía que puede ser dirigida a producir valor en el largo plazo para nuestra empresa. Nuestro sueño es continuar en el negocio actual siempre y cuando esta industria nos proporcione oportunidades atractivas de desarrollo y rentabilidad.*

*Ejemplo 5.*

*Nuestro sueño como familia es contar con una institución líder en su ramo, manejada profesionalmente, que constituya un orgullo para nuestra familia, para nuestros alumnos, para los padres de nuestros alumnos y para nuestros egresados. La participación de los miembros de la familia en nuestra institución será para satisfacer sus metas y aspiraciones personales en congruencia con el engrandecimiento de la misma institución, de tal forma que amplíe los horizontes de la familia al tiempo que fortalece nuestra unión familiar y nuestro compromiso hacia ella.*

## Formato 1.05.1. Elementos que pueden formar parte de nuestro Sueño como Familia

| | Seleccionen los elementos que considera deben estar contenidos en la visión de su familia. Pueden utilizar los ejemplos mostrados, mezclarlos, cortarlos o enriquecerlos, o preparar una propuesta completamente diferente. | |
|---|---|---|
| 1. | Tenemos una empresa de la familia que es dinámica y duradera, reconocida por su liderazgo tecnológico y por la calidad de su servicio. | |
| 2. | Tenemos una empresa que proporciona excelentes oportunidades de desarrollo profesional y económico para cada uno de los miembros de la familia. | |
| 3. | Conservamos la propiedad de nuestra empresa dentro de la familia y trabajamos juntos. | |
| 4. | Estamos listos para entregar a nuestros hijos una empresa en mejores condiciones y con mejores oportunidades que en las que la generación actual la recibió. | |
| 5. | El patrimonio familiar es administrado por la segunda generación, con asesoría vitalicia del fundador. | |
| 6. | Nuestra empresa se ha expandido a (definir): | |
| 7. | Nuestra empresa se ha expandido a ___ ciudades (definir). | |
| 8. | Contamos con recursos líquidos acumulados equivalentes al valor de nuestro negocio actual. | |
| 9. | Contamos con un negocio "activo" adicional a nuestra empresa actual, con un valor similar a ésta y con un ciclo desfasado. | |
| 10. | Estamos preparando ya a la siguiente generación de empresarios de la familia. | |
| 11. | Nuestro padre/madre han encontrado un nuevo reto en sus vidas, nos han dejado la operación de los proyectos empresariales y viven una vida que los hace felices. | |
| 12. | Nuestros intereses en la empresa atraen e involucran a los miembros de la familia. | |
| 13. | La empresa es un medio con el que los miembros de la familia satisfacen sus metas y aspiraciones. | |
| 14. | Tenemos una empresa global que amplia los horizontes de la familia. | |
| 15. | Hemos crecido y diversificado nuestros negocios convirtiéndonos en una familia empresaria. | |
| 16. | Contamos con una institución líder en su ramo, manejada profesionalmente, que constituye un orgullo para nuestra familia. | |

| | | |
|---|---|---|
| 17. | La participación de los miembros de la familia en nuestra institución satisface sus metas y aspiraciones personales en congruencia con el engrandecimiento de la misma institución. | |
| 18. | La empresa amplia los horizontes de la familia al tiempo que fortalece nuestra unión familiar y nuestro compromiso hacia ella. | |
| 19. | En nuestra Familia reconocemos la importancia de nuestro negocio como un medio para preservar e incrementar nuestro patrimonio familiar en armonía con el incremento en el bienestar de nuestros colaboradores. | |
| 20. | Mantenemos mediante reglas claras una relación institucional entre la familia y el grupo de empresas que nos permite mantener la unidad y la armonía familiar y garantizar una gestión empresarial de clase mundial. | |
| 21. | Mantenemos una disciplina financiera que garantiza la saludable operación de las empresas y la flexibilidad para procurarles una larga y próspera vida. | |
| 22. | Cada uno de los miembros de la familia ha asumido de forma completa su rol de propietario, se ha preparado y actúa como un socio responsable y sereno. | |
| 23. | | |

**Formato 1.05.2. Nuestra Visión Familiar**

---

Nuestra Visión como Familia

Como miembros de la familia _____ compartimos un sueño que nos da un propósito y una razón para continuar unidos buscando el hacerlo realidad. Esta visión de familia representa nuestros ideales, fantasías y sueños de lo que nos gustaría que fuera nuestra familia en el futuro y por los cuales estamos dispuestos a trabajar juntos.

Nos comprometemos a dirigir todos nuestros esfuerzos al logro de este sueño, modificando toda conducta individual o grupal que nos aparte de su realización.

*Insertar aquí la redacción de la Visión Familiar*

---

# Ejercicio 1.06. Nuestro Proyecto de Empresa Familiar

Hasta ahora la familia ya tiene claro qué es lo que quiere lograr en el futuro como familia empresaria. Deberá proceder ahora con el diseño de lo que quieren que la familia y la empresa sean en el futuro de tal forma que les ayude a hacer realidad la visión de familia que han acordado.

La familia trabajará en seleccionar cuatro tipos de modelos que definirán el proyecto de empresa familiar que quieren tener en el futuro:

A. El primero de ellos es el Modelo de Liderazgo, en el que la familia acordará cómo desean organizarse para contar con un liderazgo efectivo en la empresa de la familia.

B. El segundo modelo a seleccionar es el Modelo de Toma de Decisiones, en el que la familia acordará cómo quieren tomar las decisiones en el futuro como grupo familiar.

C. El tercero es el Modelo de Participación de la Familia, en el que la familia definirá cómo se involucrarán en la empresa los miembros de la familia.

D. El cuarto modelo a seleccionar es el Modelo de Formación Familiar-Empresarial que quieren adoptar para formar a los miembros de la siguiente generación.

Cada uno de estos modelos tienen ciertas cualidades que los hacen útiles para la empresa y para la familia bajo ciertas circunstancias, pero si estas circunstancias cambian, el mantener ese modelo podría ser contraproducente para la empresa y para la familia y desalentaría la participación de la nueva generación. La gran mayoría de los problemas que una familia empresaria enfrenta se derivan de mantener un modelo de liderazgo en la empresa familiar que ya no es apropiado.

## 1.06.A. Modelo de liderazgo en la empresa familiar

Se presentarán los diferentes tipos de modelo que en la práctica se han observado en las familias, los que se han adaptado del estudio de Gimeno, Baulenas y Coma-Cros[4]. A medida que se van presentando, los miembros de la familia deberán identificar los modelos que mejor describen sus circunstancias actuales y los modelos que les gustaría adoptar para el futuro, de acuerdo con lo siguiente:

1. Identificar el modelo al que actualmente se acercan más en su empresa y en su familia y qué características lo distingue. Utilicen para esto el Formato 1.06.A.1. Deberán tratar de identificar también señales de que el modelo existente podría ya no ser útil bajo las circunstancias actuales, en el corto o en el mediano plazo.

2. Al terminar deberán haber identificado también el modelo que les gustaría tener y al que propondrían a la familia se emigrara. Describirlo en el Formato 1.06.A.2.

---

4    Gimeno, Baulenas and Coma-Cros; "Family Business Models - Practical Solutions for the Family Busines"; 2010, Palgrave Macmillan

## Modelo de "Liderazgo Comandante"

Este modelo de liderazgo corresponde a empresas que son dirigidas por una sola persona quien es el accionista mayoritario o propietario único. Es un emprendedor y como tal hace que todo gire a su alrededor, pero hace que las cosas en la empresa se muevan hacia adelante. Él es el centro de todo y se guía por su intuición, experiencia y conocimientos. Nada se mueve en la empresa y seguramente en la familia sin que él esté enterado y lo permita. Él es el alma de la empresa, la dirige, la impulsa y le da vida. Él es quien manda y si alguien se opone, se deberá atener a las consecuencias.

Este tipo de liderazgo es útil en etapas tempranas del desarrollo de una empresa, en etapas en que su operación no se ha complicado tanto como para que una sola persona, el Comandante, pueda estar al tanto de todo y tomar personalmente las decisiones importantes que se tengan que tomar. Todos en la empresa y en la familia deben aceptar y acatar su liderazgo como requisito para que las cosas funcionen bien. El Comandante hará lo necesario para que esto sea así.

Con el paso del tiempo este modelo de liderazgo empieza a mostrar signos de decadencia. Esto sucede porque la empresa, después de haber crecido gracias al empuje del Comandante empieza a entrar a un periodo de madurez, que coincide con la madurez del Comandante. La empresa necesita nuevos bríos para pasar a una nueva etapa de desarrollo y crecimiento, pero el Comandante no tiene la capacidad de dejar que otros hagan lo que tienen que hacer, por lo que al tratar de seguir siendo el centro de todo, detiene las decisiones e impide el desarrollo de los familiares que trabajan con él. Si no se cambia de modelo, por ejemplo a un modelo mucho más participativo que motive a los miembros de la siguiente generación, la empresa y la familia están en peligro, a menos que en la siguiente generación pueda surgir un nuevo Comandante que tome las riendas, y que todos le obedezcan. Otras opciones pueden ser el evolucionar a alguno de los otros modelos de liderazgo en empresa familiar que se presentan aquí.

## Modelo de "Liderazgo Equipo Familiar"

En este modelo de liderazgo un grupo de familiares, la familia, trabajan unidos por el bien de la empresa. Conforman un equipo de trabajo eficiente y bien coordinado, en el que cada integrante sabe lo que tiene que hacer y lo hace bien. Es posible encontrar una cabeza del equipo familiar, pero a diferencia del Liderazgo Comandante, en el Liderazgo Equipo Familiar las decisiones son consultadas y todos son escuchados.

Este tipo de liderazgo es útil cuando la familia depende económicamente de la empresa y la empresa necesita empleados leales y comprometidos para su desarrollo y consolidación pues no ha alcanzado un nivel de profesionalización que le permita mantener el control sin que alguien de la familia esté presente. Bajo este modelo de liderazgo los miembros de la familia trabajan unidos por el bien de la empresa. Ejemplos de empresas familiares con este modelo de liderazgo son los restaurantes familiares o despachos de servicios profesionales.

Este modelo presentará signos de decadencia con el paso del tiempo, cuando las habilidades o competencias de los miembros de la familia ya no sean las mismas o cuando alguna persona clave del equipo familiar falte en la empresa. Al faltar esa persona las cosas ya no son las mismas y el equipo no funciona igual. Algún miembro del equipo puede tomar el lugar de quien falta pero no lo hace de la misma manera que la otra persona. Las cosas empiezan a salir diferente y no necesariamente mejor. La familia debe buscar un nuevo modelo para asegurarse de que la empresa pueda continuar sin depender tanto del equipo familiar.

## Modelo de "Liderazgo Familia Profesional"

El Liderazgo Familia Profesional se encuentra en empresas que generalmente han evolucionado del modelo de Liderazgo Comandante. Los hijos han sido enviados a recibir capacitación que les permite manejar la empresa en forma profesional y todos están dispuestos a trabajar con la familia. Juntos han diseñado los procesos, políticas y procedimientos que a todos en la empresa les permite manejarse bajo estrictos criterios de negocio. Forman un equipo de administración profesional muy exigente.

Este modelo funciona en familias que no son muy numerosas, lo que facilita la comunicación y la toma de decisiones. Es requisito que sus miembros se entiendan bien, tengan un buena comunicación para consolidar un equipo competente y tengan un mismo nivel de preparación profesional.

Con el tiempo la familia crecerá y no todos sus nuevos integrantes recibirán la misma preparación profesional ya que sus intereses serán muy variados. El número de integrantes es mayor y la coordinación y exigencia es más complicada de lograrse. De la misma manera puede suceder que los negocios hayan crecido y el reducido equipo familiar no puede ya atender la empresa bajo el mismo criterio de exigencia profesional. La familia deberá buscar un nuevo modelo que le asegure que la empresa continúe siendo manejada profesionalmente, tal vez ya sin la participación de todos los familiares o sin la participación directa de ellos en la operación del negocio.

## Modelo de "Liderazgo Corporativo"

Este tipo de liderazgo se ejerce por la familia empresaria al "independizarse" de la operación de un solo negocio familiar. La familia se ha movido de la operación diaria de su empresa para dejar que profesionales la administren. Los miembros de la familia toman un rol más preponderante en la conducción estratégica de sus negocios y participan en la toma de decisiones a nivel consejo. El término "Corporativo" no debe ser interpretado como exclusivo de los grandes empresas. El criterio importante es que la familia ha encontrado la forma de no tener que estar en sus negocios para que éstos funcionen bien.

Este modelo es una opción ideal para que la familia permita el desarrollo de sus empresas sin imponerles ataduras derivadas de las limitaciones que la familia pueda tener. Un ejemplo clásico de estas limitaciones es aquella empresa familiar que crece sólo en la medida en que la familia crece. Tienen tantas sucursales o atienden tantos mercados como miembros de la familia son. Bajo el Modelo de Liderazgo Corporativo la familia se mueve a un nivel más elevado desde el cual pueden ver más opciones para su negocio. Requiere de mucha disciplina familiar con respecto a la empresa y la firme intención de manejarlas profesionalmente y de mantener los órganos de gobierno que sean necesarios de acuerdo con las circunstancias de la empresa y de la familia. El tema de órganos de gobierno se verá en la Sesión 2. Este modelo permite también la adecuada participación de un número elevado de propietarios canalizándola a través del órgano de gobierno que en este caso corresponde: la asamblea de accionistas.

Ejercicio

Después de la presentación de los modelos de liderazgo en la empresa familiar, la familia debe darse cuenta de cuál modelo han desarrollado, y evaluar, a la luz de sus propias circunstancias cambiantes, si ese modelo permanece válido para su futuro, o si deben avanzar a otro modelo diferente. Habrá un momento en que ya no es procedente continuar con el modelo actual, habrá que cambiar el viejo por uno nuevo.

1. Individualmente reflexionar sobre el modelo de liderazgo que actualmente tienen (Formato 1.06.A.1). Reflexionen sobre cuál de los modelos presentados se acerca más a lo que hoy tienen como familia, en qué se parece, qué características distintivas tiene, etc. Podría ocurrir que la familia y la empresa se encuentren en la transición de un modelo a otro.
2. Individualmente reflexionar sobre el modelo de liderazgo al que la familia debe aspirar en el corto, mediano o largo plazo (Formato 1.06.A.2). Podrían optar por definir modelos por los que deben transitar para llegar al que finalmente aspiran.
3. Una vez que tienen sus reflexiones personales, compartir en familia y llegar a un consenso sobre el modelo de liderazgo actual en su empresa familiar y sobre el modelo al que deben aspirar en el futuro, describiendo algunas características básicas que debe tener. Documentar el acuerdo en el formato 1.06.A.3.

## Formato 1.06.A.1. Reflexión personal sobre Nuestro Modelo de Liderazgo actual

| |
|---|
| Modelo de Liderazgo que tenemos actualmente: ¿Cómo nos organizamos en el negocio? ¿Cómo se toman las decisiones?¿Cómo está la propiedad? |
| |
| ¿Qué circunstancias han favorecido el que este modelo haya funcionado? |
| |
| Señales de que este modelo podría ya no funcionar más. |
| |

## Formato 1.06.A.2. Reflexión individual sobre el Modelo de Liderazgo que debemos buscar para el futuro

| |
|---|
| Modelo al que debemos emigrar. |
| |
| Características que debe tener nuestro próximo modelo de empresa familiar: ¿Cómo nos organizaremos en el negocio? ¿Quién tendrá la propiedad? |
| |
| Ventajas de cambiar a este nuevo modelo. |
| |

## Formato 1.06.A.3. Nuestro acuerdo sobre el Modelo de Liderazgo que deseamos para el futuro

| |
|---|
| Modelo al que debemos emigrar. |
| |
| Características que debe tener nuestro próximo modelo de empresa familiar: ¿Cómo nos organizaremos en el negocio? ¿Quién tendrá la propiedad? |
| |
| Ventajas de cambiar a este nuevo modelo. |
| |

## 1.06.B. Modelo de Toma de Decisiones

Una vez que han definido juntos el Modelo de Liderazgo que tendrán en el futuro, se trabajará en la definición de la forma en que se deberán tomar las decisiones sobre la empresa y sobre la familia.

Se presentarán varios modelos de toma de decisiones para la empresa familiar que en la práctica se han observado en las familias. A medida que se van presentando, los miembros de la familia deberán identificar el modelo al que actualmente se acercan más y qué características lo definen. Deberán tratar de identificar también algún signo de que el modelo actual podría ya no ser útil bajo las circunstancias actuales. Al terminar, se deberá haber identificado el modelo que les gustaría tener y al que buscarían que la familia emigrara.

### Toma de Decisiones Centralizada

Bajo este modelo las decisiones son tomadas por una sola persona sin necesidad de consultarlas con los demás miembros de la familia. Las decisiones así tomadas deben ser obedecidas. Todos tienen claro que si se requiere una decisión importante, deben consultarlo primero con quien está al mando para hacerlo.

## Toma de Decisiones con Consulta a los miembros de la familia

Quien tiene el poder de tomar la decisión regularmente consulta con su padre, esposa, esposo, hijos, hermanos o con una persona de experiencia y confianza, antes de decidir qué hacer. Todos pueden opinar si se les pregunta, pero deben esperar a que quien está al mando tome la decisión. Este modelo funciona bien cuando se requiere tomar decisiones rápidas pues no se necesita contar con la aprobación de nadie.

## Toma de decisiones buscando el Consenso

Las decisiones son tomadas con la aprobación de todos los miembros de la familia. Se plantean alternativas de acción, se discuten y se decide la acción a tomar. Se busca que todos estén de acuerdo en lo que se va a hacer. El proceso de búsqueda de consenso para la toma de decisiones puede hacer que se pierda lo oportuno de la que decisión que se toma, pero se da prioridad a la inclusión de todos los miembros de la familia.

## Toma de decisiones bajo un formato de Consejo

En este modelo de toma de decisiones la base es la democracia y se utiliza la votación. Se decide por mayoría de votos. A pesar de que se es miembro de la misma familia, se reconoce que se pueden tener puntos de vista diferentes y que eso puede enriquecer la efectividad de la decisión que se toma. Se requiere el compromiso de todos a apoyar las decisiones tomadas, aun cuando se haya votado en contra de ellas.

Instrucciones:

Después de la presentación de los modelos de toma de decisiones en la empresa familiar, la familia debe darse cuenta de cuál modelo han desarrollado y evaluar, a la luz de sus propias circunstancias cambiantes, si ese modelo permanece válido para su futuro o si deben avanzar a otro modelo diferente. Igual que en los modelos anteriores, habrá un momento en que ya no es procedente continuar con el modelo actual, habrá que cambiar el viejo por uno nuevo.

1. Individualmente reflexionar sobre el modelo de toma de decisiones que actualmente tienen (Formato 1.06.B.1). Reflexionen sobre cuál de los modelos presentados se acerca más a lo que hoy tienen como familia, en qué se parece, qué características distintivas tiene, etc. Podría ocurrir que la familia y la empresa se encuentren en la transición de un modelo a otro.

2. Individualmente reflexionar sobre el modelo de toma de decisiones al que la familia debe aspirar en el corto, mediano o largo plazo (Formato 1.06.B.2). Podrían optar por definir modelos por los que deben transitar para llegar al que finalmente aspiran.

3. Una vez que tienen sus reflexiones personales, compartir en familia y llegar a un consenso sobre el modelo de toma de decisiones actual en su empresa familiar y sobre el modelo al que deben aspirar en el futuro, describiendo algunas características básicas que debe tener. Documentar el acuerdo en el formato 1.06.B.3.

**Formato 1.06.B.1. Reflexión personal sobre Nuestro Modelo de Toma de Decisiones actual**

| Modelo de toma de decisiones que tenemos actualmente. Describir algunas características. |
|---|
|  |
| ¿Qué circunstancias han favorecido el que este modelo haya funcionado? |
|  |
|  |

## Formato 1.06.B.2. Reflexión individual sobre el Modelo de Toma de Decisiones que debemos buscar para el futuro

| Modelo al que debemos emigrar. |
|---|
| |
| Características que debe tener nuestro próximo modelo de empresa familiar: |
| |
| Ventajas de cambiar a este nuevo modelo. |
| |

## Formato 1.06.B.3. Nuestro acuerdo sobre el Modelo de Toma de Decisiones que deseamos para el futuro

| Modelo al que debemos emigrar. |
|---|
| |
| Características que debe tener nuestro próximo modelo de empresa familiar: |
| |
| Ventajas de cambiar a este nuevo modelo. |
| |

## 1.06.C. Modelo de Participación de la familia en la empresa

Una vez que han definido juntos el Modelo de Toma de Decisiones que tendrán en el futuro, se trabajará en la definición del modelo que habrán de seguir en la forma en que los miembros de la familia participarán en la empresa.

Se presentarán ahora varios modelos sobre cómo la familia puede involucrarse en la empresa. A medida que se van presentando, los miembros de la familia deberán identificar el modelo al que actualmente se acercan más y qué características lo definen. Deberán tratar de identificar también algún signo de que el modelo actual podría ya no ser útil bajo las circunstancias actuales. Al terminar, se deberá haber identificado el modelo que les gustaría tener y al que buscarían que la familia emigrara.

### Empresa de oportunidades laborales para todos

Bajo este modelo los miembros de la familia encontrarán en la empresa un puesto de trabajo en el que se desarrollen y contribuyan al éxito del negocio familiar. En la Sesión 3 se trabajará en definir las condiciones que se impondrán a todo familiar que aspire a un puesto en la empresa, congruente con este deseo de proveer oportunidades para todos. Los puestos que estarán disponibles para los miembros de la familia podrán ser en cualquier nivel de la organización siempre y cuando se cumpla con los requisitos que se establezcan en el Protocolo Familiar.

### Empresa de directores familiares

Bajo este modelo se permitirá que miembros de la familia calificados que cumplan con los requisitos establecidos en el Protocolo Familiar, puedan desempeñar solamente puestos directivos, dejando los demás puestos a ser ocupados por profesionales capacitados para ello. La familia deberá posteriormente clarificar qué puestos son los que se consideran directivos y las condiciones que se deben cumplir para aspirar a esos puestos. Usualmente se incluyen el puesto de Director General y los puestos que le reportan directamente.

**Empresa de consejeros familiares**

Bajo este modelo los miembros de la familia no participan en la operación de la empresa en puestos directivos u operativos, sino solamente como miembros del consejo de administración, de acuerdo con los lineamientos que se establecen en el Protocolo Familiar. La familia deberá definir los requisitos para poder ser consejero de la empresa, el proceso de selección a seguir, quién y cómo va a tomar la decisión, las responsabilidades que asumirán y las expectativas que se tendrán de cada uno de ellos. Estos conceptos serán definidos en la Sesión 2.

Instrucciones

Después de la presentación de los modelos de participación de la familia en la empresa familiar, la familia debe darse cuenta de cuál modelo han desarrollado, y evaluar, a la luz de sus propias circunstancias cambiantes, si ese modelo permanece válido para su futuro, o si deben avanzar a otro modelo diferente. Igual que en los modelos anteriores, habrá un momento en que ya no es procedente continuar con el modelo actual, habrá que cambiar el viejo por uno nuevo.

1. Individualmente reflexionar sobre el modelo de participación de la familia que actualmente tienen (Formato 1.06.C.1). Reflexionen sobre cuál de los modelos presentados se acerca más a lo que hoy tienen como familia, en qué se parece, qué características distintivas tiene, etc. Podría ocurrir que la familia y la empresa se encuentren en la transición de un modelo a otro.

2. Individualmente reflexionar sobre el modelo de participación de la familia al que la familia debe aspirar en el corto, mediano o largo plazo (Formato 1.06.C.2). Podrían optar por definir los modelos por los que deben transitar antes de llegar al que finalmente aspiran.

3. Una vez que tienen sus reflexiones personales, compartir en familia y llegar a un consenso sobre el modelo de participación actual en su empresa familiar y sobre el modelo al que deben aspirar en el futuro, describiendo algunas características básicas que debe tener. Documentar el acuerdo en el formato 1.06.C.3.

**Formato 1.06.C.1. Reflexión personal sobre Nuestro Modelo actual de Participación de la Familia**

| |
|---|
| Modelo de Participación de la Familia que tenemos actualmente. Describir algunas características. |
| |
| ¿Qué circunstancias han favorecido el que este modelo haya funcionado? |
| |
| Señales de que este modelo podría ya no funcionar más. |
| |

## Formato 1.06.C.2. Reflexión individual sobre el Modelo de Participación de la Familia que debemos buscar para el futuro

| Modelo al que debemos emigrar. |
| --- |
| |
| Características que debe tener nuestro próximo modelo de empresa familiar. |
| |
| Ventajas de cambiar a este nuevo modelo. |
| |

## Formato 1.06.C.3. Nuestro acuerdo sobre el Modelo de Participación de la Familia que deseamos para el futuro

| Modelo al que debemos emigrar. |
| --- |
| |
| Características que debe tener nuestro próximo modelo de empresa familiar. |
| |
| Ventajas de cambiar a este nuevo modelo. |
| |

## 1.06.D. Modelo de Formación Familiar-Empresarial

Una vez que han definido juntos el Modelo de Participación de la Familia que tendrán en el futuro, se trabajará en la definición del modelo de formación familiar que quieren seguir.

Derivado de los estilos de liderazgo, de toma de decisiones y de participación de la familia en la empresa que se han ejercido por años en la empresa familiar, algunas familias han desarrollado en sus integrantes gran dependencia del líder de la empresa o de los beneficios que reciben de él o del negocio familiar. Por otro lado, otras familias han logrado desarrollar en sus miembros una gran independencia que les permite valerse por sí mismos, sin importar su participación en la empresa. Es importante que la familia defina qué es lo que quiere y espera de las siguientes generaciones, para lo que se hará este ejercicio.

Se presentarán dos modelos de formación familiar-empresarial que definen el futuro de la empresa familiar en las siguientes generaciones. A medida que se van presentando, los miembros de la familia deberán identificar el modelo al que actualmente se acercan más y qué características lo definen. Deberán tratar de identificar también algún signo de que el modelo actual podría ya no ser útil bajo las circunstancias actuales. Al terminar, se deberá haber identificado el modelo que les gustaría adoptar y al que buscarían que la familia emigrara.

### Familias Empresarias que Generan Dependencia

En ocasiones este sentimiento de dependencia en los miembros de la siguiente generación se origina cuando ellos se crean una imagen de su padre o madre tan extraordinaria que llegan a pensar que nunca podrán ser como él o ella. En otras ocasiones el padre les ha impedido que tomen riesgos en la empresa o les ha negado todo reconocimiento a lo que hacen por el negocio de la familia, lo que los hace dependientes de la aprobación de su padre para poder emprender cualquier acción por su cuenta. Cualquiera que sea la razón, el resultado es que los hijos son sumisos a su padre, se conforman con lo que les dice o les da y le obedecen ciegamente. Bajo este modelo es impensable que un miembro de la familia considere el separarse del negocio familiar, ya que no sabría qué hacer por la baja autoestima y poca confianza en sí mismos que han desarrollado. Los miembros de la familia se convierten en gastadores del patrimonio familiar. Las familias empresarias que siguen este modelo generan dependencia en los miembros de la siguiente generación y ponen en riesgo el futuro de la empresa familiar y el bienestar de la familia en las siguientes generaciones.

## Familias Empresarias que Generan Autonomía

Las familias empresarias que siguen este modelo transforman los valores y las prioridades en los miembros de la siguiente generación y les motiva para que en sus acciones vayan más allá de sus propias expectativas. La familia respeta al hijo, lo apoya, lo anima, lo capacita y lo estimula intelectualmente. Para lograr esto los enfrentan a situaciones que los hacen crecer y desarrollarse. Bajo este modelo los hijos tienen mayor identificación con el proyecto empresarial de la familia, más que con su padre. La empresa se convierte en la referencia de los hijos y de sus familias, en la que los éxitos y fracasos se experimentan como propios, lo que hace crecer su autoestima. Una de las características que distinguen este modelo es la delegación de poder, con la que se estimula y refuerza la capacidad para pensar en forma autónoma y a presentar ideas creativas. El delegar poder permite a los hijos actuar sin la presencia del padre, medir sus propias competencias y valorar el impacto de su contribución al éxito de la empresa. Bajo este modelo los hijos se convierten en generadores de riqueza familiar.

Ejercicio

Después de la presentación de los modelos de formación familiar-empresarial, la familia debe darse cuenta de cuál modelo han desarrollado, y evaluar, a la luz de sus propias circunstancias cambiantes, si ese modelo permanece válido para su futuro, o si deben avanzar a otro modelo diferente. Igual que en los modelos anteriores, habrá un momento en que ya no es procedente continuar con el modelo actual, habrá que cambiar el viejo por uno nuevo.

1. Individualmente reflexionar sobre el Modelo de Formación Familiar que actualmente tienen (Formato 1.06.D.1). Reflexionar sobre cuál de los modelos presentados se acerca más a lo que hoy tienen como familia, en qué se parece, qué características distintivas tiene, etc. Podría ocurrir que la familia y la empresa se encuentren en la transición de un modelo al otro.

2. Individualmente reflexionar sobre el Modelo de Formación Familiar al que la familia debe aspirar en el corto, mediano o largo plazo (Formato 1.06.D.2).

3. Una vez que tienen sus reflexiones personales, compartir en familia y llegar a un consenso sobre el Modelo de Formación Familiar actual en su empresa y sobre el modelo al que deben aspirar en el futuro, describiendo algunas características básicas que debe tener. Documentar el acuerdo en el formato 1.06.D.3.

**Formato 1.06.D.1. Reflexión personal sobre Nuestro Modelo de Formación Familiar-Empresarial actual**

| Modelo que tenemos actualmente. Describir algunas características. |
| --- |
| |
| ¿Qué circunstancias han favorecido el que este modelo haya funcionado? |
| |
| Señales de que este modelo podría ya no funcionar más. |
| |

**Formato 1.06.D.2. Reflexión individual sobre el Nuestro Modelo de Formación Familiar-Empresarial que debemos buscar para el futuro**

| Modelo al que debemos emigrar |
| --- |
| |
| Características que debe tener nuestro próximo modelo de empresa familiar: |
| |
| Ventajas de cambiar a este nuevo modelo |
| |

**Formato 1.06.D.3. Nuestro acuerdo sobre el Nuestro Modelo de Formación Familiar-Empresarial que deseamos para el futuro**

| Modelo al que debemos emigrar. |
|---|
|  |
| Características que debe tener nuestro próximo modelo de empresa familiar. |
|  |
| Ventajas de cambiar a este nuevo modelo. |
|  |

## 1.06.E. Nuestro Proyecto de Empresa Familiar

Una vez que han definido juntos el Modelo de Formación Familiar que tendrán en el futuro, se trabajará en la descripción del proyecto de empresa familiar por el que van a trabajar juntos.

Redacción del Proyecto de Empresa Familiar que buscarán para su futuro

Instrucciones:

Basado en los modelos de empresa y familia que han definido para su futuro, deberán redactar un declaratoria del proyecto de empresa familiar que desean para el futuro. Utilizar para esto el Formato 1.06.E.1. En el Cuadro 1.06.E.1 se muestra un ejemplo de una declaratoria de este tipo.

## Cuadro 1.06.E.1. Ejemplo de declaratoria de Proyecto de Empresa Familiar

*Nuestro Proyecto de Empresa Familiar para el futuro*

*Para cumplir con nuestra Misión Familiar y para hacer realidad nuestra Visión Familiar, el proyecto de empresa familiar que hemos acordado construir está basado en los siguientes criterios:*

1. *Emigraremos a un modelo de liderazgo corporativo en el que la familia se convierta en una familia empresaria, capaz de manejar diversos negocios a la vez.*
2. *El proceso para la toma de decisiones que seguiremos será bajo un formato de consejo, en el que la base será la democracia utilizando la votación. Se decidirá por mayoría de votos, reconociendo que a pesar de que se es miembro de la misma familia, se pueden tener puntos de vista diferentes y estando dispuestos a aceptar y apoyar la decisión de la mayoría, aunque se haya votado en contra.*
3. *La participación de la familia en la empresa corresponderá a un modelo híbrido entre una empresa de oportunidades para todos, empresa de directores familiares y de consejeros familiares, en la que los miembros de la familia calificados, y de acuerdo con los requisitos establecidos en este Protocolo Familiar, podrán ocupar un puesto en la empresa en el que se desarrollen y contribuyan al éxito de nuestros negocios, en el nivel de organización que corresponda de acuerdo con sus conocimientos, habilidades y competencias, o como miembros de la asamblea de accionistas o miembros de un consejo de administración, de acuerdo con los lineamientos que se establecen en este Protocolo Familiar.*
4. *El modelo de formación familiar-empresarial que buscaremos tener es el de una familia empresaria que genera autonomía, por lo que la participación de los miembros de la familia en la empresa servirá para fomentar el crecimiento y desarrollo de cada uno de ellos así como la capacidad de pensar en forma autónoma, pasando de ser gastadores del legado familiar a ser generadores de riqueza para la familia.*

*En este Protocolo Familiar estableceremos en detalle los lineamientos de la participación de la familia en la empresa, basados en estos modelos que deseamos adoptar, lo que constituye nuestro Proyecto de Empresa Familiar.*

**Formato 1.06.E.1. Nuestro Proyecto de Empresa Familiar**

| |
|---|
| Basado en los ejercicios sobre los modelos de empresa familiar que se busca tener, redactar una descripción del Proyecto de Empresa Familiar al que la familia aspira para el futuro. |
| |

# Ejercicio 1.07. Qué implica para nosotros el Proyecto de Empresa Familiar que hemos diseñado

La familia tiene ya bien definido el proyecto de empresa familiar en el que deberán trabajarán juntos para hacer realidad su Visión Familiar. El objetivo de este ejercicio es propiciar que todos los miembros de la familia tomen conciencia de lo que implican la Misión, la Visión y el Proyecto de Empresa Familiar que han diseñado, tanto para ellos mismos como para la empresa y para la familia.

En el Cuadro 1.07.1 encontrarán un ejemplo de este tipo de reflexión sobre las implicaciones que tiene un Proyecto de Empresa Familiar. Es conveniente incluir estas reflexiones en el cuerpo del Protocolo Familiar como elemento de compromiso moral sobre lo que se tiene que hacer para lograr que este proyecto se haga una realidad.

## Cuadro 1.07.1. Ejemplo de Implicaciones del Proyecto de Empresa Familiar

*Estamos conscientes y aceptamos las implicaciones que el compromiso que asumimos de construir este modelo de empresa familiar tiene para cada uno de nosotros, para la familia y para la empresa. Entre las implicaciones que reconocemos y aceptamos están las siguientes:*

1. *Tendremos que establecer reglas y procesos claros que rijan el crecimiento y buen funcionamiento de la empresa, comprometernos a establecer una mejora continua en todos los niveles de la organización que involucre no sólo a los socios sino a todos los colaboradores.*
2. *Se requiere establecer un consejo con la representación de cada una de las familias socias para buscar un equilibrio en la toma de decisiones promoviendo el respeto entre los miembros.*
3. *Se deberán generar y/o aprovechar nuevas oportunidades de negocio que ayuden al crecimiento patrimonial de la familia y por ende a la generación de nuevos puestos que podrán ser ocupados por otros miembros de la familia. Para ello se exigirá que la persona cuente con el perfil y la experiencia para desempeñarlos.*
4. *Habrá que generar condiciones para que la nueva generación aspire a un crecimiento profesional basado en estudios profesionales y experiencias prácticas que les capacite para mantener o mejorar la directriz de la empresa.*
5. *Todos estaremos encaminados en una misma dirección sin que nos distraigan acciones que no sean las de consolidar un gran equipo de trabajo que nos exija los mejores resultados.*
6. *Implica que seamos lo suficientemente abiertos para reconocer que podemos tener o no razón en la toma de decisiones y para aceptar que sea el pensamiento de la mayoría el que impere.*
7. *Implica que generemos la confianza suficiente en los miembros de la familia para que tengan capacidades de decisión propia y que los motive a mejores expectativas de desempeño, estableciéndose oportunidades de capacitación y mejora intelectual continua.*
8. *Implica darle a la siguiente generación la oportunidad de tomar decisiones que los haga más independientes y que a pesar del éxito o fracaso que puedan tener sean ellos mismos los que valoren su desempeño.*
9. *Nuestro trabajo es poner todo lo que esté a nuestro alcance, establecer sistemas de medición en cada uno de los departamentos de la empresa, tenemos que realizar un presupuesto de cada departamento.*
10. *Debemos trabajar en la elaboración de perfiles de puestos, para que así se saque lo mejor de cada quien (habilidades y aptitudes).*
11. *No deberemos estar cerrados a la opción de que alguien externo venga a ocupar un lugar en la empresa, todo esto es por el bien de la misma.*
12. *Estaremos en la mejor disposición de prepararnos cada día más para nuestro mejor desempeño en la empresa.*

Instrucciones:

1. Individualmente leer la Misión, Visión y Proyecto de Empresa Familiar que han redactado, reflexionando las implicaciones que cada frase, párrafo o palabra tiene para quien hace el análisis, para cada miembro de la familia, para cada grupo generacional, para la familia como grupo y para la empresa. Todo esto en términos de ¿Qué tengo que hacer si apruebo esto? ¿Qué cambios implica para mí y para los demás? ¿Qué acciones se tienen que iniciar? ¿Es posible hacer todo esto? ¿Deseamos hacerlo? ¿Qué mostraría que estamos viviendo la Misión Familiar? ¿Qué mostraría que estamos trabajando por lograr la Visión Familiar? Utilizar para esto los Formatos 1.07.1, 1.07.2 y 1.07.3.

2. Una vez que se ha hecho el ejercicio personal, cada uno comparte con los demás sus reflexiones. Verifiquen en qué coinciden y acuerden una lista común de las implicaciones y de las acciones que tendrán que emprender para empezar a trabajar en su Misión, en su Visión y en su Proyecto de Empresa Familiar. Utilizar para esto los Formatos 1.07.4, 1.07.5 y 1.07.6.

3. Con base en la reflexión realizada, cada uno manifiesta su compromiso de vivir la Misión y de trabajar para hacer realidad la Visión que acordaron y el proyecto de empresa familiar que diseñaron. Deberán redactar estas implicaciones y la aceptación de todos en un formato similar al presentado en el Cuadro 1.07.1 para incluirlo en el Protocolo Familiar.

## Formato 1.07.1. Qué implicaciones tiene la Misión Familiar

| |
|---|
| Revisar la redacción de la Misión Familiar del Formato 1.04.2, reflexionando las implicaciones que cada frase, párrafo o palabra tiene. |
| Implicaciones que tiene para mí esta Misión Familiar: |
| Implicaciones que tiene para los miembros de la generación actual: |
| Implicaciones que tiene para los miembros de la siguiente generación: |
| Implicaciones que tiene para la familia como grupo: |
| Acciones inmediatas que tenemos que emprender para ponerla en funcionamiento: |
| ¿Estoy dispuesto a aceptar esta Misión Familiar? <br><br> Si _____          No _____ |

## Formato 1.07.2. Qué implicaciones tiene la Visión Familiar

| |
|---|
| Revisar la redacción de la Visión Familiar del Formato 1.05.2, reflexionando las implicaciones que cada frase, párrafo o palabra tiene. |
| Implicaciones que tiene para mí esta Visión Familiar: |
| Implicaciones que tiene para los miembros de la generación actual: |
| Implicaciones que tiene para los miembros de la siguiente generación: |
| Implicaciones que tiene para la familia como grupo: |
| Acciones inmediatas que tenemos que emprender para ponerla en funcionamiento: |
| ¿Estoy dispuesto a aceptar esta Visión Familiar? <br><br> Si _____          No _____ |

## Formato 1.07.3. Qué implicaciones tiene el Proyecto de Empresa Familiar

| |
|---|
| Revisar la redacción del Proyecto de Empresa Familiar del Formato 1.06.E.1, reflexionando las implicaciones que cada frase, párrafo o palabra tiene. |
| Implicaciones que tiene para mí este Proyecto de Empresa Familiar: |
| Implicaciones que tiene para los miembros de la generación actual: |
| Implicaciones que tiene para los miembros de la siguiente generación: |
| Implicaciones que tiene para la familia como grupo: |
| Acciones inmediatas que tenemos que emprender para ponerlo en funcionamiento: |
| ¿Estoy dispuesto a aceptar este Proyecto de Empresa Familiar?<br><br>Si _____          No _____ |

## Formato 1.07.4. Qué implicaciones tiene la Misión Familiar – Reflexión grupal

| |
|---|
| Compartir las reflexiones individuales sobre la Misión Familiar del Formato 1.07.1 y acordar en grupo cuáles son las de implicaciones de mayor impacto. |
| Implicaciones que tiene esta Misión Familiar para cada uno de los miembro de la familia: |
| Implicaciones que tiene para los miembros de la generación actual: |
| Implicaciones que tiene para los miembros de la siguiente generación: |
| Implicaciones que tiene para la familia como grupo: |
| Acciones inmediatas que tenemos que emprender para ponerla en funcionamiento: |
| ¿Estamos todos dispuesto a aceptar esta Misión Familiar? <br><br> Si _____        No _____ |

## Formato 1.07.5. Qué implicaciones tiene la Visión Familiar – Reflexión grupal

| |
|---|
| Compartir las reflexiones individuales sobre la Visión Familiar del Formato 1.07.2 y acordar en grupo cuáles son las de implicaciones de mayor impacto. |
| Implicaciones que tiene esta Visión Familiar para cada uno de los miembro de la familia: |
| Implicaciones que tiene para los miembros de la generación actual: |
| Implicaciones que tiene para los miembros de la siguiente generación: |
| Implicaciones que tiene para la familia como grupo: |
| Acciones inmediatas que tenemos que emprender para ponerla en funcionamiento: |
| ¿Estamos todos dispuesto a aceptar esta Visión Familiar?  Si _____      No _____ |

## Formato 1.07.6. Qué implicaciones tiene el Proyecto de Empresa Familiar – Reflexión grupal

| |
|---|
| Revisar las reflexiones individuales sobre las implicaciones del Proyecto de Empresa Familiar que escribieron en el Formato 1.07.3, y acordar cuáles son las de mayor impacto. |
| Implicaciones que tiene este Proyecto de Empresa Familiar para los miembros de la familia en lo individual: |
| Implicaciones que tiene para los miembros de la generación actual: |
| Implicaciones que tiene para los miembros de la siguiente generación: |
| Implicaciones que tiene para la familia como grupo: |
| Acciones inmediatas que tenemos que emprender para ponerlo en funcionamiento: |
| ¿Estamos todos dispuestos a aceptar Proyecto de Empresa Familiar?<br><br>Si _____        No _____ |

## Ejercicio 1.08. Código de Conducta Familiar

Como se mencionó anteriormente, el trabajar juntos significará esfuerzos y sacrificios, por lo que deberán de ponerse de acuerdo en cuál será su comportamiento y bajo qué criterios se guiarán. En este ejercicio se establecerá un acuerdo sobre comportamientos básicos en la empresa y en la familia.

El código de Conducta Familiar se refiere al conjunto de reglas o políticas de comportamiento que los miembros de una familia empresaria en particular se comprometen a cumplir para trabajar en paz en la realización de su proyecto de empresa familiar. El establecimiento por consenso de un código de conducta es una práctica que ha probado ser efectiva para evitar y manejar conflictos intrafamiliares en las familias empresarias. Se identifican al menos tres áreas generales en las que se deben establecer reglas o compromisos de comportamiento: a) En la familia, b) En la empresa y c) En aspectos generales.

Instrucciones:

En este ejercicio la familia dará respuesta al siguiente interrogante: ¿Cuáles serán las pautas de nuestro comportamiento entre nosotros en la empresa y en la familia? En el Formato 1.08.1 se presenta una lista de compromisos que han sido incluidos en códigos de conducta familiar. Se trabajará con ellos como guía para elaborar el propio de la familia.

1. Individualmente leer cada uno de los compromisos de la lista proporcionada en el Formato 1.08.1. A medida que se lee, deberán marcar aquellos que consideren que sería bueno incluir en su código familiar de comportamiento. Piensen en lo que pueden individualmente contribuir, no en lo que los demás tienen que contribuir. Si quieren agregar otros compromisos que no estén incluidos, agréguenlos a la lista.

2. Al terminar de leer, de los que fueron marcados seleccionen solamente 5 que personalmente están dispuestos a comprometerse con su familia a respetar.

3. Compartir con los demás miembros de la familia y hacer una lista común. Agregar aquellos que fueron propuestos fuera de la lista proporcionada.

4. Revisar nuevamente. Si algún miembro de la familia prefiere no comprometerse con alguno de los elementos propuestos, eliminarlo de la lista. Quedarán sólo aquellos elementos que todos en la familia están dispuestos a comprometerse a cumplir. Redactar con estos elementos acordados su Código de Conducta Familiar de una manera que les haga sentido a todos y los inspire. Puede ser una simple lista o los pueden agrupar por concepto. Utilizar para esto el Formato 1.08.2. En el Cuadro 1.08.1 se muestra un ejemplo de redacción.

## Cuadro 1.08.1. Ejemplo de un Código de Conducta Familiar

*En cumplimiento de nuestra Misión, y a fin de hacer realidad nuestro sueño y visión, establecemos los siguientes lineamientos que normarán nuestra relación familiar y la relación con nuestros negocios, los que constituyen desde ahora nuestro Código de Conducta Familiar.*

1. *Responsabilidad. Desempeñaremos las funciones que se nos asignen en la empresa con profesionalismo y seremos responsables de nuestras acciones para el buen funcionamiento de lo que se nos encargue, manteniendo siempre una actitud abierta para ser evaluados y rendir cuentas por nuestro desempeño.*
2. *Honestidad. Seremos honestos y transparentes en todos los asuntos de familia y empresa, cumpliremos siempre lo que prometemos y evitaremos conductas abusivas en el uso de recursos de la empresa y de la familia.*
3. *Compromiso. Compartiremos nuestras metas personales y buscaremos cómo apoyarnos, seremos puntuales en nuestros compromisos, evitaremos convertirnos en un estorbo para los demás y mantendremos claramente establecido cuál debe ser el nivel de participación y de responsabilidad de cada uno de los miembros de la familia en la toma de decisiones sobre familia y sobre empresa.*
4. *Comunicación. Nos comprometemos a resolver nuestros conflictos constructivamente. Cuando algo nos moleste lo hablaremos directamente y en privado con la persona correspondiente. Evitaremos el uso de lenguaje ofensivo en nuestra comunicación, buscaremos siempre relacionarnos con buena comunicación y confianza. Cuando nos reunamos familiarmente nos dedicaremos a la familia evitando tratar temas de negocios en esa reunión y procuraremos tener una reunión al menos una vez al mes entre los hermanos y sus parejas para fines de convivencia.*
5. *Respeto. Nos apegaremos a las normas definidas por la empresa, respetaremos sus políticas y procedimientos. Reconoceremos que pueden existir diferencias entre nosotros, las discutiremos directamente y en privado. Mantendremos una actitud de tolerancia y de respeto al interactuar entre nosotros, por lo que seremos prudentes en nuestro hablar y en nuestro actuar, tanto en la empresa como en la familia. Seremos propositivos y constructivos al evaluar un proyecto o idea de un miembro de la familia, no desechándolo a la primera instancia.*

## Formato 1.08.1. Elementos del Código de Conducta Familiar

Individualmente leer cada uno de los compromisos de la lista proporcionada. A medida que se lee, marquen aquellos que consideren que sería bueno incluir en su código familiar de comportamiento. Piensen en lo que pueden individualmente contribuir, no en lo que los demás tienen que contribuir. Si quieren agregar otros compromisos que no estén incluidos, agréguenlos a la lista. Al terminar compartir con los demás miembros de la familia y juntos acordar los que se incluirán en su Código de Conducta Familiar. Utilizar para esto el Formato 1.08.2.

**a) En la empresa**

**a.1 Entre nosotros mismos**

| | | |
|---|---|---|
| 1. | Nos apegaremos a las normas definidas por la empresa, respetaremos sus políticas, procedimientos y principios. | |
| 2. | Respetaremos los horarios de trabajo establecidos por la empresa | |
| 3. | Evitaremos conductas abusivas en el uso de recursos de la empresa y de la familia. | |
| 4. | En el caso de un desacuerdo mayor, se tratará primeramente de convencerse el uno al otro. En caso de no conseguirse se pedirá, en primera instancia, la opinión del fundador de la empresa. En ausencia de este se buscará alguna persona que en conjunto decidamos. | |
| 5. | Desempeñaremos las funciones que se nos asignen en la empresa con profesionalismo y seremos responsables de nuestras acciones para el buen funcionamiento de lo que se nos encargue, aceptando siempre el ser evaluados por nuestro desempeño. | |
| 6. | Mantendremos formalmente definidas las funciones y responsabilidades de cada uno de los miembros de la familia que trabajan en la empresa. | |
| 7. | Respetaremos el área de trabajo de los demás. Si tenemos un cuestionamiento lo haremos directamente con el miembro de la familia responsable de esa área. | |
| 8. | Mantendremos una actitud abierta para ser cuestionados y para rendir cuentas. | |
| 9. | Reconoceremos el mérito en los demás por la parte que hayan tomado en el éxito de la empresa y lo señalaremos de manera espontánea, pronta y pública. | |
| 10. | Mantendremos claramente establecido cuál debe ser el nivel de participación y de responsabilidad de cada uno de los miembros de la familia en la toma de decisiones sobre familia y sobre empresa. | |
| 11. | Presentaremos periódicamente a la familia un informe de resultados del área de la cual somos responsables. | |

**a.2 Con los empleados y proveedores**

| | | |
|---|---|---|
| 12. | No contradeciremos las órdenes del otro y en caso justificable localizaremos a la otra persona para ponernos de acuerdo, y de no encontrarlo, asumiremos la responsabilidad de los cambios. | |
| 13. | Nos abstendremos de involucrarnos en relaciones de pareja con personas que laboran en la empresa. | |
| 14. | En reuniones de negocio no es permitido contestar celulares, utilizar computadores u otros aparatos electrónicos que no tengan que ver con lo que se está tratando. | |
| 15. | Nos prepararemos para las juntas y seguiremos el orden del día establecido con anterioridad. | |
| 16. | Cuando se programe una junta con la participación de externos a la familia, nos reuniremos antes para adoptar una postura común. | |

**b) En la familia**

**b.1 Entre nosotros mismos**

| | | |
|---|---|---|
| 17. | Haremos todo lo que esté de nuestra parte para desarrollar lazos fuertes de lealtad familiar. | |
| 18. | Respetaremos la opinión de los otros miembros de la familia, escuchando siempre antes de hablar. | |
| 19. | Compartiremos nuestras metas personales y buscaremos cómo apoyarnos. | |
| 20. | Realizaremos una convivencia familiar al menos una vez al año. | |
| 21. | Daremos nuestro reconocimiento y aprecio sincero a los aciertos y logros de los demás miembros de la familia cada vez que estos ocurran. | |
| 22. | Seremos propositivos y constructivos al evaluar un proyecto o idea de un miembro de la familia, no desechándolo a la primera instancia. | |

**b.2 Con nuestros cónyuges y otros familiares**

| | | |
|---|---|---|
| 23. | Promoveremos lazos fuertes entre nosotros y nuestros cónyuges. | |
| 24. | Se procurará una reunión al menos una vez al mes entre los hermanos y sus parejas para fines de convivencia. | |
| 25. | Realizaremos al año al menos 4 juntas informativas para la familia. | |
| 26. | Apoyaremos al hermano o hermana y a su familia cuando surjan situaciones legales, económicas o familiares difíciles, siguiendo los lineamientos que establecemos en nuestro Protocolo Familiar. | |

| 27. | Buscaremos otorgar sinceramente el perdón a nuestros hermanos, hermanas, cuñados y cuñadas que sentimos nos han ofendido. | |
|---|---|---|
| 28. | Cuando nos reunamos familiarmente, nos dedicaremos a la familia evitando tratar temas de negocios en esa reunión. | |
| 29. | Propiciaremos con nuestra actitud y palabras un ambiente de armonía en la familia, evitando ser insidiosos. | |
| 30. | Seremos tolerantes de las faltas que puedan encontrarse en los modales, educación o idiosincrasia de los demás miembros de la familia. | |

**c) Aspectos generales**

**c.1 Relaciones humanas**

| 31. | Reconoceremos que pueden existir diferencias. Las discutiremos directamente y en privado. | |
|---|---|---|
| 32. | Nos comprometemos a resolver nuestros conflictos constructivamente. | |
| 33. | Nos trataremos con respeto y con educación. | |
| 34. | No discutiremos en público. | |
| 35. | No nos contradeciremos en público. | |
| 36. | Nos comprometemos a inspirar confianza en la gente que nos rodea. | |
| 37. | Mantendremos una actitud de tolerancia y de respeto al interactuar entre nosotros. | |
| 38. | Seremos honestos y transparentes en todos los asuntos de familia y empresa. | |
| 39. | Reconoceremos y pediremos perdón cuando nos equivoquemos, actuando con humildad. | |
| 40. | Nos abstendremos de tomar decisiones en situaciones en que nos encontremos bajo influjo emocional. | |
| 41. | Controlaremos nuestro temperamento por irritantes que sean las provocaciones que haya que tolerar. | |
| 42. | Nunca haremos burla de nadie ni de nada. Evitaremos las bromas hirientes o de doble sentido. | |
| 43. | Seremos corteses entre nosotros, estaremos atentos a que los demás encuentren gratos los momentos compartimos en la empresa y en la familia. | |
| 44. | Seremos puntuales en nuestros compromisos, evitaremos convertirnos en un estorbo para los demás. | |
| 45. | Pensaremos en el interés del negocio más que en el propio. | |
| 46. | Pensaremos siempre en el bien del grupo familiar y no sólo en el bien personal. | |
| 47. | Escucharemos sugerencias sin represalias y preguntaremos libremente. | |

**c.2 Comunicación**

| | | |
|---|---|---|
| 48. | Buscaremos siempre relacionarnos con buena comunicación y confianza. | |
| 49. | Cuando algo nos moleste, lo hablaremos directamente y en privado con la persona correspondiente. | |
| 50. | Evitaremos el uso de lenguaje ofensivo en nuestra comunicación. | |
| 51. | Cuidaremos que todos expresen lo que piensan y sienten, buscando el diálogo y evitando el monólogo. | |
| 52. | Buscaremos que exista una comunicación efectiva, constructiva y abierta así como un buen nivel de confianza. | |
| 53. | Seremos prudentes en nuestro hablar y en nuestro actuar, tanto en la empresa como en la familia. | |
| 54. | Expondremos abiertamente nuestras ideas, respaldándolas con elementos factibles. | |
| 55. | No haremos caso a chismes y rumores. Antes bien, nos dirigiremos con la persona involucrada para aclarar las cosas. | |
| 56. | No alteraremos la verdad ni usaremos verdades a medias | |
| 57. | Nos expresaremos concisamente, con claridad y completamente, sobre todo al dar instrucciones y al participar en reuniones de trabajo. | |
| 58. | Nuestro actuar y nuestro hablar deberá ser congruente con el rol que desempeñamos según la situación en que nos encontremos, de empresa o de familia. | |

**c.3 Reputación familiar**

| | | |
|---|---|---|
| 59. | No nos quejaremos de los hermanos con nadie (esposas, amigos, etc.). | |
| 60. | No hablaremos mal ante extraños de ningún miembro de la familia, aunque no estemos de acuerdo con ese familiar, reforzando siempre nuestra imagen de unión familiar. | |
| 61. | Evitaremos ser vanidosos, arrogantes y autocomplacientes, reconociendo que "el orgullo antecede a la caída". | |
| 62. | Cumpliremos siempre lo que prometemos. | |
| 63. | Cuidaremos nuestra reputación de honestidad e integridad. | |

**d) Otros que quiero proponer**

| | | |
|---|---|---|
| 64. | | |
| 65. | | |

## Formato 1.08.2. Nuestro Código de Conducta Familiar

| | |
|---|---|
| Al terminar de definir los elementos que compondrán su Código de Conducta Familiar trabajados en el Formato 1.08.1, utilicen este formato para redactarlo. | |
| En cumplimiento de nuestra Misión, y a fin de hacer realidad nuestro sueño y Visión familiar, establecemos los siguientes lineamientos que normarán nuestra relación familiar y la relación con nuestros negocios, los que constituyen desde ahora nuestro Código de Conducta Familiar. | |
| 1. | |
| 2. | |
| 3. | |
| 4. | |
| 5. | |
| 6. | |
| 7. | |
| 8. | |
| 9. | |
| 10. | |

## Ejercicio 1.09. Actividades para fomentar la unidad familiar

La familia ha avanzado en la parte medular del Protocolo Familiar, esto es, el sueño que juntos quieren hacer realidad, la definición de lo que será su proyecto de empresa familiar. A estas alturas la familia se debe haber dado cuenta de que pueden trabajar y tomar decisiones juntos, que se fortalecen mutuamente al ir encontrando puntos de coincidencia. Es tiempo ahora de tomar acción en la construcción de la confianza entre los miembros de la familia. Para esto se seguirá el ejercicio que se muestra a continuación.

Algunas familias comentan que ya salen juntos, que se ven seguido y que no tienen mucho que hacer en el campo de construir confianza. Este ejercicio requiere que se haga lo mismo con una intención muy clara como el conocer mejor a mi hermano, hermana, papá o mamá. Esto lo harán compartiendo una experiencia positiva con la otra persona. Así que aunque lo hagan ya en forma regular, deberán hacer este ejercicio buscando descubrir nuevas cosas buenas en los familiares o platicando de cosas más profundas sobre su vida personal y empresarial, no del trabajo diario.

Si en su familia no acostumbran verse en forma regular, no traten de obtener de este ejercicio algo más allá del simple hecho de disfrutar a la otra persona, escucharla y pasar un buen rato juntos. Si se les dificulta encontrar algo que hacer juntos, busquen actividades sencillas, actividades que ustedes saben que la otra persona podrá disfrutar. Lo importante es intentarlo. Esto contribuirá enormemente al fortalecimiento de su relación.

Algunos ejemplos de lo que las familias han acordado para este ejercicio, tales como el ir con mamá de compras, invitar al hermano a cenar en casa, ir juntos al futbol. No tiene que se una actividad en la que se deba gastar dinero. Pueden ser cosas muy sencillas pero bien pensadas. Un hijo nos comentaba que invitaría a su papá a caminar 30 minutos juntos "¿Se imaginan todo lo que podremos platicar en media hora?".

Instrucciones:

Todos los miembros de la familia que están trabajando en el Protocolo Familiar participan en este ejercicio. Realizaremos esta actividad en dos pasos:

1. En forma individual, en el Formato 1.09.1, enlisten 4 actividades que les gustaría hacer con cada uno de sus familiares.
2. Al terminar, comenten entre ustedes lo que cada uno escribió. Acuerden planes concretos y específicos para realizar esas actividades, tal vez aquellas en las que coincidieron o tal vez aceptando las que el otro propone. Anoten en el Formato 1.09.2 este compromiso. Repitan este ejercicio en forma regular. Al menos dos veces al año.

## Formato 1.09.1. Actividades para fomentar la unidad familiar (Paso 1)

| Mi nombre: | | |
|---|---|---|
| **Actividades que me gustaría hacer** | | |
| Con: | Con: | |
| 1 | 1 | |
| 2 | 2 | |
| 3 | 3 | |
| 4 | 4 | |
| Con: | Con: | |
| 1 | 1 | |
| 2 | 2 | |
| 3 | 3 | |
| 4 | 4 | |
| Con: | Con: | |
| 1 | 1 | |
| 2 | 2 | |
| 3 | 3 | |
| 4 | 4 | |
| Con: | Con: | |
| 1 | 1 | |
| 2 | 2 | |
| 3 | 3 | |
| 4 | 4 | |

## Formato 1.09.2. Actividades para fomentar la unidad familiar (Paso 2)

| Compromiso de actividades con cada uno de mis familiares: | |
|---|---|
| Con: | Cuándo: |
| 1 | |
| 2 | |
| 3 | |
| 4 | |
| Con: | Cuándo: |
| 1 | |
| 2 | |
| 3 | |
| 4 | |
| Con: | Cuándo: |
| 1 | |
| 2 | |
| 3 | |
| 4 | |
| Con: | Cuándo: |
| 1 | |
| 2 | |
| 3 | |
| 4 | |

# SESIÓN 2: LA TOMA DE DECISIONES EN LA EMPRESA Y EN LA FAMILIA

Una vez que se ha decidido qué futuro construir juntos, el siguiente paso que se debe dar es el ponerse de acuerdo en cómo se tomarán las decisiones para asegurarse que, tanto en la familia como en la empresa, se haga lo que se tiene que hacer para que el sueño definido en la Sesión 1 se haga realidad. Esto se logrará reflexionando sobre las instancias que deberán instalarse para poder tomar las mejores decisiones sobre la empresa, sobre la propiedad común y sobre asuntos familiares, haciéndolo en una forma ordenada y lo más independientemente posible una de otra. Estamos hablando de poner las bases para el buen "gobierno" de la familia y de la empresa. En esta sesión la familia llegará hasta la definición de esas instancias para la toma de decisiones, a las que se les asignará la función de gobierno en alguno de los ámbitos que enseguida se describen.

Podemos agrupar las decisiones que se toman en la empresa familiar en tres ámbitos:

1. El ámbito familiar. En esta ámbito la toma de decisiones se hace generalmente a través de constituir una Asamblea Familiar, en la que se decide cómo formar una familia más fuerte, más unida, cómo lograr la transmisión de valores familiares y empresariales a las siguientes generaciones y el crecimiento personal de cada uno de sus miembros.

2. El ámbito de la propiedad. En esta ámbito la toma de decisiones se hace generalmente a través de la instalación de un Consejo de Accionistas Familiares, encargado de hacer crecer el patrimonio familiar.
3. El ámbito de la empresa. En esta ámbito la toma de decisiones se hace a través de tres posibles instancias: (a) La Asamblea de Accionistas, en la que deciden cómo cuidar sus intereses como dueños del negocio, (b) A través del Consejo de Administración, al que se encomienda cuidar lo que es de propiedad de los accionistas, representándolos ante quienes operan la empresa, y (c) A través del Comité de Operación de la empresa, que se encarga de mantener la empresa próspera.

La complejidad más común en la empresa familiar es que las personas que están en cada uno de los ámbitos de toma de decisión antes mencionados, son las mismas, lo que provoca confusión y dificulta los acuerdos.

En esta sesión la familia llegará a tomar una decisión sobre las instancias de gobierno que desea tener y pondrá las bases sobre las cuales operará cada uno de ellas. La familia deberá llegar a una definición, entre otras cosas, de quiénes de la familia o externos participarán en esas instancias, cuáles serán las funciones de cada una de ellas, los asuntos que les corresponderá tratar, la periodicidad de las sesiones de cada una y la forma en que se tomarán las decisiones. La sesión termina con un plan de trabajo para poner en operación las instancias que se haya decidido tener. En esta sesión se pondrán las bases para un buen gobierno de la empresa y de la familia y cada uno de sus miembros deberá poder identificar los posibles roles que puede desempeñar en la empresa familiar.

Para abordar este tema se trabajará bajo el concepto de Gobierno o Gobernanza como una herramienta aplicable tanto en la empresa como en la familia. Este será el primer paso que la familia dará hacia el manejo profesional de su empresa familiar.

En esta sesión la familia realizará los siguientes ejercicios:

Ejercicio 2.01: Clarificar el concepto de Gobierno o Gobernanza. Todos los integrantes de la familia deberán hablar el mismo idioma con respecto a este asunto. El ejercicio deberá llevarlos a comprender qué significa esto y decidir si quieren seguir este camino o no.

Ejercicio 2.02: Conocer los posibles órganos de gobierno que podrían establecer y las funciones que cada uno de ellos tendría.

Ejercicio 2.03: Realizar una práctica de asignación de diversas funciones al órgano de gobierno que corresponda para reforzar la comprensión de las diferentes funciones de cada uno de ellos.

Ejercicio 2.04: Valorar y decidir sobre la creación de una Asamblea Familiar que permita tomar las decisiones sobre cómo formar una familia más fuerte y que coordine las acciones para lograrlo.

Ejercicio 2.05: Valorar y decidir sobre la creación de un Consejo de Accionistas Familiares que permita tomar las decisiones necesarias para hacer crecer el legado familiar y que coordine las acciones para lograrlo.

Ejercicio 2.06: Valorar y decidir sobre la creación de un Consejo de Administración, Consejo Consultivo o Consejo de Administración Familiar que permita el tomar las decisiones para generar valor para los accionistas, y que coordine las acciones para lograrlo.

Ejercicio 2.07: Definir qué es lo que esperamos y exigiremos de los miembros del Consejo de Administración, ya sean familiares o independientes.

Ejercicio 2.08: Definir las responsabilidades de los miembros de la familia que estén en el Consejo de Administración.

Ejercicio 2.09: Establecer un compromiso de ser buenos socios.

Ejercicio 2.10: Definir los derechos y obligaciones que se tiene como accionistas.

Ejercicio 2.11: Definir el perfil de los miembros del consejo de administración.

## Ejercicio 2.01. Clarificar qué significa "Gobernar" en la empresa familiar

Para este ejercicio los miembros de la familia deberán leer individualmente los conceptos que se presentan más adelante, para posteriormente reunirse y discutir lo que han leído hasta llegar a una comprensión completa de lo que significa gobernar. Se recomienda que adicionalmente se asigne a cada participante el consultar libros especializados sobre este tema o se asista a pláticas sobre gobierno corporativo en las empresas familiares para posteriormente todos compartir lo que han aprendido. Otra opción es llamar a expertos para que apoyen este proceso de formación.

### ¿Qué es gobernar?

De acuerdo con el diccionario, gobernar es el conjunto de procesos, costumbres, políticas y leyes que afectan cómo una institución es dirigida, administrada o controlada. Gobernar tiene que ver con el cómo alcanzar los objetivos que nos fijamos en la empresa y en la familia.

Generalmente, cuando los empresarios propietarios de una empresa escuchan sobre gobierno corporativo, sus primeras reacciones van desde "Esto es demasiado burocrático y caro para mi empresa" hasta "No quiero que nadie me diga cómo debo manejar mi negocio". Estas conclusiones rápidas son la consecuencia de no comprender lo que significa gobernar una empresa familiar. En el ámbito de la empresa se puede entender el gobierno corporativo como el conjunto de prácticas, expresadas formalmente o no, que regulan las relaciones entre todos los que trabajan en ella, pero también entre los que la administran (la gerencia) y los que invierten recursos en la ella (los dueños y los que de alguna otra forma aportan recursos para su operación). Gobernar una empresa significa implantar las estructuras y políticas que permitan la toma de decisiones sabias en la empresa, independientemente de su tamaño o de su complejidad.

Todo empresario inicia su empresa tomando personalmente las decisiones de negocio. A medida que este va creciendo, se da cuenta que no es posible que él o ella esté en absolutamente todo, por lo que se vuelve necesario el organizar la empresa para que cada uno de quienes trabajan en ella sepan qué hacer, es decir, se deberá definir quién participa en ella y quién puede tomar decisiones en distintos aspectos de su operación. También debe definir cómo se toman y ejecutan esas decisiones. Las empresas deben dar respuesta a preguntas tales como: ¿quién dirige? ¿quién cumple las órdenes? ¿cómo se comunican las órdenes o decisiones? ¿quién prepara o fabrica los productos? ¿quién vende o comercializa? ¿quién lleva las cuentas de ingresos y gastos? ¿quién hace los trámites administrativos? ¿quién controla los inventarios?, etc. Cuando la empresa da respuesta formal a estas preguntas, está en realidad sentando las bases de su Gobierno Corporativo.

En el ámbito familiar el gobernar se puede entender como el conjunto de prácticas, expresadas formalmente o no, que regulan las relaciones entre todos los que componen la familia y su relación con lo que es de su propiedad, incluyendo la empresa. Gobernar una familia significa implantar las estructuras y políticas que permitan la toma de decisiones sabias para formar una familia más fuerte y para acrecentar su patrimonio.

## ¿Por qué tener Gobierno Corporativo en la empresa?

El Gobierno Corporativo de las empresas es un medio para que éstas tengan un mejor desempeño, sean mas sólidas y estables y estén mejor preparadas para competir.

En muchas ocasiones los empresarios se quejan de la falta de recursos para financiar su empresa o de socios interesados en aportar recursos para ejecutar los planes de expansión. Lo cierto es que aun en situaciones de alta liquidez en el mercado y en presencia de proyectos e iniciativas aparentemente muy atractivos, muchos empresarios no pueden acceder a recursos frescos. Esto se debe a que la forma en que sus empresas son manejadas y administradas (gobernadas) no genera suficiente confianza en los inversionistas.

Hay que tomar en cuenta que toda empresa, sin importar qué tamaño tenga o a qué actividad se dedique, tiene Gobierno Corporativo, es decir, que todas definen y aplican alguna forma de administración o gobierno. Lo que diferencia una de otra es la calidad de éste, es decir su buen o mal Gobierno Corporativo. La buena o mala calidad influirá en la forma como es tratada la empresa en las distintas transacciones que realiza.

Cuando una empresa demuestra un alto estándar de Gobierno Corporativo, es percibida como una empresa más confiable, y como tal accede a mejores condiciones en los mercados en los que se desenvuelve. Sus productos llegan a tener más aceptación, se pueden comercializar mejor y sus ventas crecen.

Entre los beneficios más claros de un buen gobierno corporativo están el fomentar que los accionistas familiares estén dispuestos a permanecer como propietarios otorgando su apoyo a la empresa y a quienes la administran, el que más bancos manifiesten su interés en concederles préstamos en condiciones financieras más favorables, esto es, a menor tasa de interés o plazos más cómodos, e inclusive el que otros accionistas estén dispuestos a invertir en la empresa. Una empresa con estas condiciones podrá financiarse ventajosamente no sólo para sostener sus operaciones regulares, sino que además podrá expandir sus operaciones iniciando nuevos proyectos o alianzas estratégicas. Asimismo, esta empresa es atractiva para profesionales más calificados que se incorporan al consejo de administración o a la administración y operación de la misma. De igual manera, una mejor conducción del Gobierno Corporativo por sí mismo implica que la empresa está mejor ordenada, planifica mejor sus objetivos y estrategias, y responde con más eficiencia en sus procesos. En pocas palabras se vuelve más sólida y competitiva.

Por el contrario, una empresa con marcadas deficiencias en su Gobierno Corporativo tendrá serias dificultades para interactuar con sus contrapartes en los distintos mercados. Sus proveedores o sus potenciales fuentes de financiamiento mantendrán desconfianza sobre las operaciones de dicha empresa y como tal la percibirán como una situación riesgosa, ante lo cual se abstendrán de tener transacciones con ella, o de hacerlo, plantearán condiciones financieras muy severas, tales como la inmediata distribución de dividendos, pago inmediato o plazos muy cortos; tasas de interés elevadas, exigencias de garantías, etc. Empresas en estas circunstancias se mantendrán presionadas en el día a día y sus posibilidades de crecimiento serán casi nulas.

La aseveración de que el gobierno corporativo también es para PYMES se basa en el supuesto de que los accionistas de estas empresas desean que se desarrolle, crezca y transcienda, nunca permanecer igual. Si este supuesto es cierto, necesitan tener un buen Gobierno Corporativo desde ahora.

## El gobierno de una empresa familiar

Para gobernar su empresa y familia en forma efectiva, el empresario familiar deberá realizar lo siguiente, independientemente del tamaño de su empresa, como ya se mencionó anteriormente:

1. Establecer una estructura para la supervisión, control y apoyo al equipo directivo. Las estructuras institucionales que se necesitan para esto son la Asamblea de Accionistas (órgano supremo en la empresa), el Consejo de Administración (quien busca crear valor para los accionistas) y el Comité de Dirección (que opera la empresa de acuerdo con lo que el Consejo de Administración le indica). No deben preocuparse por los nombres que pueden sonar como los que utilizan las grandes empresas, ustedes pueden nombrarlos de otra manera siempre y cuando el nombre que les pongan les haga recordar su función básica.
2. Establecer una estructura que unifique las posturas de los miembros de la familia, tanto con respecto a la familia misma, como a la propiedad común y a la administración de la empresa. Las herramientas más efectivas para lograr esto

son el Protocolo Familiar, la Asamblea Familiar y el Consejo de Accionistas Familiares. Sólo se puede decir que esto no es para ustedes si su familia no trabaja junta o si no está pensando en incorporarla a la empresa ni en transmitirle la propiedad del negocio.

3. Ser un propietario responsable y un buen socio. Esto va para todos los miembros de la familia que tienen participación accionaria en la empresa o esperan tenerla. Deben verse entre sí, en la empresa, como socios que tienen una ventaja adicional: ser parte de la misma familia.

4. Articular una visión clara y poderosa. Esto incluye el definir para la familia, y no sólo para la empresa, declaraciones de Misión, Visión y Valores, el contar con un plan de negocio, un plan estratégico, presupuestos, metas e indicadores. Todo ello para que cada uno en la familia y en la empresa "jalen para el mismo lado".

5. Contar con un plan de sucesión en el liderazgo de la empresa. Generalmente, en las empresas de primera generación todo depende del propietario. Se debe tener una respuesta a la pregunta ¿Qué haremos si por alguna razón ya no quiere o no puede continuar dirigiendo la empresa?

6. Clarificar los roles y responsabilidades de todos los miembros de la familia, además de los beneficios que como familia, propietarios o empleados pueden tener.

7. Establecer buenos canales de comunicación oral y escrita entre los miembros de la familia. Esto podría realizarse adoptando un código de conducta familiar, planeando y realizando reuniones familiares constructivas, apoyándose en redes sociales para mantener en contacto la familia, etc.

## Ejercicio 2.02. Conocer los posibles órganos de gobierno y sus funciones

Para este ejercicio los miembros de la familia deberán leer individualmente los conceptos que se presentan más adelante, para posteriormente reunirse y discutir lo que han leído hasta llegar a una comprensión completa de los órganos de gobierno que se pueden establecer para gobernar la empresa y la familia. Como se comentó anteriormente, se recomienda que adicionalmente se asigne a cada participante el consultar libros especializados sobre estos tema, se asista a pláticas sobre gobierno corporativo en las empresas familiares o llamar a expertos para que apoyen este proceso de formación.

## Órganos de gobierno para la toma de decisiones en la empresa y la familia

Los órganos de gobierno que pueden existir en la empresa familiar y su objetivo básico se ilustran en la siguiente figura, clasificados de acuerdo con el ámbito en que impactan sus decisiones: en la familia, en la propiedad o en la empresa.

**Figura 2.02.1. Órganos de gobierno en la empresa familiar**

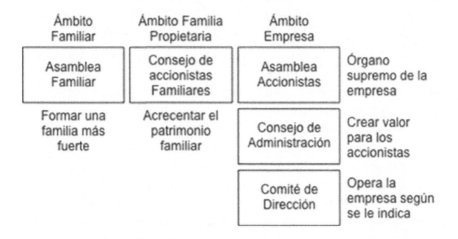

Algunas familias empresarias tienen más de una empresa que operan en forma separada. El esquema de órganos de gobierno podría entonces ser de la forma mostrada en la siguiente figura. El mismo ámbito de familia y de familia propietaria se mantienen para todas las empresas de su propiedad.

## Figura 2.02.2. Órganos de gobierno en la empresa familiar con más de una empresa

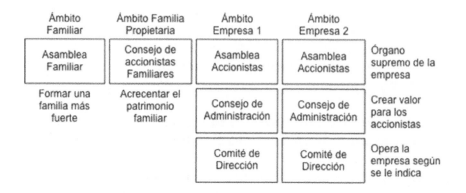

En las empresas familiares se complica el operar con estructuras como los consejos mencionados ya que generalmente son las mismas personas quienes están en cada uno de ellos. Los accionistas son los que planean y ejecutan los planes a seguir, lo que lleva a una confusión sobre la función que se está desempeñando o a la omisión del desempeño de alguna de ellas. Aunque sean las mismas personas, se debe trabajar de acuerdo con la estructura que corresponde, por lo que habrá que comportarse de acuerdo con la ocasión. Si es una junta familiar, se actuará como familia, en una junta de accionistas, como accionistas, en una junta de consejo de administración como consejeros profesionales. Nunca se deben mezclar dos roles en una misma ocasión.

La familia deberá reunirse y decidir cuáles de estas instancias le ayudarán a lograr sus objetivos de unidad y compromiso familiar para el desarrollo y continuidad de su empresa contemplado en su visión familiar. En seguida se muestran las funciones y la forma de operar de cada uno de estos órganos de gobierno. Es importante que la familia diferencie las funciones que realiza cada uno de los órganos que se describen, enfocándose no sólo en lo que hace cada uno, sino también en lo que no debe hacer, con lo que se evitará la confusión de roles, especialmente cuando son las mismas personas quienes están en varios de ellos.

## La Asamblea Familiar

Objetivo

El objetivo primordial de la Asamblea Familiar es el formar una familia más fuerte. Se deberá definir si este objetivo es aplicable sólo a la familia en la que está la propiedad de la empresa o si se puede ampliar a otros familiares directos que no tienen ni se espera que tengan propiedad en el futuro.

Funciones

Entre las funciones que se le pueden asignar para que cumpla con este objetivo están las siguientes:

1. Buscar la unidad, el bienestar y la felicidad de todos los miembros de la familia.
2. Servir como foro en el que los miembros de la familia puedan discutir, analizar y tomar decisiones sobre asuntos de interés común y de bienestar para la familia como un todo.
3. Fomentar el amor y el compromiso de los miembros de la familia por la empresa de su propiedad.
4. Cuidar y fomentar el bienestar de cada miembro de la familia.
5. Desarrollar al máximo las capacidades de cada miembro de la familia.
6. Preservar el ejemplo de generaciones anteriores.
7. Fomentar la autonomía familiar compatible con la solidaridad familiar.
8. Mantener viva y actualizada la Visión de la Familia.
9. Mantener presente en todos los miembros de la familia la historia familiar y la de la empresa.
10. Propiciar la convivencia entre los miembros del grupo familiar.
11. Preservar y transmitir los valores familiares.
12. Establecer sistemas de información y comunicación claros y ágiles entre los miembros de la familia.

13. Fomentar el desarrollo profesional de los miembros de la familia.
14. Fomentar el desarrollo humano de los miembros de la familia.
15. Propiciar el desarrollo de las capacidades intelectuales de los miembros de la familia.
16. Potenciar las habilidades de cada uno de los miembros de la familia.
17. Establecer mecanismos de apoyo a familiares en crisis.
18. Lograr sinergias en la solución de problemas domésticos de miembros de la familia.
19. Valorar y disfrutar el legado familiar y la relación entre los miembros de la familia.

Integrantes

La Asamblea Familiar es una instancia en la que se favorece la participación de todos los miembros de la familia, estén o no relacionados con la propiedad de la empresa. La familia deberá reflexionar sobre quiénes pueden participar en esta instancia pensando en el objetivo primordial de crear una familia más fuerte. Los grupos familiares que podrían integrarse son los siguientes:

a. El grupo familiar base (Fundador o fundadora, su cónyuge y sus hijos).
b. Los cónyuges de los hijos.
c. Los miembros de las familias de los hijos.
d. Otros familiares de papá o mamá.
e. Otros grupos que pudieran identificarse en la familia.

Coordinadores

Para la correcta operación de la Asamblea Familiar, la familia deberá nombrar un comité que se encargue de coordinar a los miembros de la familia para que se realicen las actividades encaminadas a lograr el objetivo primordial de la Asamblea Familiar. El comité deberá formarse al menos con un Coordinador y un Co-coordinador, dependiendo de la complejidad de la familia y de las actividades que se planeen realizar. Esta es una excelente oportunidad para que los miembros de la familia desarrollen sus habilidades de liderazgo y servicio a la familia, por lo que es recomendable que los integrantes de este comité sean miembros de la familia que no tienen ya otras funciones en la empresa que les den esa misma oportunidad de desarrollo. Para dar oportunidad a que más miembros de la familia desarrollen sus habilidades de liderazgo se debe considerar que los miembros de este comité sean renovados cada año. La primera tarea que podría emprender este comité coordinador es el formalizar los estatutos de operación de la Asamblea Familiar y hacer planes de acción para al menos el siguiente año.

Periodicidad de las reuniones

Será responsabilidad del comité coordinador de la Asamblea Familiar el convocar a las reuniones tanto del mismo comité como de la Asamblea Familiar. La periodicidad de estas reuniones dependerá de la complejidad de la familia y de las actividades que se deseen realizar. La reunión de la Asamblea Familiar debería hacerse al menos una vez al año y el comité al menos dos veces al año, independientemente de las actividades familiares que organicen. Es importante que se programen las reuniones del año siguiente estableciendo fechas precisas, lugar, horarios y temas a tratar, y se den a conocer a todos los que deben asistir.

Toma de decisiones

La toma de decisiones es otra oportunidad que la Asamblea Familiar proporciona a los miembros de la familia para aprender a asumir las responsabilidades de las decisiones que se toman en grupo. Por esta razón, es una buena práctica el que las decisiones de la Asamblea Familiar se tomen por mayoría, dando un voto a cada integrante de la Asamblea Familiar. Podrían haber algunas variantes para simplificar este procesos cuando la complejidad de la familia es muy alta. Por ejemplo, se podría acordar que cada rama familiar tuviera un voto, lo que permitiría que en cada rama familiar también se generara un proceso interno para la toma de decisiones.

# El Consejo de Accionistas Familiares

Objetivo

El objetivo primordial del Consejo de Accionistas Familiares es el coordinar acciones de los miembros de la familia para preservar y acrecentar el patrimonio común. Es desde esta instancia de gobierno que la familia, como propietaria, coordina sus decisiones sobre cómo actuará como unidad ante la asamblea de accionistas de la empresa o ante el consejo de administración. También en este consejo se toman decisiones coordinadas sobre otros negocios o bienes propiedad de la familia. Es buena práctica que se asigne a este consejo la administración del Protocolo Familiar, vigilar su cumplimiento, mantenerlo actualizado y presente ante todos los miembros de la familia.

Funciones

Las funciones del Consejo de Accionistas Familiares se pueden agrupar en las siguientes áreas:

a. Asuntos con respecto a la propiedad familiar
b. Asuntos con respecto a la relación de la familia con la empresa
c. Asuntos con respecto a la Asamblea Familiar
d. Asuntos con respecto al Consejo de Administración
e. Asuntos con respecto a la Asamblea de Accionistas de la empresa

Las funciones correspondientes a cada una de estas áreas se muestran a continuación:

a. Asuntos con respecto a la propiedad familiar:
   i. Definir una visión de largo plazo de inversiones y rendimientos.
   ii. Desarrollar estrategias de cómo preservar y hacer crecer los activos de la familia.

      iii. Definir cómo se apoyarán los proyectos emprendedores de miembros de la familia.

      iv. Apoyarse en personas e instituciones capacitadas para el crecimiento del patrimonio económico de la familia.

      v. Definir y mantener vigente un plan para la sucesión en la propiedad de la empresa.

      vi. Definir reglas para la transferencia y venta de acciones.

b. Asuntos con respecto a la relación de la familia con la empresa

      i. Mantener vigente la Misión y la Visión de la familia como propietaria de la empresa.

      ii. Desarrollar y mantener actualizado el Protocolo Familiar y ejecutar los planes que ahí se establecen.

      iii. Buscar oportunidades en la empresa para entrenar y desarrollar a la familia.

      iv. Regular el trabajo de los familiares en la empresa.

      v. Definir beneficios económicos que los miembros de la familia pueden esperar de la empresa.

      vi. Definir políticas para familiares como proveedores de la empresa.

c. Asuntos con respecto a la Asamblea Familiar:

      i. Discutir y resolver sobre las sugerencias que les son presentadas por la Asamblea Familiar respecto a la empresa.

      ii. Decidir sobre las solicitudes de apoyo económico de la Asamblea Familiar.

d. Asuntos con respecto al Consejo de Administración:

      i. Instalar un Consejo de Administración activo.

      ii. Seleccionar, nombrar o remover consejeros.

      iii. Definir asuntos que se tratan en el Consejo de Administración.

iv. Acotar las atribuciones de toma de decisiones del Consejo de Administración, definiendo claramente los límites de sus decisiones.

v. Transmitir al Consejo de Administración la visión de la familia con respecto a la empresa.

e. Asuntos con respecto a la Asamblea de Accionistas de la empresa:

    i. En general, el Consejo de Accionistas Familiares discutirá y decidirá el sentido de votación en la Asamblea de Accionistas sobre los asuntos relacionados con los derechos y obligaciones asociados con el hecho de ser propietarios de la empresa familiar.

    ii. Aprobación de las Cuentas Anuales y de la Gestión Social.

    iii. Decisión sobre el reparto, o no, de dividendos, de acuerdo con la filosofía planteada en el Protocolo Familiar vigente.

    iv. Cambio de la Denominación Social.

    v. Autorizar la emisión de acciones.

    vi. Aumento o reducción del Capital Social.

    vii. Nombramiento, reelección y destitución de Consejeros.

    viii. Disolución voluntaria o forzosa de la Sociedad.

    ix. Fusiones y escisiones.

    x. Cambios a los estatutos de la empresa.

    xi. Autorización de liquidaciones y/o venta de las propiedades de la empresa.

    xii. Discutir y resolver sobre la creación y operación de cualquier tipo de fondos en la empresa o fuera de ella.

## Integrantes

El Consejo de Accionistas Familiares es una instancia en la que deberán participar todos los miembros que tienen una participación de propiedad en los bienes comunes de la familia que se coordinarán en este consejo. Entre los grupos familiares que podrían participar están los siguientes:

1. Accionistas de la empresa familiar.
2. Accionistas de otros negocios diferentes a la empresa de la familia.
3. Copropietarios de bienes inmuebles.
4. Copropietarios de bienes monetarios.
5. Futuros propietarios de acciones de la empresa o de otros negocios o bienes comunes de la familia.

En las familias en que el papá y mamá son los propietarios únicos de los bienes de la familia es conveniente evaluar el que se forme este consejo con la participación de los hijos que eventualmente podrían convertirse en propietarios, lo que servirá de entrenamiento como propietarios y como socios de sus hermanos. Los padres podrían darles con este fin participación en la toma de algunas decisiones sobre la empresa y/o sobre el patrimonio de la familia.

Coordinadores

Para la correcta operación del Consejo de Accionistas Familiares, sus integrantes deberán nombrar un comité coordinador que se encargue de dirigir las actividades encaminadas a lograr el objetivo primordial del consejo. El comité podrá formarse al menos con un Coordinador y un Co-coordinador, dependiendo de la complejidad de la familia y de las actividades que se planeen realizar. Generalmente se elige a quien tiene mayor participación de propiedad en los bienes comunes de la familia, pero podría elegirse a otro miembro de la familia que tenga facilidad o esté dispuesto a coordinar las acciones del grupo.

Periodicidad de las reuniones

Será responsabilidad del comité coordinador convocar a las reuniones tanto del mismo comité como del Consejo de Accionistas Familiares. La periodicidad de estas reuniones dependerá de la complejidad de la familia, de los bienes de que se trate y de las actividades que se deseen realizar. Las reuniones del Consejo de Accionistas Familiares debería hacerse al menos dos veces al año y la del comité al menos cuatro veces al año. Es importante que se programen las reuniones del año siguiente estableciendo fechas precisas, lugar, horarios y temas a tratar, y se den a conocer a todos los que deben asistir.

Toma de decisiones

Ya que los temas que se tratan en este consejo tienen que ver con la propiedad y con la representación que como propietarios se desea coordinar, las decisiones del Consejo de Accionistas Familiares se podrían tomar por votación tomando en cuenta la proporción de propiedad que tiene cada uno de los que votan. En el caso de familias más extensas con varias ramas, se podría optar por el que cada familia decida el sentido de su voto haciendo un ejercicio propio de votación en esa rama familiar para definir cómo votarán en el Consejo de Accionistas Familiares. Como se comentó antes, lo que se busca es que los propietarios asuman una postura común en cuanto a la decisión que se tiene que tomar. En el caso de una empresa, el voto que se emitirá en los diversos asuntos que se tratan en la asamblea de accionistas de esa empresa deberá ser coordinado desde este Consejo de Accionistas Familiares.

## La Asamblea de Accionistas

La Asamblea de Accionistas constituye el órgano supremo de la sociedad. Es un órgano de decisión y control básico para la vida de las sociedades así como para la protección de los intereses de todos los accionistas. Es en este órgano de gobierno donde quienes son dueños toman decisiones sobre la empresa que es de su propiedad.

Funciones

Las funciones básicas de la Asamblea de Accionistas se pueden resumir en las siguientes:

1. Aprobación de las Cuentas Anuales y de la Gestión Social.
2. Decisión sobre el reparto, o no, de dividendos.

3. Modificaciones a los Estatutos.
4. Cambio de la Denominación Social.
5. Autorizar la emisión de acciones.
6. Aumento o reducción del Capital Social.
7. Nombramiento, reelección y destitución de Consejeros.
8. Disolución voluntaria o forzosa de la Sociedad.

Es importante que los miembros de la familia comprendan que en el rol de propietarios la única injerencia que tienen sobre la sociedad es a través de la Asamblea de Accionistas con las funciones que se han listado arriba. Cuando alguien es "dueño de la empresa" en realidad es sólo dueño de las acciones de la empresa y no de sus activos, por lo que solamente tiene derecho a tomar decisiones con respecto a las funciones que le corresponden a este órgano de gobierno. Es por esto que deben coordinar en el Consejo de Accionistas Familiares las decisiones que tomarán en la Asamblea de Accionistas.

## El Consejo de Administración

Objetivo

El objetivo principal del Consejo de Administración es el generar valor para los accionistas.

El llegar a contar con un Consejo de Administración profesional en una empresa no es algo que se hace de la noche a la mañana. Es un proceso que puede llegar a tomar varios años, por lo que si la familia desea tener este beneficio en su empresa, debe iniciar este proceso hoy mismo. Su empresa se transformará y su familia se fortalecerá. En seguida se muestran las etapas por las que deberá transitar una PyME para llegar a contar con consejo de administración.

Etapas para establecer un consejo en empresas medianas y pequeñas:

1. Realizar formalmente juntas familiares de negocio. Quienes operan la empresa (el Equipo Directivo), deberán reunirse

una vez por semana o cada dos semanas para revisar lo que sucedió en la semana que termina y para decidir cómo harán que las cosas vayan mejor en la semana siguiente. Deberán hacer esto durante uno o dos años, periodo en el que deberán buscar que sus reuniones sean cada vez más efectivas aprendiendo a manejar sus juntas adecuadamente, enfocadas a la toma de decisiones sobre la empresa y al seguimiento del cumplimiento de lo acordado. Este periodo deberá de servir de entrenamiento para que los miembros de la familia asuman una actitud profesional en las reuniones de negocio. Los asuntos familiares se tratan en la Asamblea Familiar y los asuntos patrimoniales en las juntas del Consejo de Accionistas Familiares, no en estas juntas familiares de negocio. Si no logran hacer esta separación de asuntos por ustedes mismos, llamen a un experto que les ayude en ello.

2. Una vez que se manejan bien las juntas familiares de negocio podrán invitar a estas reuniones a asesores externos, expertos en los temas que se están tratando, lo que le dará al Equipo Directivo una nueva perspectiva para tomar mejores decisiones. Ya con gente externa la periodicidad podría cambiarse a una reunión al mes. Estas reuniones deberán enfocarse cada vez más a temas estratégicos y menos a temas de operación diaria. Opere de esta manera durante unos dos años más. Al terminar esta etapa la familia, si se lo propone, ya será una experta en el manejo de juntas y en la toma y seguimiento de decisiones, además de conocer bien qué tipo de consejero le sirve mejor. Es una buena costumbre llamar a estas reuniones "Consejo de Administración Familiar" para acostumbrarse al hecho de que se va en camino a un consejo de administración profesional.

3. El siguiente paso será el formalizar lo que se llama un consejo consultivo. Es el momento de llamar a esas personas que ustedes saben les pueden ayudar a definir mejor la forma de administrar y operar su empresa, invitándolos formalmente a pertenecer a su consejo. En esta etapa se avanza poco a poco en la operación de

comités del consejo de acuerdo con las necesidades de la empresa: auditoría, finanzas y planeación, evaluación y compensación, etc., aprovechando que tiene personas capaces que le pueden ayudar en ello. Opere de esta manera trimestralmente durante tres años más.

4. Cuando la empresa y la familia estén listos, formalice un Consejo de Administración con consejeros externos con voz y voto, con comités de auditoría, finanzas y planeación, evaluación y compensación, profesionalmente operando.

Funciones del Consejo de Administración

De acuerdo con las mejores prácticas de gobierno corporativo, existen cuando menos tres funciones básicas en las que el Consejo de Administración debe tomar determinaciones importantes para la sociedad, las cuales son: auditoría, evaluación y compensación, y finanzas y planeación, por lo que recomiendan la creación de uno o varios órganos intermedios para atender las tres funciones. Se pueden crear siempre y cuando tengan objetivos claros, precisos y se defina su integración y funcionamiento.

Para ampliar la descripción de las funciones del Consejo de Administración, éstas se pueden agrupar en cuatro grandes áreas, en las que coinciden expertos en gobierno corporativo:

a. Asuntos corporativos y política de empresa
b. Continuidad de la empresa y desempeño de la administración
c. Estructura de capital
d. Apoyo a la familia propietaria

La funciones en cada una de estas áreas se listan a continuación.

a. Asuntos corporativos y política de empresa:
   i. Vigilar los resultados de la empresa.
   ii. Proponer cambios a los estatutos.
   iii. Aprobar adquisiciones mayores.
   iv. Aprobar políticas de empresa más importantes.
   v. Aprobar planes estratégicos.

    vi.    Aprobar presupuestos.

    vii.    Aprobar políticas de precios.

    viii.    Aprobar planes de construcción o de compra de inmuebles.

    ix.    Aprobar la entrada o salida en líneas de negocio.

b. Continuidad de la empresa y desempeño de la administración:

    i.    Elegir a dirigentes clave y asegurar la continuidad en sus puestos.

    ii.    Ayudar a definir indicadores para medir el desempeño de la empresa y de sus funcionarios.

    iii.    Evaluar el desempeño de los directivos clave. Dar seguimiento a indicadores y llamar a cuenta a los responsables.

    iv.    Aprobar la compensación en puestos clave.

    v.    Autorizar la firma de documentos importantes.

    vi.    Revisar reportes de auditoría.

    vii.    Aprobar contratos más importantes.

    viii.    Revisar cambios más importantes de organización.

    ix.    Aprobar obligaciones y limitar derechos del Director General.

    x.    Servir de consejeros para el Director General.

c. Estructura de capital:

    i.    Proponer planes de consolidación.

    ii.    Proponer plan de dividendos.

    iii.    Revisar inversiones de capital más importantes.

    iv.    Revisar préstamos más importantes.

    v.    Aprobar préstamos a largo plazo.

    vi.    Revisar transacciones con activos más importantes.

    vii.    Revisar la planeación de impuestos.

    viii.    Recomendar la disolución de la sociedad.

d. Apoyo a la familia propietaria:

    i.    Definir el rol de la familia en la empresa.

    ii.    Planear la sucesión en los mandos de la empresa.

    iii.    Recomendar acciones sobre asuntos financieros de la familia tendientes a evitar la venta de acciones a terceros y presiones de flujo a la empresa.

iv. Compensar adecuadamente a familiares que trabajan en la empresa.

v. Evaluar el desempeño de los familiares que trabajan en la empresa.

vi. Definir un rendimiento a pagar a los accionistas que motive el continuar unidos.

vii. Aconsejar sobre el manejo de activos financieros de la familia para la protección del patrimonio familiar.

viii. Establecer, en caso de requerirse, un plan para una ordenada desinversión en las empresas o bienes de la familia.

ix. Mediar en desacuerdos y disputas familiares.

x. Fomentar la educación de la familia en asuntos estratégicos, organizacionales y de negocio.

xi. Proyectar ante proveedores, clientes, empleados y la comunicad que la familia está comprometida con los intereses a largo plazo de la empresa y de que son dueños responsables.

Es importante que los miembros de la familia tengan muy claras las funciones del Consejo de Administración y que no lo involucren en otras actividades que son de la operación diaria de la sociedad y por lo tanto atribuciones del Director General y su equipo directivo, pues eso traería confusión y dilución en su autoridad y en su responsabilidad. Se deberá buscar asesoría legal para asegurar que se cumple con todos los lineamientos para la operación del Consejo de Administración. Si los estatutos de la empresa establecen algunos aspectos de operación del Consejo de Administración con los que la familia no está de acuerdo, los accionistas deberán seguir los trámites legales para modificar esos estatutos.

Integrantes del Consejo de Administración

La definición de quiénes integrarán este consejo depende del tipo de consejo que la familia haya establecido va a utilizar inicialmente.

El criterio de selección de consejeros no deberá ser el solo hecho de que se es familiar, sino la medida en que los candidatos pueden aportar en el consejo, ya sea por experiencia, conocimientos, habilidades, relaciones u otra característica que le sean útiles a la empresa. Podrían también surgir algunos criterios familiares y no de negocio como el deseo de entrenar a algunos miembros de la familia, lo que se deberá evaluar por el grupo familiar.

Otro criterio para decidir quiénes forman parte del Consejo de Administración es el tomar en cuenta el efecto que se desea proyectar hacia el exterior de la empresa, tales como proveedores, bancos, gobierno y otras instituciones. El Consejo de Administración es un elemento fundamental en la estructura institucional de la empresa, por lo que debería de conformarse de tal manera que las cualidades, habilidades, preparación y prestigio de cada uno de los miembros le permita a la organización mostrarse en su mejor forma hacia el exterior. Bajo este criterio, sólo las personas que con su presencia apoyan la buena imagen de la empresa podrían ser considerados como candidatos.

Los accionistas de la empresa deberán, entonces, definir el perfil que desean tengan los miembros de su Consejo de Administración. Este perfil deberá proveer de las características necesarias para que los miembros seleccionados puedan apoyar a que la empresa logre las metas que se han establecido en su plan estratégico. Un perfil de consejeros podría contener los siguientes elementos:

Perfil de los Consejeros

- Atributos deseados en los miembros del Consejo de Administración. Entre los atributos que se podrían especificar están la experiencia previa que deberían tener, relevante para la empresa de la familia, las habilidades que deben tener ya desarrolladas, habilidad para los negocios relacionados con la empresa de la familia y contactos convenientes que pueda poner a su disposición.
- Cualidades personales deseadas en los Consejeros. Es muy importante como criterio de selección el que los

candidatos compartan y vivan ciertos valores deseados por los accionistas de la empresa y que cuenten con ciertas cualidades que les permita tener una buena comunicación con los propietarios de la empresa. Entre estas cualidades personales podrían incluirse integridad, discreción, tacto, saber trabajar en equipo, iniciativa emprendedora, el tener una empresa familiar exitosa, habilidad para establecer relaciones de negocios, creatividad, ser intuitivos, ser racionales y analíticos, experiencia en otros consejos y activo en asuntos de la comunidad.

Una vez que se tiene definido el perfil que se desea de los consejeros, se procederá a la búsqueda de los candidatos, haciéndose para cada uno de ellos una evaluación de qué tanto se acercan al perfil que requiere la empresa, con lo que se estará en posición de seleccionar a los mejores.

La familia deberá acordar también sobre qué es lo que se espera de los miembros del Consejo de Administración, sean miembros de la familia o no. En el caso de miembros de la familia, les será útil el saber qué se espera de ellos para poder diseñar para sí mismos un programa de desarrollo como consejeros. Las siguientes expectativas deben estar incluidas la lista de lo que se pide a un consejero, incorporando algunas de ellas al perfil que se busca:

Qué se espera de un miembro del Consejo de Administración:

1. Disponibilidad de tiempo para el análisis de indicadores e información para entender el negocio y dar así opiniones útiles
2. Aportar su amplia experiencia en negocios para que la empresa enfrente lo desconocido, se anticipe a los nuevos retos y apoyar al Director de la empresa para desempeñar su funciones eficientemente.
3. Enfatizar la responsabilidad que tienen quienes operan la empresa.
4. Evaluar ideas de los que dirigen la empresa, utilizar su experiencia para evaluar con objetividad sus planes, servir

para "rebotar ideas" sobre la operación y curso de la empresa y dar confianza a los que la dirigen para que hagan lo que tienen que hacer.

5. Dar opiniones objetivas y honestas, ser personas sobre las cuales se pueda ejercer poca o ninguna influencia, libres para dar opiniones objetivas y honestas y para decir lo que se piensa y cuestionar.

6. Validar la planeación estratégica y aconsejar sobre el mejor rumbo a seguir.

7. Evaluar la gente clave para la empresa, llamarlos a rendir cuentas al consejo, dar opinión sobre la persona responsable de recursos humanos, apoyar en el despido de personal de primer nivel que no se desempeña bien, apoyar en el establecimiento de indicadores de desempeño para las personas clave y en la evaluación de proveedores de servicios profesionales y asesorías.

8. Hacer preguntas retadoras y profundas que ayuden al director de la empresa a aprender más y más rápido.

9. Mostrar empatía y mantener confidencialidad, crear un ambiente en el que el director de la empresa pueda tratar temas sensibles o muy problemáticos.

10. Pensar creativamente y hacer recomendaciones a la familia sobre lo que se está haciendo, sobre lo que está sucediendo en la empresa, para ver los problemas desde diferentes perspectivas.

Número de integrantes del Consejo de Administración

En cuanto al número de consejeros que deben estar en el Consejo de Administración se debe tener en cuenta que lo que se busca es que el consejo funcione adecuadamente. Para esto es necesario que exista un número mínimo de consejeros que genere una pluralidad de opinión dentro del Consejo, pero también se debe buscar establecer un máximo para asegurar que los miembros efectivamente tengan la posibilidad de expresar y discutir sus puntos de vista sin caer en la ineficiencia que puede provocar el funcionar con un número excesivo de consejeros. Las mejores prácticas de gobierno corporativo recomiendan que el Consejo de

Administración esté integrado por un número que se encuentre entre 3 y 15 consejeros. Las organizaciones más pequeñas limitan el número de sus integrantes a 5, 7 o 9 consejeros.

## Compensación a miembros del Consejo de Administración

En cuanto a compensar a los consejeros el criterio a seguir deberá ser el criterio de inversión. La familia debe ver el instalar un Consejo de Administración como una inversión. Los consejeros deben agregar valor a la empresa de tal forma que esta inversión rinda frutos abundantes. Si no lo hace, no debe quitarse el consejo, se debe cambiar de consejeros.

Las exigencias que se han listado en las expectativas que se tienen de un consejero deberían ir acompañadas de una remuneración acorde, si los accionistas realmente pretenden contar con un consejo que no sólo caliente los asientos durante reuniones de dos o tres horas que suceden cuatro o seis veces al año, y si además se considera que un consejero puede ser sujeto de demandas si no cumple adecuadamente su función.

Algunos estudios en México sugieren que los honorarios anuales de un consejero independiente en promedio son de $100,000 pesos por consejo. El pago por sesión puede estar entre $20,000 y $40,000 pesos. Por supuesto que hay empresas que pagan montos muy por encima de estos promedios. En Estados Unidos, el ingreso anual de un consejero promedia $60,000 dólares por cada organización.

## Operación

Es conveniente que, para cumplir adecuadamente con sus funciones y responsabilidades, el Consejo de Administración se reúna con la periodicidad necesaria que asegure el seguimiento puntual y permanente de los asuntos de la sociedad. Las mejores prácticas corporativas sugieren que el Consejo de Administración sesione cuando menos 4 veces al año, dedicando el tiempo y la diligencia que sean necesarios para atender adecuadamente los asuntos de la sociedad. Una buena práctica es definir con antelación las fechas de reunión para que todos los consejeros puedan programarse adecuadamente para estar presentes.

Para que una sesión de consejo de administración sea válida legalmente, se requiere cumplir con el mínimo de asistencia que se establece en los estatutos de la empresa.

El Presidente del Consejo

Para la correcta operación del Consejo de Administración se deberá nombrar un Presidente del Consejo quien entre sus funciones básicas están el convocar a junta y conducir la sesión. En algunos casos tiene voto de calidad, especialmente cuando es posible un empate en la toma de decisiones. Es conveniente consultar los estatutos de la sociedad para ver si existen algunas definiciones sobre quién puede ser el presidente del consejo y sus atribuciones y modificarlas en caso necesario.

Entre las funciones del Presidente del Consejo de Administración se podrían incluir las siguientes:

1.  Con respecto a los accionistas:
    a.  Asegurarse de que los accionistas estén informados adecuadamente de los asuntos de la empresa, mediante un programa de relación con accionistas.
    b.  Dar atención a las preocupaciones y necesidades de los accionistas y reportarlas al consejo.
    c.  Rendir cuentas a los accionistas, junto con los otros consejeros, por el apropiado desempeño de las funciones del consejo con respecto a sus derechos e intereses.
    d.  Presidir las asambleas de accionistas y las sesiones de accionistas familiares.

2.  Con respecto a los miembros del consejo de administración:
    a.  Asegurarse de que los consejeros conozcan bien los asuntos de la industria.

    b. Facilitar el proceso de autoevaluación anual del Consejo.

    c. Conducir el proceso anual de selección de candidatos a ser miembros del consejo de administración.

3. Con respecto a la operación del consejo de administración:

    a. Convertir al consejo en una fuerza constructiva para la empresa.

    b. Dirigir y moderar los debates durante las sesiones.

    c. Validar los asuntos del orden del día.

    d. Proceder a pedir la votación una vez que se concluya la discusión de cada asunto.

    e. Asegurar el buen funcionamiento del Consejo de Administración.

    f. Definir las responsabilidades que deben asumir los miembros del consejo.

    g. Guiar al consejo para que cumpla con sus responsabilidades, buscando siempre oportunidades y medios para mejorar su funcionamiento, la toma de decisiones y los mecanismos de operación.

    h. En los acuerdos concretar fechas de compromiso para realizarlas y los responsables de su ejecución.

    i. Convocar a sesiones del Consejo a través del Secretario. Proponer el lugar y la hora para las sesiones del consejo.

    j. Hacer recomendaciones a los comités del consejo.

    k. Presentar al consejo los reportes y recomendaciones que hagan los comités.

    l. Participar en el comité de compensación.

    m. Presentar al Consejo el plan de trabajo y el calendario anual de sesiones, que incluya la presentación para aprobación del presupuesto anual de inversiones y de operación.

n. Autorizar la presencia de funcionarios o invitados especiales en las sesiones.

4. Con respecto al apoyo a la administración:
   a. Coordinarse con el Director General para brindarle el apoyo del consejo de administración cuando lo solicite.
   b. Asegurarse de que las decisiones del consejo sean entendidas e implementadas.
   c. Asegurarse de que la administración lleve a cabo un proceso efectivo de planeación estratégica.
   d. Revisar los reportes y propuestas con la administración antes de que las presenten al consejo.
   e. Encargarse de algunos proyectos especiales que proponga el Director General.

5. Con respecto a la empresa:
   a. Mantenerse, a través del Director General, informado del estado de los asuntos de la empresa.
   b. Asegurar que se realicen auditorías confiables para verificar la conducción de la empresa por parte de los administradores.
   c. Cumplir y promover el cumplimiento del Código de Ética y Conducta de la empresa. Identificar los dilemas éticos que surjan en la empresa y reportarlos al consejo.
   d. Hacer cumplir con fidelidad el objeto social de la empresa.

6. Con respecto a la comunidad:
   a. Mantener contactos de alto nivel con miembros de la comunidad para asegurar la buena imagen de la empresa
   b. Asegurar que la empresa esté representada en forma adecuada en los asuntos de la comunidad.

    c. Representar a la empresa y/o nombrar representantes ante instituciones financieras, de gobierno, cámaras y organismos comunitarios.

También se requerirá nombrar el secretario del consejo quien se encargará de preparar la agenda, minutas y dar seguimiento a las resoluciones tomadas. Habrá que consultar también los estatutos de la empresa para ver qué estipulan con respecto a esto.

El Secretario del Consejo de Administración

Entre las funciones del Secretario del Consejo de Administración se podrían incluir las siguientes:

A. En cuanto a la legalidad de la actuación del Consejo de Administración
   1. Velar por la legalidad formal y material de las actuaciones del Consejo.
   2. Asegurarse que la sesión del Consejo de Administración esté legalmente instalada.
   3. Aplazar las sesiones, cuando no se haya llevado a cabo el proceso de envío de convocatoria o, en su caso, por no habérsele proporcionado la información entregada a los demás consejeros.

B. En cuanto a la toma de decisiones en el Consejo de Administración
   1. Requerir información necesaria para la toma de decisiones.
   2. Requerir la presencia de directivos relevantes u otros, incluyendo asesores externos que puedan contribuir o aportar elementos para la adecuada operación y/o toma de decisiones del consejo.
   3. Abstenerse de participar y estar presente en la deliberación y votación de algún asunto donde exista conflicto de interés, sin que esto afecte el quórum requerido para la instalación del órgano de gobierno correspondiente.
   4. Guardar confidencialidad respecto de la información y los asuntos de la empresa sobre los que tenga conocimiento,

sobre todo cuando dicha información no sea de carácter público.

5. Actuar de buena fe y en el mejor interés de la empresa.

C. En cuanto a la realización de las sesiones del Consejo de Administración

1. Antes de la Sesión:
   a. Solicitar y recibir propuestas de temas a incluir en la orden del día.
   b. Preparar propuesta de orden del día y validarla con el Presidente.
   c. Enviar convocatoria y la información requerida para la apropiada preparación de los miembros del consejo.
   d. Confirmación de asistencia.

2. Durante la Sesión:
   a. Verificar el quórum y el cumplimiento de los requisitos legales para la realización de la sesión.
   b. Promover la aprobación del acta de la sesión anterior.
   c. Contar y registrar votaciones.
   d. Apoyar al presidente.
   e. Compartir mejores prácticas de los órganos de gobierno

3. Después de la sesión:
   a. Elaborar el acta de la sesión. Distribuirla a los miembros del Consejo.
   b. Formular y enviar de oficios sobre las resoluciones del Consejo de Administración.
   c. Dar seguimiento a los acuerdos tomados por el consejo y a la legalización de los mismos. Elaborar programas y calendarios de actividades para dar el seguimiento apropiado.
   d. Resguardar y custodiar los archivos del Consejo.
   e. Cumplir con los asuntos que le sean asignados por el Consejo de Administración.

D. Prohibiciones para el Secretario del Consejo de Administración

El Secretario del Consejo de Administración deberá asegurarse de no incurrir en ninguna de las siguientes conductas u ordenar que se lleve a cabo alguna de ellas:

1. Generar, difundir, publicar o proporcionar información a sabiendas de que es falsa o induce a error.
2. Ocasionar que se omita el registro de operaciones, ocultar u omitir revelar información, alterar los registros para ocultar la verdadera naturaleza de las operaciones celebradas, para afectar cualquier concepto de los estados financieros.
3. Permitir que se inscriban datos falsos en la contabilidad de la sociedad o personas morales que la compañía controle.
4. Destruir, modificar u ordenar que se destruyan o alteren, total o parcialmente, los sistemas o registros contables o la documentación que dé origen a los asientos contables de la sociedad con el propósito de impedir u obstruir los actos de supervisión.
5. Presentar a las entidades regulatorias u otras similares, documentos o información falsa o alterada, con el objeto de ocultar su verdadero contenido o contexto.
6. Hacer que se registren operaciones o gastos inexistentes, exagerar los reales o realizar intencionalmente cualquier acto u operación ilícita o prohibida por la ley.

El Comisario del Consejo de Administración

En cuanto a contar con un Comisario del Consejo, las funciones que le corresponden están definidas por la Ley. Entre las funciones que le podrían corresponder están las siguientes:

1. Cumplir con todas las obligaciones que le impone la Ley en este cargo.
2. Exigir a los administradores una información mensual que incluya por lo menos un estado de situación financiera y un estado de resultados.

3. Examinar las operaciones, documentación, registros y demás evidencias comprobatorias para efectuar la vigilancia de las operaciones que la ley les impone y para rendir un dictamen.

4. Rendir a la Asamblea General de Accionistas un informe respecto a la veracidad, suficiencia y razonabilidad de la información presentada por el consejo de administración a la propia Asamblea de Accionistas. Este informe deberá incluir por lo menos:

   a. La opinión sobre si las políticas y criterios contables y de información seguidos por la sociedad son adecuados y suficientes tomando en consideración las circunstancias particulares de la sociedad.

   b. La opinión sobre si esas políticas y criterios han sido aplicados consistentemente en la información presentada por los administradores.

   c. La opinión sobre si, como consecuencia de lo anterior, la información refleja en forma veraz y suficiente la situación financiera y los resultados de la sociedad.

5. Hacer que se inserten en la orden del día de las sesiones del consejo de administración y de las asambleas de accionistas, los puntos que crea pertinente.

6. Convocar a la asamblea ordinaria y extraordinaria de accionistas, en caso de omisión de los administradores y en cualquier otro caso en que lo juzgue conveniente.

7. Asistir, con voz pero sin voto, a todas las sesiones del consejo de administración, a las cuales deberán ser citados.

8. Asistir, con voz pero sin voto, a la asamblea de accionistas.

9. Vigilar ilimitadamente y en cualquier tiempo todas las operaciones de la sociedad.

10. Recibir las denuncias de cualquier accionista, quienes podrá denunciar por escrito a los comisarios los hechos que estimen irregulares en la administración. El Comisario deberá mencionar las denuncias en sus informes a la asamblea general de accionistas y formular acerca de ellas las consideraciones y proposiciones que estime pertinentes.

11. Cuando por cualquier causa faltare la totalidad de los comisarios, el consejo de administración deberá convocar en el término de tres días a la asamblea general de accionistas para que ésta haga la designación correspondiente.

12. Si el consejo de administración no hiciere la convocatoria dentro del plazo señalado, cualquier accionistas podrá ocurrir a la autoridad judicial del domicilio de la sociedad para que ésta haga la convocatoria.

13. En el caso de que no se reuniere la asamblea o de que reunida no se hiciere la designación, la autoridad judicial del domicilio de la sociedad, a solicitud de cualquier accionistas, nombrará los comisarios, quienes funcionarán hasta que la asamblea general de accionistas haga el nombramiento definitivo.

14. Los comisarios serán individualmente responsables para con la sociedad por el cumplimiento de las obligaciones que la ley y los estatutos les imponen. Podrán, sin embargo, auxiliarse y apoyarse en el trabajo de personal que actúe bajo su dirección y dependencia o en los servicios de técnicos o profesionistas independientes cuya contratación y designación dependa de los propios comisarios.

15. Los comisarios que en cualquier operación tuvieren un interés opuesto al de la sociedad, deberán abstenerse de toda intervención, bajo la sanción que aplica en la Ley.

## Votación

Cada uno de los miembros del Consejo de Administración tiene un voto. En ciertas circunstancias se otorga al Presidente del Consejo de Administración un voto de calidad, lo que facilita el romper la posibilidad de un empate en la votación.

Se deberá definir la forma en que se tomarán las decisiones con respecto a cada uno de los asuntos que se tratan en el Consejo, ya que habrá algunos de ellos, de acuerdo con las circunstancias de la empresa, en las que se requiera un votación mayor que la simple mayoría. Entre los asuntos que podrían requerir una mayoría más allá de la mayoría simple se encuentran los que se listan a continuación.

Ejemplos de asuntos que podrían requerir una mayoría calificada, más que la mayoría simple:

1. La aprobación del plan de negocios y presupuesto de la sociedad, así como cualquier modificación a los mismos.
2. La venta o disposición de cualquier activo fijo de la sociedad con un valor superior a cierto monto.
3. La celebración de cualquier acuerdo o convenio entre la sociedad y sus accionistas o Afiliadas.
4. El desembolso de una cantidad superior a cierto porcentaje del presupuesto total, que no esté contemplada en el presupuesto previamente aprobado.
5. La contratación de cualquier clase de pasivo no operativo, incluyendo arrendamientos financieros, en un acto o por sucesión de actos sin limitación de tiempo que no esté comprendido dentro del Plan de Negocios de la sociedad previamente aprobado.
6. La aprobación o celebración de acuerdos que implique la creación de sociedades, asociaciones o alianzas con otras personas para la consecución de un negocio común dentro o fuera del giro del negocio principal de la sociedad.
7. La capitalización o fondeo de cualquier subsidiaria de la sociedad.
8. La contratación y terminación de contratos con los auditores, asesores contables y legales de la sociedad.
9. El otorgamiento de cualquier clase de garantía por parte de la sociedad en favor de terceros.
10. La modificación de las políticas o prácticas contables de la sociedad.
11. La determinación del sentido de votación por parte de la sociedad en asambleas de accionistas de sus subsidiarias y/o afiliadas.
12. El otorgamiento de poderes o delegación de facultades para llevar a cabo cualesquiera de los asuntos de mayoría calificada del Consejo de Administración.
13. La contratación o despido del director general y funcionarios de su siguiente nivel.

14. La remuneración de funcionarios de primero y segundo nivel de la empresa.
15. Los planes de compensación a los trabajadores de confianza.
16. La propuesta para aumentar el capital de la sociedad.
17. Las operaciones entre afiliadas de la Sociedad fuera de lo establecido en el presupuesto anual autorizado.
18. Desinversión total en cualquiera de los negocios.

## El Equipo de Dirección

El campo de decisión del Equipo de Dirección no corresponde ya a acciones de gobierno sino a acciones llamadas de dirección. La definición sobre cuáles son acciones de gobierno y cuáles son acciones de dirección depende de las circunstancias de cada empresa, de los intereses de las personas que participan en la definición y de las circunstancias de la empresa y de su entorno.

Se puede establecer como criterios para decidir qué acciones son de gobierno y cuáles de dirección la influencia que tengan esas acciones en el desarrollo de la empresa en el largo plazo, la repercusión que puedan tener y el riesgo que puedan representar. Los cambios en la estructura del capital social y las modificaciones a estatutos son acciones de gobierno que le corresponden a la Asamblea de Accionistas. Las acciones que afectan en forma directa el funcionamiento en el corto plazo de la empresa, aquellas que requieren para ser tomadas la cercanía de un mando ágil y oportuno y que representen un riesgo menor, suelen ser catalogadas como acciones de dirección. Para tener una definición clara sobre el tipo que corresponde a cada acción se deberá cuestionar qué es mejor para que la empresa cumpla mejor con su función, para lo que es importante que quienes gobiernan la empresa no se metan en las operaciones diarias y que quienes operan la empresa respeten las decisiones de gobierno. Normalmente son decisiones de gobierno las siguientes:[5]

---

[5]   M.A. Gallo, "Gobernabilidad en la Empresa Familiar", 2005

- Las decisiones sobre los cambios en la propiedad, porque originan cambios acerca de quiénes pueden ejercer el poder.
- Las decisiones sobre qué personas concretas tienen capacidad legal para ejercer el poder.
- La supervisión de la estrategia, del desarrollo del equipo de personas responsables de las decisiones de dirección y la garantía de la veracidad de la información.
- Las decisiones que establezca la ley y los estatutos, tales como la aprobación de cuentas y la aprobación de aplicación de los resultados económicos conseguidos por la empresa.

La operación del día a día de una sociedad es responsabilidad del Director General y su equipo de dirección, quienes conforman el Equipo de Dirección. Las funciones básicas de este órgano incluyen las siguientes:

1. Formular la estrategia del negocio.
2. Preparar, presentar y ejecutar los planes de acción y presupuestos de la estrategia.
3. Formular políticas de producción, comercial, servicio, financieras, laborales, tecnológicas, etc.
4. Establecer sistemas de control.
5. Diseñar la organización, sus estructura y sistemas, información, planificación, etc.
6. Preparar y aplicar procedimientos relacionados con las personas, selección, evaluación, retribución, formación, etc.
7. Implementar las decisiones adoptadas por los órganos de Gobierno

Es importante que la familia tenga claramente identificado el que estas funciones no las debe desempeñar el Consejo de Administración, quien tiene sus propias funciones que desempeñar.

## Ejercicio 2.03. Asignación de Funciones a los Órganos de Gobierno

El objetivo de este ejercicio es el reforzar el conocimiento de las funciones que distinguen a cada uno de los órganos de gobierno.

En la siguiente figura se presentan diversos asuntos que comúnmente se presentan en la empresa familiar. El grupo familiar trabajará con esa figura de acuerdo con las instrucciones que enseguida se muestran.

Instrucciones

1. Individualmente los miembros de la familia asignan cada uno de los asuntos mostrados al órgano de gobierno que considera debe atenderlo, reflexionando sobre sus razones para asignarlas de esa manera.
2. Una vez que todos los miembros de la familia tienen su respuesta, las comparten entre ellos comentando las razones por las que la seleccionaron.
3. Ponerse de acuerdo en cuál es la respuesta más adecuada y por qué. Recuerden que las mejores prácticas han probado ser las más efectivas, pero cada familia tiene sus propias circunstancias y podría ser conveniente asignar funciones de una manera diferente a la que en los ejercicios posteriores se sugerirá.

## Figura 2.03.1. Asignación de Funciones a los Órganos de Gobierno

A-Órgano que autoriza R-Órgano responsable de iniciar P-Órgano participante

| ASUNTOS | Asamblea Familiar | Consejo de Accionistas Familiares | Asamblea de Accionistas | Consejo de Administración | Dirección General | Dirección Administrativa | Dirección Comercial | Otros |
|---|---|---|---|---|---|---|---|---|
| 1. Definir una política de dividendos | | | | | | | | |
| 2. Ayudar a parientes en problemas | | | | | | | | |
| 3. Establecer una política sobre la transferencia de la propiedad | | | | | | | | |
| 4. Selección y nombramiento de consejeros | | | | | | | | |
| 5. Establecer una Misión y Visión de la empresa | | | | | | | | |
| 6. Solucionar conflictos familiares | | | | | | | | |
| 7. Autorizar una política de donativos de la empresa | | | | | | | | |
| 8. Establecer una política de empleo a miembros de la familia | | | | | | | | |
| 9. Definir una estrategia de negocio | | | | | | | | |
| 10. Autorizar la entrada en un nuevo negocio o la expansión del negocio actual. | | | | | | | | |
| 11. Diseñar una política de beneficios a familiares | | | | | | | | |
| 12. Autorizar la política de compensación a empleados no familiares | | | | | | | | |
| 13. Ejecutar la estrategia de negocio | | | | | | | | |
| 14. Definir la política de compensación a familiares que trabajan en la empresa | | | | | | | | |
| 15. Nombrar al director general de la empresa | | | | | | | | |
| 16. Evaluar el desempeño de la administración | | | | | | | | |
| 17. Mantener relaciones con la comunidad en beneficio de la empresa | | | | | | | | |
| 18. Filantropía familiar | | | | | | | | |
| 19. Ética empresarial | | | | | | | | |
| 20. Visión / Valores de la familia | | | | | | | | |
| 21. Definir un plan de crecimiento de la empresa | | | | | | | | |
| 22. Abrir sucursales nuevas | | | | | | | | |
| 23. Comprar un terreno | | | | | | | | |

# Ejercicio 2.04. Formación de la Asamblea Familiar

El primer avance en la creación de órganos de gobierno será en el ámbito de la familia. En este ejercicio la familia establecerá una Asamblea Familiar que le permita tomar las decisiones sobre cómo formar una familia más fuerte y coordine las acciones para lograrlo.

## Paso 1: Definir en forma individual la forma en que operará la Asamblea Familiar

Para hacer este ejercicio, se deberá llenar individualmente cada uno de los formatos que enseguida se presentan. Una vez que todos los miembros de la familia lo han hecho, compartirán lo que han seleccionado y llegarán a un acuerdo sobre la formación de su Asamblea Familiar.

## Formato 2.04.1. Objetivos de la Asamblea Familiar

| | | |
|---|---|---|
| Seleccione los objetivos que quiere propone se asignen a la Asamblea Familiar. Pueden agregar objetivos adicionales si lo considera necesario. | | |
| | 1. | Formar un familia más fuerte |
| | 2. | Formar una familia feliz |
| | 3. | Fomentar la formación de individuos autónomos |
| | 4. | |

## Formato 2.04.2. Integrantes de la Asamblea Familiar

| | | |
|---|---|---|
| Defina las personas o grupos familiares que pueden aspirar a formar parte de la Asamblea Familiar. | | |
| | 1. | |
| | 2. | |
| | 3. | |
| | 4. | |
| **Posibles integrantes:** Papá, Mamá, Hermanas y hermanos, Nueras / Cuñadas, Yernos / Cuñados, Nietos, tíos, primos, etc. | | |

## Formato 2.04.3. Requisitos para ser integrantes de la Asamblea Familiar

| | | |
|---|---|---|
| Defina los requisitos que deberán cumplir las personas para poder ser integrantes de la Asamblea Familiar y las circunstancias que harían que un familiar no sea elegible para ser parte de la Asamblea Familiar | | |
| | 1. | Deberán ser invitados por los integrantes de la Asamblea familiar por mayoría de votos. |
| | 2. | Deberán ser mayores de __ años |
| | 3. | No serán elegibles a ser miembros de la Asamblea Familiar aquellos familiares que incurran en las siguientes circunstancias: |
| | 4. | |

## Formato 2.04.4. Asuntos que se tratarán en la Asamblea Familiar

| | |
|---|---|
| Seleccione los asuntos que se podrán tratar en la Asamblea Familiar. Puede modificar los que se muestran o puede proponer asuntos adicionales para encargárselos a la Asamblea Familiar. | |
| | 1. Buscar la unidad, el bienestar y la felicidad de todos los miembros de la familia. |
| | 2. Servir como foro en el que los miembros de la familia puedan discutir, analizar y tomar decisiones sobre asuntos de interés común y de bienestar para la familia como un todo. |
| | 3. Fomentar el amor y el compromiso de los miembros de la familia por la empresa de su propiedad. |
| | 4. Cuidar y fomentar el bienestar físico y emocional de cada miembro de la familia. |
| | 5. Desarrollar al máximo las capacidades de cada miembro de la familia. |
| | 6. Preservar el ejemplo de generaciones anteriores. |
| | 7. Fomentar la autonomía familiar compatible con la solidaridad familiar. |
| | 8. Mantener viva y actualizada la Visión de la Familia. |
| | 9. Mantener presente en todos los miembros de la familia la historia familiar y la de la empresa. |
| | 10. Propiciar la convivencia entre los miembros del grupo familiar. |
| | 11. Preservar y transmitir los valores familiares. |
| | 12. Establecer sistemas de información y comunicación claros y ágiles entre los miembros de la familia. |
| | 13. Fomentar el desarrollo profesional de los miembros de la familia. |
| | 14. Fomentar el desarrollo humano de los miembros de la familia. |
| | 15. Propiciar el desarrollo de las capacidades intelectuales de los miembros de la familia. |
| | 16. Potenciar las habilidades de cada uno de los miembros de la familia. |
| | 17. Establecer mecanismos de apoyo a familiares en crisis. |
| | 18. Lograr sinergias en la solución de problemas domésticos de miembros de la familia. |
| | 19. Valorar y disfrutar el legado familiar y la relación entre los miembros de la familia. |

## Formato 2.04.5. Operación de la Asamblea Familiar

| | |
|---|---|
| Defina la forma en que funcionará la Asamblea Familiar. Escriba su propuesta sobre cómo debe operar en cada uno de los asuntos presentados. Puede proponer otros asuntos que usted considere podrán hacer más efectivo su funcionamiento. | |
| Coordinador. Responsable de que opere nuestra Asamblea Familiar | |
| Co-responsable, apoya al responsable | |
| Cada cuándo cambiaremos la coordinación y cómo serán elegidos los nuevos coordinadores. | |
| Cada cuándo se reunirá la Asamblea Familiar. Calendario / proponer fechas preestablecidas | |
| Forma de voto: Cada uno de los integrantes tiene un voto / Un voto por rama familiar, etc. | |
| Fecha de la primera sesión de la Asamblea Familiar en la que se presentará un plan de trabajo | |
| | |

## Formato 2.04.6. Sugerencias de actividades para el Coordinador de la Asamblea Familiar

| | | |
|---|---|---|
| Liste las actividades que le gustaría que los coordinadores de la Asamblea Familiar incluyeran en su plan de trabajo anual. Agregue propuestas de actividades específicas que contribuirán a lograr los objetivos de la Asamblea Familiar. | | |
| | 1. | Elaborar un plan de trabajo para los próximos 12 meses. |
| | 2. | Desarrollar por escrito las normas de operación de la Asamblea Familiar. |
| | 3. | |
| | 4. | |
| | 5. | |

**Paso 2: Llegar a un acuerdo final sobre la operación de la Asamblea Familiar**

Una vez que se han elaborado las propuesta individuales sobre cómo debe operar la Asamblea Familiar, los miembros de la familia compartirán lo que han seleccionado y llegarán a un acuerdo final sobre la formación de su Asamblea Familiar. Con este acuerdo se estarán estableciendo las bases para la operación de una Asamblea Familiar. Será responsabilidad de quienes sean nombrados como coordinadores el liderar la puesta en marcha y operación de este órgano de gobierno familiar, apoyándose en los demás miembros de la familia. La familia deberá redactar el acuerdo que ha alcanzado para incluirlo en el Protocolo Familiar.

# Ejercicio 2.05. Formación del Consejo de Accionistas Familiares

En este ejercicio la familia establecerá su Consejo de Accionistas Familiares en el que se tomarán las decisiones sobre cómo acrecentar el patrimonio familiar y se coordinarán las acciones para lograrlo.

**Paso 1: Definir en forma individual la forma en que operará el Consejo de Accionistas Familiares**

Para hacer este ejercicio, se deberá llenar individualmente cada uno de los formatos que enseguida se presentan. Una vez que todos los miembros de la familia lo han hecho, compartirán lo que han seleccionado y llegarán a un acuerdo sobre la formación de su Consejo de Accionistas Familiares.

## Formato 2.05.1. Objetivos del Consejo de Accionistas Familiares

| | | |
|---|---|---|
| Seleccione o modifique los objetivos que usted propone se asignen al Consejo de Accionistas Familiares. Puede agregar objetivos adicionales. | | |
| | 1. | Preservar y acrecentar el patrimonio común. |
| | 2. | Coordinar las decisiones sobre cómo actuará la familia como unidad ante la asamblea de accionistas de la empresa y ante el consejo de administración. |
| | 3. | Tomar decisiones coordinadas sobre otros negocios o bienes de propiedad común de los miembros de la familia. |
| | 4. | Administrar el Protocolo Familiar, vigilar su cumplimiento, mantenerlo actualizado y presente ante todos los miembros de la familia. |
| | 5. | Buscar el bienestar económico de cada uno de los integrantes del Consejo de Accionistas Familiares y de sus familias. |
| | 6. | Otro: |

## Formato 2.05.2. Miembros del Consejo de Accionistas Familiares

| | |
|---|---|
| Escriba su propuesta de quiénes deben formar parte del Consejo de Accionistas Familiares. Designe a personas específicas con sus nombres. El criterio general deberá ser el ser accionistas de la empresa o copropietarios de bienes familiares. | |
| | Accionistas de la empresa familiar: |
| | Accionistas de otros negocios diferentes a la empresa de la familia: |
| | Copropietarios de bienes inmuebles: |
| | Copropietarios de bienes monetarios: |
| | Futuros propietarios de acciones de la empresa o de otros negocios o bienes comunes de la familia: |
| | Otros (Justifique el por qué deben estar en este consejo): |

## Formato 2.05.3. Asuntos que se tratarán en el Consejo de Accionistas Familiares

| | |
|---|---|
| Seleccione o modifique los temas que usted propone se puedan tratar en el Consejo de Accionistas Familiares. | |
| a. Asuntos con respecto a la propiedad familiar | |
| i. | Definir una visión de largo plazo de inversiones y rendimientos |
| ii. | Desarrollar estrategias de cómo preservar y hacer crecer los activos de la familia |
| iii. | Definir cómo se apoyarán los proyectos emprendedores de miembros de la familia |
| iv. | Apoyarse en personas e instituciones capacitadas para el crecimiento del patrimonio económico de la familia. |
| v. | Definir y mantener vigente un plan para la sucesión en la propiedad de la empresa |
| vi. | Definir reglas para la transferencia y venta de acciones |
| vii. | Fomentar la cultura de guardianes de la riqueza familiar |
| b. Asuntos con respecto a la relación de la familia con la empresa | |
| i. | Mantener vigente la Misión y la Visión de la familia como propietaria de la empresa |
| ii. | Desarrollar y mantener actualizado el Protocolo Familiar y ejecutar los planes que ahí se establecen |
| iii. | Buscar oportunidades en la empresa para entrenar y desarrollar a la familia |
| iv. | Regular el trabajo de los familiares en la empresa |
| v. | Definir beneficios económicos que los miembros de la familia pueden esperar de la empresa |
| vi. | Definir políticas para familiares como proveedores de la empresa |
| c. Asuntos con respecto a la Asamblea Familiar | |
| i. | Discutir y resolver sobre las sugerencias que les son presentadas por la Asamblea Familiar respecto a la empresa |
| ii. | Decidir sobre las solicitudes de apoyo económico de la Asamblea Familiar |

d. Asuntos con respecto al Consejo de Administración

| | | |
|---|---|---|
| | i. | Instalar un Consejo de Administración activo |
| | ii. | Seleccionar, nombrar o remover consejeros |
| | iii. | Definir asuntos que se tratan en el Consejo de Administración |
| | iv. | Acotar las atribuciones de toma de decisiones del Consejo de Administración, definiendo claramente los límites de sus decisiones |
| | v. | Transmitir al Consejo de Administración la visión de la familia con respecto a la empresa |

e. Asuntos con respecto a la Asamblea de Accionistas de la empresa

| | | |
|---|---|---|
| | i. | Discutir y decidir el sentido de votación de la familia en la Asamblea de Accionistas |
| | ii. | Aprobación de las Cuentas Anuales y de la Gestión Social |
| | iii. | Decisión sobre el reparto, o no, de dividendos, de acuerdo con la filosofía planteada en el Protocolo Familiar vigente. |
| | iv. | Cambio de la Denominación Social |
| | v. | Autorizar la emisión de acciones |
| | vi. | Aumento o reducción del Capital Social |
| | vii. | Nombramiento, reelección y destitución de Consejeros |
| | viii. | Disolución voluntaria o forzosa de la Sociedad |
| | ix. | Fusiones y escisiones. |
| | x. | Cambios a los estatutos de la empresa. |
| | xi. | Autorización de liquidaciones y/o venta de las propiedades de la empresa. |
| | xii. | Discutir y resolver sobre la creación y operación de cualquier tipo de fondos en la empresa o fuera de ella. |

## Formato 2.05.4. Operación del Consejo de Accionistas Familiares

| Definir la forma en que funcionará el Consejo de Accionistas Familiares. Escriba su propuesta sobre cada uno de los asuntos listados. | |
|---|---|
| Responsable de que opere nuestro Consejo de Accionistas Familiares. | |
| Co-responsable, apoya al responsable | |
| Cada cuándo cambiaremos la coordinación y cómo serán elegidos los nuevos coordinadores. | |
| Cada cuándo se reunirá el Consejo de Accionistas Familiares. Calendario / fechas preestablecidas | |
| Forma de voto: Cada uno de los integrantes tiene un voto / Un voto por rama familiar / participación accionaria | |
| Fecha de la primera sesión de Consejo en la que se presentará un plan de trabajo. | |
| Toma de decisiones: por mayoría, supramayoría ¿Habrá diferencia dependiendo del asunto que se trate? | |
| Asistencia para que la sesión de Consejo de Accionistas Familiares sea válida (Quórum) | |

**Formato 2.05.5. Sugerencias de actividades para el Responsable del Consejo de Accionistas Familiares**

| |
|---|
| Seleccione las actividades que le gustaría que los responsables del Consejo de Accionistas Familiares incluyeran en su plan de trabajo anual. Agregue propuestas de actividades específicas que contribuirán a lograr los objetivos del Consejo. |

| | |
|---|---|
| | Elaborar un plan de trabajo para los próximos 12 meses. |
| | Desarrollar por escrito las normas de operación del Consejo de Accionistas Familiares. |
| | |
| | |
| | |

# Ejercicio 2.06. Formación del Consejo de Administración

Para este ejercicio es importante que la familia repase juntos su Misión, Visión y Proyecto de Empresa Familiar que diseñaron en el capítulo anterior. El Consejo de Administración que seleccionen deberá corresponder a ese sueño que juntos quieren hacer realidad.

Instrucciones:

Una vez que han repasado la Misión y Visión de la familia y el proyecto de empresa familiar que desean construir, lean grupo cada uno de los ejemplos de acuerdos iniciales que otras familias han alcanzado sobre lo que desean para su Consejo de Administración. Comenten su contenido, las posibles intenciones que pudieron haber tenido las familias para acordar eso, las circunstancias en que pudieron haber tomado esa decisión. Deberán también ir tomando nota de aquellos acuerdos que podrían funcionar para su familia.

## Cuadro 2.06.1. Ejemplos de acuerdos sobre el Consejo de Administración

*Ejemplo 1*

*Es nuestra intención el contar en el futuro con un Consejo de Administración fuerte que cumpla con todos los criterios de formación y operación establecidos en los lineamientos del Código de Mejores Prácticas Corporativas del Consejo Coordinador Empresarial, de tal forma que vigile el manejo profesional de nuestra empresa, tomando las decisiones que le corresponden. Para esto encargaremos al Consejo de Accionistas Familiares el iniciar el proceso necesario para contar con este órgano en un plazo no mayor de un año.*

*Ejemplo 2*

*Acordamos que el Consejo Consultivo con que estamos operando actualmente se convierta en un consejo en el que todos sus miembros, incluyendo independientes, tengan voz y voto y que las decisiones no sean sólo recomendaciones, sino que tengan carácter definitivo, de tal forma que los miembros de la familia no puedan cambiarlas por sí mismos. El Consejo de Accionistas Familiares encargará a uno de sus miembros coordine las actividades necesarias para ejecutar este acuerdo.*

*Ejemplo 3*

*Nuestro concepto inicial para un Consejo de Administración*

*Estamos de acuerdo en adoptar paulatinamente medidas tendientes a lograr un mejor gobierno de nuestra empresa que le permita desarrollarse y crecer, por lo que tomaremos medidas para contar en el año 2016 con un consejo de administración formalmente establecido y operando. Iniciaremos con un concepto de juntas familiares sin participación de externos, que permita llevarnos en este camino. A partir de la firma de nuestro Protocolo Familiar esta junta sesionará para definir todo lo relacionado con su operación. Cada año evaluaremos la conveniencia de avanzar en la creación de otra instancia de consejo de administración.*

*Ejemplo 4*

*Aspiramos a tener un Consejo Consultivo a los 3 años de la firma de nuestro Protocolo Familiar. En este periodo los miembros de la segunda generación nos comprometemos a elaborar cada año un plan detallado de capacitación que nos permita desarrollarnos como buenos socios, cumplir con nuestras obligaciones como accionistas y estar preparados para desempeñarnos eventualmente en forma eficiente en el consejo consultivo que pondremos en operación.*
*Cada año revisaremos nuestro avance en la capacitación como consejeros y nuestra expectativa para una fecha de constitución de nuestro consejo consultivo.*

Una vez que se ha reflexionado sobre los diferentes acuerdos que se han mostrado con respecto a la posición de otras familias para instalar un Consejo de Administración, cada miembro de la familia deberá llenar el Formato 2.06.1 en forma individual proponiendo el esquema que la familia debería seguir, haciendo anotaciones sobre las razones por las cuales lo recomienda.

**Formato 2.06.1. El Tipo de Consejo de Administración que deseamos tener**

| Seleccione el tipo o tipos de Consejo de Administración que propone a la familia se adopte, en congruencia con el proyecto de empresa familiar que desean tener. Anote algunas ideas que justifiquen su propuesta. | |
|---|---|
| 1. | Juntas familiares sin externos que haga las funciones de nuestro Consejo de Administración Familiar |
| 2. | Juntas familiares, nuestros Consejo de Administración Familiar, ocasionalmente con asesores externos, quienes tienen voz pero no voto |
| 3. | Consejo Consultivo, con consejeros externos, quienes tienen voz pero no voto |
| 4. | Consejo de Administración Familiar profesional – Inicialmente sin consejeros externos (independientes) |
| 5. | Consejo de Administración profesional – Consejeros externos (independientes) con voz y voto |
| 6. | Un consejo por cada unidad de negocio |
| 7. | Otro esquema: |

Una vez que individualmente tienen su propuesta sobre el tipo de consejo de administración a adoptar, los miembros de la familia compartirán sus puntos de vista hasta llegar a acordar cuál esquema adoptarán, y procederán a redactar el acuerdo correspondiente.

Si su empresa y la familia ya están listas para formar un consejo de administración profesional, el acuerdo que la familia debe alcanzar en el Protocolo Familiar deberá estar enfocado en establecer los lineamientos generales de su operación y la definición de un equipo de trabajo que se encargará del proyecto de crear y poner en operación ese consejo de administración, incluyendo la definición del perfil de los consejeros requeridos y la búsqueda de las personas que cumplan con ese perfil. Un proyecto de este tipo podría llegar a tomar varios meses en concretarse y deberá seguir las recomendaciones del Código de Mejores Prácticas Corporativas del Consejo Coordinador Empresarial. Igualmente habrá que acordarse la realización de un proyecto similar si la familia se decide por un consejo consultivo.

Los siguientes formatos les ayudarán a definir la forma en que estará conformado su consejo de administración, cómo debe operar y las atribuciones que le corresponden.

**Formato 2.06.2. Asuntos a tratar en el Consejo de Administración**

| |
|---|
| Seleccione o modifique los asuntos que se tratarán en el tipo de Consejo de Administración que ha seleccionado. Para cada uno de ellos especifique qué se tiene que definir para aterrizarlo a la realidad de su empresa y/o el criterio que aplicará para tomar decisiones sobre cada asunto. Al terminar comparta su propuesta con la familia y acuerden juntos los temas que asignarán a este órgano de gobierno. |

| A. Asuntos corporativos y políticas de empresa | |
|---|---|
| 1. | Monitoreo de los resultados de la empresa. |
| 2. | Aprobar adquisiciones. |
| 3. | Políticas de empresa más importantes. |

|  | 4. | Aprobar planes estratégicos. |
|---|----|------------------------------|
|  | 5. | Aprobar presupuesto. |
|  | 6. | Aprobar cambios en las políticas de precios. |
|  | 7. | Aprobar planes de construcción o de compra de inmuebles. |
|  | 8. | Aprobar la entrada o la salida de nuevas líneas de negocio. |

**B. Continuidad de la empresa y desempeño de la administración**

|  | 1. | Elegir a dirigentes clave y asegurar la continuidad en sus puestos. |
|---|----|-------------------------------------------------------------------|
|  | 2. | Revisar el desempeño de los directivos clave. |
|  | 3. | Aprobar la compensación de puestos clave. |
|  | 4. | Autorizar la firma de documentos importantes. |
|  | 5. | Revisar reportes de auditoría. |
|  | 6. | Aprobar contratos más importantes. |
|  | 7. | Revisar cambios más importantes de organización. |
|  | 8. | Aprobar obligaciones y limitar derechos del Director General. |
|  | 9. | Servir de consejeros para el Director General. |

**C. Estructura de capital**

|  | 1. | Aprobar cualquier plan de consolidación. |
|---|----|------------------------------------------|
|  | 2. | Proponer un plan de dividendos. |
|  | 3. | Revisar inversiones de capital más importantes. |
|  | 4. | Revisar préstamos más importantes. |
|  | 5. | Aprobar préstamos a largo plazo. |

| | 6. | Revisar transacciones con activos más importantes. |
|---|---|---|
| | 7. | Revisar la planeación de impuestos. |
| | 8. | Recomendar la disolución de la sociedad. |

**D. Apoyo a la familia**

| | 1. | Apoyar en la planeación de una sucesión en los mandos de la empresa. |
|---|---|---|
| | 2. | Hacer las recomendaciones sobre los asuntos financieros de la familia tendientes a asegurar un flujo de efectivo constante para los miembros de la familia, evitar venta de acciones a terceros y presiones de flujo a la empresa. |
| | 3. | Lograr una compensación adecuada a familiares trabajando en el negocio. |
| | 4. | Evaluar a miembros de la familia trabajando en el negocio. |
| | 5. | Definir un rendimiento a pagar a los accionistas que motive el continuar unidos. |
| | 6. | Emitir recomendaciones para la protección del patrimonio de la familia. Anticipar presiones de flujo a la empresa por necesidades de la familia. Aconsejar sobre manejo de activos financieros de la familia. |
| | 7. | Establecer, en caso de requerirse, un plan emergente para una ordenada desinversión en las empresas o bienes de la familia. |
| | 8. | Árbitro y mediador en desacuerdos y disputas familiares. |
| | 9. | Apoyar en la definición del rol de la familia en la empresa. |
| | 10. | Fomentar la educación y preparación de la familia en asuntos de negocio. |
| | 11. | Servir de ejemplo a seguir para los miembros jóvenes de la familia en la forma en que se toman de decisiones. |
| | 12. | Servir a la familia como escuela para aprender sobre asuntos estratégicos y organizacionales. |
| | 13. | Apoyar en mantener la imagen de que la familia está comprometida con los intereses a largo plazo de la empresa. Mandar señal a proveedores, clientes y a la comunidad de que la familia son dueños responsables. |

Una vez que individualmente tienen su propuesta sobre los asuntos que deben tratarse en el tipo de consejo de administración que adoptaron, los miembros de la familia compartirán sus puntos de vista hasta llegar a acordar cuáles serán las atribuciones de este consejo y procederán a redactar el acuerdo correspondiente.

Aun cuando se haya acordado que la toma de decisiones fuera por mayoría, podría haber algunos asuntos que por su importancia en cuanto al riesgo que se asume o en cuanto a la magnitud de su impacto en la empresa al mediano y largo plazo, pudiesen requerir que una mayor proporción del Consejo de Administración este de acuerdo en aprobar su ejecución. El siguiente formato lista asuntos que comúnmente requieren una proporción mayor a la mayoría simple para ser aprobados. Individualmente seleccione aquellos que consideren deberán requerir una proporción mayor a la mayoría simple. Al terminar comenten en familia los que seleccionaron y lleguen a un acuerdo sobre cuáles habría que darles ese tratamiento para su aprobación. Se deberá evitar el definir una mayoría imposible de lograr o el requerir un 100% de los votos, tomando en cuenta el número de votos requeridos de los que estén disponibles.

## Formato 2.06.3. Asuntos que requieren mayoría calificada en el Consejo de Administración

| | |
|---|---|
| Seleccione o modifique los asuntos en los que se requerirá mayoría calificada para poder ser aprobados. Se deberá también proponer el número de consejeros mínimo para ser aprobada. Al terminar comparta su propuesta con la familia y acuerden juntos los temas que serán votados bajo este esquema. | |
| Los siguientes asuntos requieren para su aprobación un mínimo ____% de los votos, esto es, de ____ consejeros de los ____ que componen el consejo. | |
| 1. | La aprobación del plan de negocios y presupuesto de la sociedad, así como cualquier modificación a los mismos. |
| 2. | La venta o disposición de cualquier activo fijo de la sociedad con un valor superior a _____. |
| 3. | La celebración de cualquier acuerdo o convenio entre la sociedad y sus accionistas o Afiliadas. |
| 4. | El desembolso de una cantidad superior al ____% (_____ por ciento) del presupuesto total, que no esté contemplada en el presupuesto previamente aprobado. |
| 5. | La contratación de cualquier clase de pasivo no operativo, incluyendo arrendamientos financieros, en un acto o por sucesión de actos sin limitación de tiempo que no esté comprendido dentro del Plan de Negocios de la sociedad previamente aprobado. |
| 6. | La aprobación o celebración de acuerdos que implique la creación de sociedades, asociaciones o alianzas con otras personas para la consecución de un negocio común dentro o fuera del giro del negocio principal de la sociedad. |
| 7. | La capitalización o fondeo de cualquier subsidiaria de la sociedad. |
| 8. | La contratación y terminación de contratos con los auditores, asesores contables y legales de la sociedad. |
| 9. | El otorgamiento de cualquier clase de garantía por parte de la sociedad en favor de terceros. |
| 10. | La modificación de las políticas o prácticas contables de la sociedad. |
| 11. | La determinación del sentido de votación por parte de la sociedad en asambleas de accionistas de sus subsidiarias y/o afiliadas. |
| 12. | El otorgamiento de poderes o delegación de facultades para llevar a cabo cualesquiera de los asuntos de mayoría calificada del Consejo de Administración. |
| 13. | La contratación o despido del director general y funcionarios de su siguiente nivel. |
| 14. | La remuneración de funcionarios de primero y segundo nivel de la empresa. |
| 15. | Los planes de compensación a los trabajadores de confianza. |
| 16. | La propuesta para aumentar el capital de la sociedad. |
| 17. | Las operaciones entre afiliadas de la Sociedad fuera de lo establecido en el presupuesto anual autorizado. |
| 18. | Desinversión total en cualquiera de los negocios |

Si el tipo de consejo que desean tener es el de un Consejo de Administración, debieran acordar que para constituirlo se abrirá un proyecto liderado por el Consejo de Accionistas Familiares, con base en los lineamientos de operación que enseguida se definirán. Si acordaron el tener un consejo consultivo o una junta familiar, procederán ahora a definir la forma en que operará ese organismo.

## Formato 2.06.4. Operación de Nuestro Consejo de Administración

| | |
|---|---|
| Definir la forma en que funcionará el Consejo de Administración. Escriba sus propuestas con respecto a los asuntos que se le presentan y posteriormente coméntelas con la familia para llegar a un acuerdo juntos. | |
| Quiénes serán los miembros del Consejo de Administración. | |
| Definir el perfil de los candidatos externos. Ejercicio 2.11. | |
| Cuál será nuestra política de compensación a los miembros del consejo, tanto familiares como externos. | |
| Presidente del Consejo. Convoca a junta, conduce la sesión. Tiene voto de calidad o no tiene voto de calidad. | |
| Secretario del Consejo. Prepara agenda, minutas y seguimiento a acuerdos. | |
| Cada cuándo se reunirá el Consejo de Administración. Fijar calendario / fechas preestablecidas | |
| Forma de voto: Cada uno de los integrantes tiene un voto / Un voto por rama familiar / participación accionaria | |
| Fecha de la primera sesión: | |
| Forma en que se tomarán decisiones: Por mayoría simple, por mayoría calificada | |
| Asistencia para que la sesión de Consejo de Administración sea válida (Quórum) | |
| Se permitirá la presencia virtual de los miembros del consejo a través de conferencia telefónica o Internet. | |

Una vez que individualmente tienen su propuesta sobre cómo debe operar el consejo de administración que adoptaron, los miembros de la familia compartirán sus puntos de vista hasta llegar a acordar cuál esquema adoptarán, y procederán a redactar el acuerdo correspondiente.

Ya que se ha definido la forma en que operará consejo de administración, la familia deberá ahora tomar otros acuerdos relativos a asegurar que ese organismo cuente con todo el compromiso y apoyo de la familia para operar en una forma efectiva.

Los acuerdos en que se trabajará son los siguientes:

Ejercicio 2.07:   Definir qué es lo que esperamos y exigiremos de los miembros del consejo de administración, ya sean familiares o independientes.

Ejercicio 2.08:   Definir y clarificar qué se espera de los miembros de la familia que asuman alguna función en el consejo de administración.

Ejercicio 2.09:   Establecer un compromiso entre los miembros de la familia de convertirse en buenos socios de sus familiares.

Ejercicio 2.10:   Clarificar los derechos y obligaciones que se tienen como socios familiares.

Ejercicio 2.11:   Definición del Perfil de los miembros del Consejo de Administración.

## Ejercicio 2.07. Definir qué es lo que esperamos y exigiremos de los miembros del consejo de administración, ya sean familiares o independientes

*Instrucciones*

1.   Leer las expectativas que se puede tener de los miembros de un consejo, listadas en el siguiente formato.
2.   Seleccionar individualmente aquellas que usted considere es necesario se exija a los miembros del Consejo de Administración.

3. Agregar otras que se considere importante listar.

4. Al terminar en forma individual, comentar entre todos las propuestas individuales y llegar a un acuerdo sobre las expectativas que se deben tener de todos los miembros del consejo de administración, ya sean familiares o independientes.

## Formato 2.07.1. Expectativas sobre los miembros del Consejo de Administración

| Seleccione los puntos que quiera proponer al grupo familiar sobre lo que se espera de los miembros del Consejo de Administración. | |
|---|---|
| 1. | Dedicar a su función el tiempo y la atención necesaria, asistiendo como mínimo al 70% de las reuniones a las que sea convocado durante el año. | |
| 2. | Mantener absoluta confidencialidad sobre toda la información que reciban con motivo del desempeño de sus funciones. | |
| 3. | Dar opiniones y recomendaciones que se deriven del análisis del desempeño de la empresa, con objeto de que las decisiones que adopte el Consejo se encuentren debidamente sustentadas. | |
| 4. | Aportar al negocio de la familia su amplia experiencia. | |
| 5. | Exigir lo mejor de quienes dirigen la empresa. | |
| 6. | Apoyar para que la empresa se anticipe a nuevos retos. | |
| 7. | Apoyar al Director de la empresa para desempeñar su funciones eficientemente. | |
| 8. | Propiciar autodisciplina en la empresa y enfatizar la responsabilidad de quienes la operan. | |
| 9. | Ayudar a definir indicadores para medir el desempeño de la empresa y de sus funcionarios. | |
| 10. | Dar seguimiento a los indicadores y llamar a cuenta a los responsables. | |
| 11. | Solicitar informes sólidos sobre el estado de la empresa que justifiquen los planes de los que operan la empresa y los haga trabajar mejor. | |
| 12. | Evaluar ideas de los que dirigen la empresa. | |
| 13. | Utilizar su experiencia para que con objetividad evalúen los planes de la empresa. | |
| 14. | Servir para "rebotar ideas" sobre la operación y curso de la empresa. | |
| 15. | Dar confianza a los que dirigen la empresa para que hagan lo que tienen que hacer. | |
| 16. | Dar opiniones objetivas y honestas. | |

| 17. | Ser personas sobre las cuales se pueda ejercer poca o ninguna influencia. | |
|-----|---------------------------------------------------------------------------|---|
| 18. | Sentirse libres para dar opiniones objetivas y honestas. | |
| 19. | Decir lo que piensan y cuestionar. | |
| 20. | Validar la planeación estratégica y aconsejar sobre el mejor rumbo a seguir. | |
| 21. | Ayudar en el proceso de elaboración del plan estratégico de la empresa con ideas, monitorear su implementación y sugerir nuevos cursos de acción. | |
| 22. | Ayudar al Director General y su equipo a centrarse en las preguntas estratégicas que son clave. | |
| 23. | Evaluar la gente clave para la empresa. | |
| 24. | Llamar a los operadores de la empresa para rendir cuentas al consejo. | |
| 25. | Dar opinión sobre la persona que ayuda a administrar el personal. | |
| 26. | Apoyar en el despido de personal de primer nivel que no se desempeña bien. | |
| 27. | Ayudar en el establecimiento de indicadores de desempeño para evaluar a las personas clave. | |
| 28. | Ayudar a evaluar proveedores de servicios profesionales y asesorías. | |
| 29. | Hacer preguntas retadoras y profundas que ayuden al director de la empresa a aprender más y más rápido. | |
| 30. | Hacer preguntas que no se les ocurrirían a los que operan la empresa. | |
| 31. | Mostrar empatía y mantener confidencialidad. | |
| 32. | Pensar creativamente y tomar de decisiones sobre las recomendaciones a dar a la familia. | |
| 33. | Ayudar a reflexionar sobre lo que se está haciendo, sobre lo que está sucediendo en la empresa. | |
| 34. | Habilidad para ver los problemas desde diferentes perspectivas. | |
| 35. | Habilidad para establecer relaciones entre factores que parecen no estar relacionados y no sólo centrarse en el plan que ya se tiene. | |

Una vez que individualmente tienen su propuesta sobre las exigencias que se tendrán sobre los miembros del consejo de administración, los miembros de la familia compartirán sus puntos de vista hasta llegar a acordar una lista común y procederán a redactar el acuerdo correspondiente.

## Ejercicio 2.08. Responsabilidades de los miembros de la familia que estén en el Consejo de Administración

Instrucciones:

1. Leer las responsabilidades listadas en el siguiente formato.
2. Seleccionar individualmente aquellas que apliquen a la familia y que usted considere es necesario se respeten.
3. Agregar otras que se considere importante listar.
4. Al terminar en forma individual, comentar entre todos las propuestas individuales y llegar a un acuerdo sobre las responsabilidades que deben tener los miembros de la familia al ser consejeros de la empresa.

**Formato 2.08.1. Responsabilidades de los miembros de la familia que estén en el Consejo de Administración**

| Seleccione las responsabilidades que usted considera deben asumir todos los miembros de la familia que formen parte del Consejo de Administración. | |
|---|---|
| 1. | Llegar preparados a las juntas con los temas que se van a tratar. | |
| 2. | Leer y analizar los reportes que se les envía antes de la reunión. Si tienen preguntas o si no se entiende la información, o si no les llega el reporte, es responsabilidad de cada uno el pedir que se le envíe o preguntar lo que no se entiende. | |
| 3. | Limitar la discusión a los temas incluidos en la agenda proporcionada con anticipación por el Presidente del Consejo o por el Secretario. | |
| 4. | Sustentar con argumentos sólidos las posiciones que se defienden. | |
| 5. | Pensar en el bien de la empresa y de sus accionistas, antes que el beneficio propio. | |
| 6. | Mantener informados a los familiares accionistas que no trabajan en la empresa. Temas tratados, avances en indicadores individuales y de empresa y resoluciones y acuerdos que fueron tomados. | |
| 7. | El Consejo de Administración realizará una reunión informativa para los familiares accionistas que no trabajan en la empresa al menos dos veces al año | |
| 8. | Participar activamente en la discusión y toma de decisiones sobre los asuntos del orden del día | |
| 9. | Otras responsabilidades: | |

Una vez que individualmente tienen su propuesta sobre las responsabilidades que deben asumir los familiares que tengan una función en el consejo, los miembros de la familia compartirán sus puntos de vista hasta llegar a acordar una lista común y procederán a redactar el acuerdo correspondiente.

## Ejercicio 2.09. Compromiso de ser buenos socios

Con el paso del tiempo, al transformarse en propietarios de la empresa de la familia, los miembros de la siguiente generación en la empresa familiar cambian de una dimensión puramente familiar y de trabajo, a una relación de socios. Esta nueva dimensión debe ser comprendida y aceptada por todos los miembros de la familia, ya que implica un cambio importante en la forma en que se deben relacionar. Los siguientes ejercicios están encaminados a tomar conciencia sobre estas nueva circunstancia para la familia.

*Instrucciones*

**Paso 1. Definir qué es ser un buen socio**

1. Cada miembro de la familia, en forma individual, deberá proponer las 5 características que considere más importantes que debería tener una persona no relacionada con la familia para que pueda ser considerada un buen socio, características que si una persona cuenta con ellas, a ustedes les gustaría tenerla como socio. Escribirlas en el Formato 2.09.1. Puede tomar ideas del Formato 2.09.4, pero sería mejor consultarlo después de que haya escrito su propuesta, la que podrá modificar en caso de requerirse.

**Formato 2.09.1. Características de un buen socio – ejercicio personal**

| Escriba las 5 principales características que una persona no relacionada con la familia debe tener para que usted la pueda considerar un buen socio. | |
|---|---|
| Características que una persona debe tener para considerarla un buen socio | Comente las razones por las cuales usted las considera importantes. |
| 1. | |
| 2. | |
| 3. | |
| 4. | |
| 5. | |

2. Una vez que cada uno de los miembros de la familia ha elaborado su lista de las características que debe tener una persona para ser considerada un buen socio, procedan a compartir sus respuestas. Cada uno presenta cuáles son las características que seleccionó y la razón por lo cual la considera así. Deberán llegar a tener una lista de características en las que todos coinciden son importantes en un socio utilizando el Formato 2.09.2.

## Formato 2.09.2. Características de un buen socio – Ejercicio en grupo

| Escriba el acuerdo familiar sobre las características que una persona no relacionada con la familia debe tener para que todos la pueda considerar un buen socio. | | |
|---|---|---|
| Características que debe tener un buen socio | Calificación propia | Promedio familiar |
| 1. | | |
| 2. | | |
| 3. | | |
| 4. | | |
| 5. | | |
| 6. | | |
| 7. | | |
| 8. | | |
| 9. | | |
| 10. | | |
| | CALIFICACIÓN PROMEDIO: | |

3.  Una vez que se tiene la lista de características que un buen socio debe tener, procedan individualmente a evaluarse a qué tan buen socio son en la columna "Calificación propia" de acuerdo con los criterios que juntos definieron en el Formato 2.09.2, siguiendo la siguiente guía:

5 - Excedo en todo momento las expectativas que se pueden tener de un buen socio

4 - Ocasionalmente excedo las expectativas que se pueden tener de un buen socio

3 - Generalmente cumplo con el mínimo esperado de un buen socio

2 - Ocasionalmente incumplo con lo que se espera
de un buen socio

1 - La mayoría de las veces NO cumplo con lo que se
espera de un buen socio

4. Obtengan un promedio de las calificaciones individuales para cada una de las características acordadas. Tendrá cada uno una idea de qué tan buen socio es en relación con los demás miembros de la familia, tomando conciencia de sus fortalezas y debilidades en cada uno de los criterios que listaron, por lo que podrán emprender acciones a mejorar su condición de socio ante sus propios familiares.

5. Compartan en familia sus respuestas y sus calificaciones, calculen un promedio para todos el grupo y juntos determinen algunas acciones que pueden emprender para convertirse en mejores socios entre los miembros de la familia. Se pueden basar para esto en establecer acciones sobre cómo lograrán mejorar su calificación personal y de grupo. Anoten sus conclusiones en el Formato 2.09.3 y redacten su acuerdo para el Protocolo Familiar.

**Formato 2.09.3. Acciones para ser mejores socios de nuestros familiares**

| Anoten las acciones que juntos han determinado seguirán para convertirse en mejores socios. | |
|---|---|
| 1. | |
| 2. | |
| 3. | |
| 4. | |
| 5. | |
| 6. | |
| 7. | |

## Formato 2.09.4. Ejemplos de Características de un Buen Socio

| | | |
|---|---|---|
| Seleccionen las características que usted considera debe tener un buen socio. Agréguelas a la lista que elaboró en el Formato 2.09.1. | | |
| **Características de un buen socio** | | |
| | 1. | Se mantiene informado de lo que sucede en la empresa: asiste a las asambleas a las que se le convoca, lee los informes que se le envían. |
| | 2. | Si trabaja en la empresa respeta los derechos de los demás accionistas que no trabajan en la empresa. |
| | 3. | Si trabaja en la empresa muestra siempre disponibilidad de informar y rendir cuentas sobre su desempeño. |
| | 4. | Si trabaja en la empresa no dispone de recursos que los socios que no trabajan en la empresa no pueden disponer. |
| | 5. | Canaliza todas sus propuestas e inquietudes como socio a la instancia de gobierno que corresponda (Consejo de Accionistas Familiares, Asamblea de Accionistas, Consejo de Administración). |
| | 6. | Está siempre disponible para lo que la empresa pueda requerir. |
| | 7. | Limita sus exigencias de flujo como accionista a lo acordado en el Protocolo Familiar. |
| | 8. | Busca compartir con sus socios una visión de largo plazo en la estrategia de la empresa, en sus objetivos, en las inversiones y sus rendimientos, expresándola claramente ante quienes la operan. |
| | 9. | Busca incrementar el patrimonio de la familia en negocios congruentes con sus valores familiares y empresariales. |
| | 10. | No pretende vender a terceros no relacionados con la familia su participación accionaria. |
| | 11. | Busca mejorar las relaciones personales con sus socios, escucha sus opiniones, trata a los otros propietarios y a los empleados con respeto, ayuda a que se desarrolle un espíritu de equipo entre los accionistas. |
| | 12. | Vigila el desempeño de los administradores a través de las instancias adecuadas (Consejo de Administración). |
| | 13. | Acata las decisiones de la mayoría y las apoya y se compromete con ellas aunque haya votado en contra. |
| | 14. | Otra que quiero proponer: |

## Ejercicio 2.10. Nuestros derechos y obligaciones como accionistas

La familia trabajará ahora en clarificar cuáles son sus derechos y obligaciones como socios, ya sean legales o autoimpuestas por el grupo familiar para lograr una buena relación entre los socios.

Instrucciones:

1. Leer las obligaciones y derechos de ser socios mostradas en el siguiente formato.
2. Seleccionar individualmente aquellos que consideran deben quedar en el Protocolo Familiar para que la familia los tenga presente en todo momento.
3. Al terminar individualmente, comentar en grupo y llegar a un listado único de derechos y obligaciones de los accionistas. Redactar el acuerdo para el Protocolo Familiar.

### Formato 2.10.1. Nuestros derechos y obligaciones como socios

| Seleccione aquellos derechos y obligaciones que usted considera la familia tiene que tener presentes para una buena relación entre los socios familiares. | |
| --- | --- |
| **Nuestros Derechos como Accionistas** | |
| | 1. Participar en las Asambleas de Accionistas y expresarse libremente. |
| | 2. Cuestionar constructivamente a los miembros del Consejo de Administración y ofrecer sugerencias. |
| | 3. Solicitar información de la estrategia de la Empresa, cambios importantes en la organización, y la situación financiera de la misma. |
| | 4. Requerir del Consejo de Administración apertura a los puntos de vista de los accionistas. |
| | 5. Participar en la elección de miembros del Consejo de Administración. |
| | 6. Contar con políticas que protejan nuestros intereses y que al mismo tiempo requieran nuestra cooperación. |
| | 7. Resultados económicos aceptables de la Empresa, incluyendo dividendos razonables e incremento del patrimonio. |
| **Nuestras Obligaciones como Accionistas** | |
| | 1. Cuidar la empresa, tener interés personal en el negocio, entusiasmo, fuerte compromiso e identificación con sus valores. |

|   |   |
|---|---|
| 2. | Conocer las funciones y características de los consejeros que necesita la empresa para seleccionarlos adecuadamente. |
| 3. | Mantener la información que se le proporciona en forma confidencial. |
| 4. | Poner al servicio de la empresa sus contactos que le puedan ser valiosos. |
| 5. | Respetar las líneas de autoridad de la empresa y no intervenir en sus asuntos internos. |
| 6. | Propiciar el manejo profesional de la empresa, manteniendo en operación los órganos de gobierno que se requieren. |
| 7. | Conocer los estatutos de la Empresa. |
| 8. | Asumir una responsabilidad social, buscando retribuir algo de lo que se recibió. |
| 9. | |

# Ejercicio 2.11. Definición del Perfil del Miembro del Consejo de Administración

Si la familia ha decidido contar con consejeros externos no relacionados con la familia, trabajará ahora en definir las características que buscará en los candidatos a consejeros independientes.

**Paso 1. Definir atributos de los consejeros**

Instrucciones:

1. Leer individualmente los atributos sugeridos en el Formato 2.11.1. Para aquellos que considera son relevantes para el perfil de consejeros que la familia debe buscar, detalle en qué consiste el atributo. Si desea puede añadir atributos adicionales.
2. Compartan en grupo sus reflexiones y lleguen a un acuerdo sobre cuáles atributos deben tener los candidatos a consejeros.
3. Una vez que han definido los atributos a buscar, determinen juntos el peso que tendrá cada uno de ellos en una escala del 1 al 10, donde 10 será la importancia más alta.

## Formato 2.11.1. Atributos Deseados en los Consejeros Independientes

| Determine si los atributos mostrados son relevantes para los consejeros independientes que la familia desea tener. Agregue atributos adicionales si lo desea. Detalle en qué consisten los atributos deseados. Determinen en grupo los que mantendrán. Ponderen el peso que cada uno de los atributos tendrá. | | |
|---|---|---|
| Atributos | Describir atributos deseados. Especifique claramente en qué consiste el atributo que requiere en los consejeros independientes. Qué es lo que hará que su participación sea valiosa para la empresa. | Importancia del atributo (1-10) |
| 1. Experiencia relevante: | | |
| 2. Competencias y Habilidades: | | |
| 3. Sentido de negocio: | | |
| 4. Contactos convenientes para la empresa: | | |
| 5. Independencia: | | |
| 6. Otros atributos relevantes: | | |

**Paso 2. Definir Cualidades Personales de los consejeros**

Instrucciones:

1. Leer individualmente las cualidades personales sugeridas en el Formato 2.11.2. Para aquellas que considera son relevantes para el perfil de consejeros que la familia debe buscar, detalle en qué consiste la cualidad. Si desea puede añadir cualidades adicionales.
2. Compartan en grupo sus reflexiones y lleguen a un acuerdo sobre cuáles atributos deben tener los candidatos a consejeros.
3. Una vez que han definido las cualidades personales a buscar, determinen juntos la importancia relativa que tendrá cada una de ellas en una escala del 1 al 10, donde 10 será la importancia más alta.

**Formato 2.11.2. Cualidades Personales Deseadas en los Consejeros Independientes**

| Determine si las cualidades personales mostrados son relevantes para los consejeros independientes que la familia desea tener. Agregue cualidades adicionales si lo desea. Detalle en qué consisten los atributos deseados. Determinen en grupo las que mantendrán. Ponderen la importancia que cada una de esas cualidades tendrá. | | Especificaciones | Importancia de la cualidad (1-10) |
|---|---|---|---|
| Cualidades | | | |
| 1. | Integridad, discreción, tacto, sinceridad. | | |
| 2. | Trabajo en equipo. | | |
| 3. | Iniciativa emprendedora, visionario. | | |
| 4. | Empresa familiar exitosa. | | |
| 5. | Habilidad para las relaciones de negocios. | | |
| 6. | Creativos e intuitivos. | | |
| 7. | Racionales y analíticos. | | |
| 8. | Experiencia en otros consejos. | | |
| 9. | Activo en asuntos de la comunidad. | | |
| 10. | Responsable, profesional. | | |
| 11. | Otras características que serían útiles para la empresa y para la familia. | | |

## Paso 3. Evaluación de Atributos de Candidatos

Una vez que ya han identificado candidatos para ser miembros del Consejo de Administración de la empresa de la familia, deberán evaluar a cada uno de ellos de acuerdo con los criterios que se fijaron en el Formato 2.11.1. Esto se hará de la siguiente manera:

*Instrucciones*

1. Utilizando el Formato 2.11.3, anote el nombre de los candidatos en los cuadros marcados C-1 a C-5.
2. Asegúrense que los atributos mostrados en el Formato 2.11.3 coinciden con los determinados por la familia en el Formato 2.11.1. Anoten la importancia que le dieron a cada atributo.
3. Califiquen para cada candidato qué tanto cumplen con cada uno de los atributos mostrados. Pueden calificarlos del 1 al 10, donde 10 es la calificación más alta. Si lo desean, cuando un candidato exceda el nivel máximo del atributo deseado podrían otorgarle una calificación mayor a 10. Escriba la calificación debajo de la etiqueta "Calif." (Calificación).
4. Multiplique la calificación que se le otorgó a cada candidato por los puntos que se le dio al atributo mostrados en "Importancia". Anote el resultado debajo de la etiqueta "Puntos totales".
5. Sume los puntos totales por candidato y anote el total en los cuadros correspondientes en "TOTALES". Entre mayor sea el total de un candidato, mejor se apega al perfil definido.

## Formato 2.11.3. Evaluación de Atributos de Candidatos

| Siga las instrucciones que corresponden a este formato. | | | | | |
|---|---|---|---|---|---|
| **CANDIDATOS:** | **C-1** | **C-2** | **C-3** | **C-4** | **C-5** |
| 1. Experiencia relevante.<br><br>Importancia: | Calif:<br><br>Puntos totales: | Calif:<br><br>Puntos totales: | Calif:<br><br>Puntos totales: | Calif:<br><br>Puntos totales: | Calif:<br><br>Puntos totales: |
| 2. Competencias y Habilidades.<br><br>Importancia: | Calif:<br><br>Puntos totales: | Calif:<br><br>Puntos totales: | Calif:<br><br>Puntos totales: | Calif:<br><br>Puntos totales: | Calif:<br><br>Puntos totales: |
| 3. Sentido de negocio.<br><br>Importancia: | Calif:<br><br>Puntos totales: | Calif:<br><br>Puntos totales: | Calif:<br><br>Puntos totales: | Calif:<br><br>Puntos totales: | Calif:<br><br>Puntos totales: |
| 4. Contactos convenientes para la empresa<br><br>Importancia: | Calif:<br><br>Puntos totales: | Calif:<br><br>Puntos totales: | Calif:<br><br>Puntos totales: | Calif:<br><br>Puntos totales: | Calif:<br><br>Puntos totales: |
| 5. Otros atributos relevantes (Califique cada uno de ellos):<br><br>Importancia: | Calif:<br><br>Puntos totales: | Calif:<br><br>Puntos totales: | Calif:<br><br>Puntos totales: | Calif:<br><br>Puntos totales: | Calif:<br><br>Puntos totales: |
| **TOTALES** | | | | | |

## Paso 4. Evaluación de Cualidades Personales de los Candidatos

Una vez que ya han identificado candidatos para ser miembros del Consejo de Administración de la empresa de la familia, deberán evaluar a cada uno de ellos de acuerdo con los criterios que se fijaron en el Formato 2.11.2. Esto se hará de la siguiente manera:

Instrucciones:

1. Utilizando el Formato 2.11.4, anote el nombre de los candidatos en los cuadros marcados C-1 a C-5.
2. Asegúrense que las cualidades mostradas en el Formato 2.11.4 coinciden con las determinadas por la familia en el Formato 2.11.2. Anoten la importancia que le dieron a cada cualidad.
3. Califiquen para cada candidato qué tanto cumplen con cada uno de las cualidades mostradas. Pueden calificarlos del 1 al 10, donde 10 es la calificación más alta. Si lo desean, cuando un candidato exceda el nivel máximo de cualidad personal deseada podrían otorgarle una calificación mayor a 10. Escriba la calificación debajo de la etiqueta "Calif.".
4. Multiplique la calificación que se le otorgó a cada candidato por los puntos que se le dio a la cualidad mostrados en "Importancia". Anote el resultado debajo de la etiqueta "Puntos totales".
5. Sume los puntos totales por candidato y anote el total en los cuadros correspondientes en "TOTALES". Entre mayor sea el total de un candidato, mejor se apega al perfil definido.

## Formato 2.11.4. Evaluación de Cualidades Personales de los Candidatos

| Siga las instrucciones que corresponden a este formato. | | | | | |
|---|---|---|---|---|---|
| **CANDIDATOS** | **C-1** | **C-2** | **C-3** | **C-4** | **C-5** |
| 1. Integridad, discreción, tacto. | Calif: | Calif: | Calif: | Calif: | Calif: |
| | Puntos totales: | Puntos totales: | Puntos totales: | Puntos totales: | Puntos totales: |
| 2. Trabajo en equipo. | Calif: | Calif: | Calif: | Calif: | Calif: |
| | Puntos totales: | Puntos totales: | Puntos totales: | Puntos totales: | Puntos totales: |
| 3. Iniciativa emprendedora. | Calif: | Calif: | Calif: | Calif: | Calif: |
| | Puntos totales: | Puntos totales: | Puntos totales: | Puntos totales: | Puntos totales: |
| 4. Empresa familiar exitosa. | Calif: | Calif: | Calif: | Calif: | Calif: |
| | Puntos totales: | Puntos totales: | Puntos totales: | Puntos totales: | Puntos totales: |
| 5. Habilidad para las relaciones de negocios. | Calif: | Calif: | Calif: | Calif: | Calif: |
| | Puntos totales: | Puntos totales: | Puntos totales: | Puntos totales: | Puntos totales: |
| Importancia: | | | | | |
| 6. Creativos e intuitivos. | Calif: | Calif: | Calif: | Calif: | Calif: |
| | Puntos totales: | Puntos totales: | Puntos totales: | Puntos totales: | Puntos totales: |
| Importancia: | | | | | |
| 7. Racionales y analíticos. | Calif: | Calif: | Calif: | Calif: | Calif: |
| | Puntos totales: | Puntos totales: | Puntos totales: | Puntos totales: | Puntos totales: |
| Importancia: | | | | | |

| 8. | Experiencia en otros consejos. | Calif: | Calif: | Calif: | Calif: | Calif: |
|---|---|---|---|---|---|---|
| | Importancia: | Puntos totales: | Puntos totales: | Puntos totales: | Puntos totales: | Puntos totales: |
| 9. | Activo en asuntos de la comunidad. | Calif: | Calif: | Calif: | Calif: | Calif: |
| | Importancia: | Puntos totales: | Puntos totales: | Puntos totales: | Puntos totales: | Puntos totales: |
| 10. | Otras características útiles para la empresa y para la la familia. | Calif: | Calif: | Calif: | Calif: | Calif: |
| | Importancia: | Puntos totales: | Puntos totales: | Puntos totales: | Puntos totales: | Puntos totales: |
| | **TOTALES** | | | | | |

# Ejercicio 2.12. Planificación de las Juntas de Consejo de Administración

Las sesiones de consejo deben ser planeadas con anticipación. Una buena práctica es hacer esto para las sesiones que se tendrán en el siguiente año calendario. Es conveniente tener este plan para incluirlo en el Protocolo Familiar y someterlo a la autorización del Consejo de Administración a más tardar en la última sesión de cada año. Utilice los siguientes formatos para planificar las juntas del consejo de administración:

Formato 2.12.1 Planificación Anual de fechas de las sesiones de Consejo de Administración.
Elaborar un plan anual de las fechas en que se realizarán las sesiones de Consejo de Administración y las de equipo de operación.

Formato 2.12.2 Planificación Anual de Temas de las Sesiones de Consejo de Administración.

Elaborar un plan anual de los temas que se tratarán en las sesiones de consejo le ayudará asegurarse que todos estén enterados del esquema de toma de decisiones que se seguirá durante el siguiente año y a visualizar que todos lo temas importantes sean incluidos.

Formato 2.12.3 Planificación de la Junta de Consejo de Administración.

Cada sesión de consejo debe ser planificada en forma individual. La fecha, el horario, el lugar, los participantes, son sólo algunas de las cosas que se deben anticipar para lograr una sesión de consejo efectiva.

Formato 2.12.4 Descripción de los asuntos a tratar en la Sesión de Consejo de Administración.

Para cada uno de los asuntos que se vayan a tratar en una sesión se deberá hacer un ejercicio de planeación muy anticipada. Los participantes deben tener una idea clara de qué es lo que se va a tratar en la junta y de lo que se espera de ellos como miembros del consejo. Para cada tema a tratar se deberá elaborar este formato. En el caso de sesiones extraordinarias o en temas que no fueron planeados antes para el año de sesiones pero que tienen que se abordados por el consejo, se deberán planear con este formato.

Formato 2.12.5 Preparación del Orden del Día de la Sesión de Consejo de Administración

Una vez que se conocen los asuntos que se tratarán en la sesión, será necesario elaborar el Orden del Día para enviarlo a los consejeros con anticipación. En este formato se incluirá el detalle necesario para que los participantes se ajusten al tiempo establecido y se puedan cumplir los objetivos de la sesión.

La planeación de la sesiones del Consejo de Administración generalmente son responsabilidad del Presidente del Consejo y del Secretario del Consejo.

## Formato 2.12.1. Planificación Anual de fechas de las Sesiones de Consejo de Administración

Liste las fechas en que se acuerde de van a realizar las sesiones de Consejo de Administración durante los siguientes doce meses. Como referencia indique también las fechas en que se reunirá el Equipo Directivo.

| Mes | SESIONES DE CONSEJO DE ADMINISTRACIÓN | SESIONES DE OPERACIÓN DEL EQUIPO DIRECTIVO |
|---|---|---|
| Enero | | |
| Febrero | | |
| Marzo | | |
| Abril | | |
| Mayo | | |
| Junio | | |
| Julio | | |
| Agosto | | |
| Septiembre | | |
| Octubre | | |
| Noviembre | | |
| Diciembre | | |

## Formato 2.12.2. Planificación Anual de Temas de las Sesiones de Consejo de Administración

| Liste los temas que se tratarán en las sesiones del siguiente año. | | |
|---|---|---|
| Sesión No. (mes) | Asuntos a tratar. Clasifique cada asuntos como ordinario (ORD) o como extraordinario (XORD) | |
| 1. | 1. | |
| | 2. | |
| | 3. | |
| | 4. | |
| | 5. | |
| 2. | 1. | |
| | 2. | |
| | 3. | |
| | 4. | |
| | 5. | |
| 3. | 1. | |
| | 2. | |
| | 3. | |
| | 4. | |
| | 5. | |
| 4. | 1. | |
| | 2. | |
| | 3. | |
| | 4. | |
| | 5. | |
| 5. | 1. | |
| | 2. | |
| | 3. | |
| | 4. | |
| | 5. | |
| 6. | 1. | |
| | 2. | |
| | 3. | |
| | 4. | |
| | 5. | |
| 7. | 1. | |
| | 2. | |
| | 3. | |
| | 4. | |
| | 5. | |

| | | | |
|---|---|---|---|
| 8. | 1. | | |
| | 2. | | |
| | 3. | | |
| | 4. | | |
| | 5. | | |
| 9. | 1. | | |
| | 2. | | |
| | 3. | | |
| | 4. | | |
| | 5. | | |
| 10. | 1. | | |
| | 2. | | |
| | 3. | | |
| | 4. | | |
| | 5. | | |
| 11. | 1. | | |
| | 2. | | |
| | 3. | | |
| | 4. | | |
| | 5. | | |
| 12. | 1. | | |
| | 2. | | |
| | 3. | | |
| | 4. | | |
| | 5. | | |

## Formato 2.12.3. Planificación de la Junta de Consejo de Administración

| Para cada junta del Consejo de Administración establecer los siguientes puntos. | |
|---|---|
| Fecha de la Sesión: | |
| Horario: Inicio y terminación | |
| Lugar: ¿En dónde se va a realizar la junta? | |
| Participantes: ¿Quiénes deben participar en la junta? Liste el nombre completo y el cargo de cada asistente. Indicar si son miembros del consejo o si son invitados. En caso de invitados indique quién los invita y quién autoriza que estén presentes. Indique también para cada uno de ellos los horarios en que podrán estar presentes durante la junta. No todos tienen que estar todo el tiempo. | |
| Fecha en que se debe enviar la convocatoria. Medio para enviarla. Responsable de enviarla. | |
| Requerimientos especiales para esta sesión: Equipo, material, alimentos, etc. | |
| Responsable de esta sesión: Indicar quién se encargará de realizar o de dar seguimiento a que todo lo relacionado con esta junta se haga de acuerdo con lo planeado. | |

## Formato 2.12.4. Descripción de asuntos a tratar en la Sesión de Consejo de Administración

| | |
|---|---|
| Para cada asunto que usted propone que se trate en la sesión de consejo de administración proporcione la información siguiente. | |
| Asunto (tal como debe aparecer en el orden del día de la sesión). | |
| Descripción breve de lo que se trata el asunto. | |
| Objetivo que se tiene que lograr tratando este asunto. | |
| Qué se espera de los miembros del consejo con respecto a este asunto: Enterarse, dar recomendaciones, tomar una decisión, evaluar, etc. | |
| Tiempo que se solicita para tratar este asunto en la sesión. | |
| Información que se enviará previamente a los consejeros para preparar su participación. Fecha de envío. Responsable de preparar la información. Responsable de enviar la información. | |
| Materiales y equipo que se requerirán para tratar este asunto en la sesión de consejo. | |
| Responsable de este asunto a tratar en el consejo. Presentador. ¿Quién será responsable de preparar y de presentar este asunto durante la sesión del consejo? | |
| Fecha de la sesión en que se propone se trate este asunto. | |

## Formato 2.12.5. Preparación de la Orden del Día de la Sesión de Consejo

| Liste los asuntos que se tratarán en la sesión y la información que se indica para cada uno de ellos. | | | | | |
|---|---|---|---|---|---|
| No. | Duración (1) | Horario (2) | Asunto (3) | Acción (4) | Presentador (5) |
| I. | | | | | |
| II. | | | | | |
| III. | | | | | |
| IV. | | | | | |
| V. | | | | | |
| VI. | | | | | |
| VII. | | | | | |
| VIII. | | | | | |

(1)  Tiempo asignado a su presentación, discusión y resolución, en minutos.
(2)  Hora de inicio y hora de terminación.
(3)  Asunto a tratar.
(4)  Acción a tomar por el consejo: Aprobar, Enterarse, Decidir, Recomendar, Evaluar, etc.
(5)  Responsable de presentar el asunto al consejo.

# SESIÓN 3: EMPLEO, INGRESOS Y BENEFICIOS PARA LOS MIEMBROS DE LA FAMILIA

Las compensaciones a miembros de la familia que trabajan en la empresa generalmente tiene su origen en la intención de los padres de ser justos con los hijos. Esta intención ha dado como resultado sistemas de compensación que funcionan bien por un tiempo, especialmente cuando el papá es quien controla todo en la empresa y en la familia. Pero con el paso del tiempo, el cambio de circunstancias de los miembros de la familia y de las necesidades de ellos mismos y de la empresa y por la confusión sobre la razón que los reciben, se convierten en agente de conflictos familiares que pueden dañar a la empresa. En esta sesión la familia discutirá todo lo relacionado con el empleo, ingresos y beneficios para los miembros de la familia, trabajen en la empresa o no.

Para llegar a los acuerdos necesarios, se realizarán los siguientes ejercicios.

Ejercicio 3.01: Estudio de caso: Fuentes de ingresos y beneficios en la empresa familiar

Ejercicio 3.02: Reflexión sobre los ingresos y beneficios que actualmente tiene la familia

Ejercicio 3.03: Conceptos sobre una Política de Compensación para empleados familiares

Ejercicio 3.04: Diseño de la política de empleo a miembros de la familia

Ejercicio 3.05: Diseño de la política de compensación a miembros de la familia

Ejercicio 3.06: Diseño de las bases para nuestra política de dividendos

Ejercicio 3.07: Compromiso familiar de ser buenos funcionarios en la empresa

## Ejercicio 3.01. Estudio de caso: Fuentes de ingresos y beneficios en la empresa familiar

Antes de iniciar el diálogo sobre los ingresos y beneficios para los miembros de la familia, todos sus integrantes deberán comprender claramente a título de qué es posible recibir esos ingresos y beneficios. Para lograr esto, se deberá seguir el análisis del caso que se presenta en seguida.

Instrucciones:

**Paso 1: Leer individualmente el caso siguiente.**

Caso: Don Pedro y su familia

Don Pedro (60 años) tenía 4 hijos, Juan (36 años), Antonio (33 años), Sergio (30 años) y María (26 años). Para motivar a sus hijos, hace 4 años Don Pedro les asignó a cada uno de ellos un 10% de la propiedad de la compañía.

Los tres hijos varones tenían un puesto en la empresa, y su padre, para evitar problemas entre ellos, les asignó un sueldo igual a todos ($50,000.00).

Juan apoyaba mucho a su padre y el sueldo que recibía era lo que podía ganar en otro lado, sin embargo, los otros hermanos no tenían funciones definidas. Juan se quejó ante su padre de que debía pagarle más.

María, quien vivía aun con sus padres, se quejaba de que no recibía nada del negocio, como sus hermanos, quienes además del sueldo tenían un automóvil que les pagaba la empresa. Juan utilizaba el auto para atender asuntos del negocio.

Don Pedro no sabía qué hacer "¿Por qué se quejan si he tratado de ser justo con todos ellos?", se preguntaba.

**Paso 2: Reflexionar individualmente sobre las preguntas acerca del caso que se plantean en el Formato 3.01.1.**

**Formato 3.01.1. Reflexiones sobre el caso Don Pedro y su Familia**

Conteste las preguntas siguientes acerca del caso. Explique las razones de sus respuestas.

| |
|---|
| 1.  ¿Qué piensa usted sobre la solicitud de Juan de pedir un incremento en su sueldo porque era quien más ayudaba a su padre? ¿Debería darle el aumento y por qué? |
| |
| 2.  ¿Qué piensa usted sobre los reclamos de María de recibir algo de la empresa? ¿Debería recibir algo y por qué? |
| |
| 3.  ¿Qué piensa usted sobre la forma en que Don Pedro ha intentado ser justo al pagarle igual a todos sus hijos que trabajan en la empresa? |
| |
| 4.  ¿Qué haría usted si fuera Don Pedro? |
| |

**Paso 3: Compartir respuestas al Caso Don Pedro**

Al terminar, compartir con los demás miembros de la familia las respuestas individuales, exponiendo las razones por las cuales se ha dado esa respuesta. Comparar diferencias, similitudes y fundamentos de sus respuestas. El objetivo de este ejercicio es el comprender la posición de cada uno de los miembros de la familia, no el llegar a un acuerdo sobre estos conceptos. Es conveniente el escribir estas reflexiones en una hoja grande para que esté a la vista de todos mientras se revisan los conceptos referidos en el paso 4.

**Paso 4: Discusión del Caso Don Pedro**

Revisar juntos los conceptos sobre las fuentes de ingreso en la empresa familiar y la discusión del caso que se incluyen enseguida. El objetivo de esta paso 4 es que todos los miembros de la familia conozcan y entiendan el deber ser en los ingresos y beneficios de la familia.

*Las fuentes de ingreso en la empresa familiar*

Adicionalmente a esta presentación sobre los derechos en la empresa familiar, se recomienda leer previamente sobre el modelo de 3 círculos en la referencia proporcionada.[6]

De acuerdo con este modelo, la empresa familiar puede ser vista como un sistema compuesto a su vez por 3 sub-sistemas: la familia, la empresa y la propiedad. Estos subsistemas son representados en el siguiente gráfico como círculos que nos son independientes entre si, sino que se traslapan unos con otros.

---

[6]   K.E. Gersick, "Generation to Generation: Life Cycles of the Family Business" (Harvard Business School Press, 1997)

## Figura 3.01.1. El Sistema de la Empresa Familiar

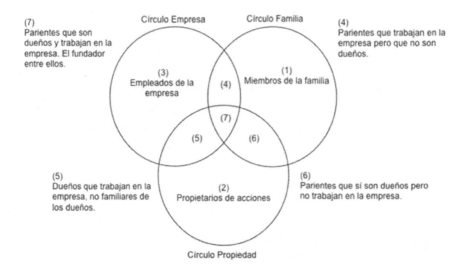

En esta representación del sistema de la empresa familiar en tres círculos se puede observar que resultan 7 áreas diferentes en las que se puede ubicar a todos los que de una manera u otra participan en la empresa familiar de acuerdo con lo siguiente: (1) Miembros de la familia que no trabajan en la empresa y que no tienen participación de propiedad en el negocio familiar; (2) Accionistas de la empresa que no son miembros de la familia y que tampoco trabajan en la empresa; (3) Empleados de la empresa que no son miembros de la familia y que tampoco tienen participación de propiedad en la empresa; (4) Miembros de la familia que trabajan en la empresa pero que no tienen participación en la propiedad (están en dos círculos: familia y empresa); (5) Empleados de la empresa que tienen propiedad en la empresa pero no son miembros de la familia que ostenta la porción de propiedad que controla la empresa (están en dos círculos: empresa y propiedad); (6) Miembros de la familia que tienen participación en la propiedad de la empresa pero no trabajan en ella (están en dos círculos: familia y propiedad); (7) Miembros de la familia que tienen propiedad en la empresa y que además trabajan en ella (están en los tres círculos: familia, empresa y propiedad).

En este punto cada uno de los miembros de la familia deberá identificar en cuál de las 7 áreas de la empresa familiar está ubicado. Habrá que detenerse un poco en discutir quiénes están en el círculo de propiedad. Técnicamente estarán en este círculo aquellos que son titulares de acciones de la empresa. Se recomienda que el criterio para considerarse dentro de este círculo sea que el tener pleno derecho y control, no sólo legal sino moral, sobre las acciones de la empresa. Bajo este criterio no estarían en este círculo aquellas personas que si bien legalmente tienen propiedad de acciones de la empresa, no pueden disponer de ellas ni reciben efectivamente dividendos de la empresa, esto porque esas acciones fueron puestas a su nombre por conveniencias fiscales o legales y no por una verdadera intención de transferir la propiedad con todos sus derechos.

Ya estando claro en dónde se ubican cada uno de los miembros de la familia en alguna de las 7 áreas mencionadas, se procederá a identificar los derechos que les corresponde por estar en alguno de los 3 círculos.

Quienes están dentro del círculo de la familia, esto es, en las áreas (1), (4), (6) o (7), tienen derecho a los ingresos y beneficios que les corresponde por su condición de ser miembros de la familia. Entre estos derechos se incluye la manutención hasta alcanzar la mayoría de edad, pero además el potencial beneficio que por decisión de los padres se les puede otorgar por ser hijos de ellos aun siendo mayores de edad. En esta categoría de ingresos y beneficios se deberá considerar el sobresueldo que reciben los miembros de la familia más allá del sueldo de mercado, sólo por el hecho de ser familiares.

Quienes están dentro del círculo empresa, esto es, en las áreas (3), (4), (5) y (7), tienen derecho a un sueldo que debe estar definido de acuerdo con las funciones que se desempeñan en la empresa. Se debe excluir de este derecho el sobresueldo que se pueda estar recibiendo más allá del sueldo de mercado correspondiente al puesto, sólo por ser miembro de la familia. Se incluyen solamente los beneficios que cualquier persona desempeñando el mismo puesto recibiría, independientemente si se es familiar o no. El sobresueldo podría ser considerado como beneficio por ser familiar o como dividendos.

Quienes están dentro del círculo propiedad, esto es, en las áreas (2), (5), (6) y (7), tienen derecho a recibir dividendos por la participación que tienen en el capital de la empresa. En esta categoría de ingresos y beneficios se deberá considerar el sobresueldo que reciben los miembros de la familia más allá del sueldo de mercado, sólo por el hecho de ser propietarios de la empresa.

En la siguiente figura se resume el tipo de ingresos y beneficios a que se está sujeto dependiendo de la posición en que se encuentren en el sistema de la empresa familiar. En esta figura el término "generosidad de los padres" se puede referir también a acuerdos de otorgarse beneficios que la familia haya tenido con la autorización del padre.

**Figura 3.01.2. Ingresos y Beneficios a que se está sujeto dependiendo de la posición en el sistema de la empresa familiar**

| Posición en el modelo de los 3 círculos | Ingresos y beneficios a que se está sujeto |
|---|---|
| (1) | Manutención, generosidad de los padres. |
| (2) | Dividendos. |
| (3) | Salario de mercado. |
| (4) | Manutención, generosidad de los padres y salario de mercado. |
| (5) | Salario de mercado y Dividendos. |
| (6) | Manutención, generosidad de los padres y Dividendos. |
| (7) | Manutención, generosidad de los padres, sueldo de mercado y Dividendos. |

En un ejercicio posterior se trabajará en la identificación del tipo de beneficios que cada uno de los miembros de la familia recibe.

### Discusión del caso

La situación planteada por el caso se representa gráficamente de la siguiente manera:

**Figura 3.01.3. Caso Don Pedro y Familia – Situación actual**

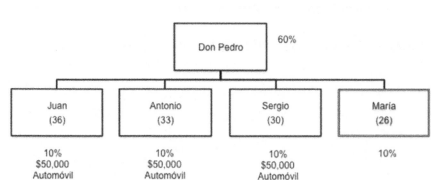

Para resolver este caso se abordará la discusión desde dos puntos de vista: un enfoque de empresa y un enfoque familiar.

Enfoque de empresa

Bajo el enfoque de empresa el criterio a seguir es el de mercado, bajo el cual los sueldos que se reciben deben ser de acuerdo con lo que se ofrece libremente en el mercado laboral de acuerdo con las funciones del puesto y las características de la empresa. Cuando se sigue este criterio quien está por debajo del sueldo así determinado debe ver su sueldo ajustado hacia arriba y quien recibe sueldo por arriba del nivel de mercado debe ver su sueldo ajustado hacia abajo. Dada las circunstancias en las que Don Pedro colocó a su familia al tratar de ser justo con todos sus hijos, se tendría que proceder de acuerdo con lo siguiente para adoptar un criterio de mercado:

1. El sueldo de Juan debe mantenerse porque es el sueldo de mercado.
2. Los sueldos de Antonio y Sergio deben bajar a $30,000 porque ese sería su sueldo de mercado por lo que hacen en la empresa.
3. Sólo Juan usa el auto para asuntos de la empresa. Antonio y Sergio deben devolver sus autos pues no están dentro de las necesidades de su puesto.
4. Los 4 hijos deben recibir un 10% de los dividendos que se decreten al fin de año.

En la siguiente figura se representa cómo quedarían los miembros de la familia aplicando criterios de mercado.

**Figura 3.01.4. Caso Don Pedro y Familia – Criterios de Mercado**

Se puede observar que a Juan se le negó el aumento de sueldo que solicitó y se quedó con el mismo ingreso como empleado de la empresa. Deberá de esperarse para ver a cuánto podrían ascender los dividendos que podría recibir por su participación de un 10% en el capital de la empresa. Ese será su ingreso adicional si es que se decreta alguna utilidad a repartir. Los hermanos Antonio y Sergio verán reducidos sus sueldos a un nivel de mercado por lo que hacen en la empresa, tendrán que devolver sus automóviles pues no los requieren para desempeñar su puesto y deberán esperar a ver qué reciben en su condición de propietarios. La respuesta a María sobre su solicitud de recibir ingresos de la empresa se limita a sus derechos que como accionista tiene y estará sujeta al monto de dividendos que se decrete repartir.

En este punto la familia deberá reflexionar sobre las implicaciones que el aplicar un esquema con criterios de mercado para favorecer a la empresa, podría tener en la familia y en sus integrantes.

A. ¿Sería un esquema aceptable para Juan? ¿Por qué?
B. ¿Qué pasará con Antonio y Sergio? ¿Cuál sería la reacción de sus respectivas esposas?

C.  ¿Se quedará María contenta con esperar que le lleguen dividendos?

Hacer esta reflexión en forma individual y compartirla posteriormente entre todos.

Enfoque de familia

Bajo el enfoque de familia el criterio a seguir es el de favorecer primero a la familia. Bajo este esquema existe un amplio margen para manejar los sueldos que se asignan a los miembros de la familia. En la etapa inicial de la entrada de familiares a la empresa, generalmente el padre decide sus sueldos con base en criterio tales como las necesidades de los hijos, o como en el caso que se presenta, buscando ser justo con todos ellos mediante la asignación de un sueldo igual a todos. Como se discutirá en el apartado de Política de Compensación para la familia, el criterio seguido es la igualdad; ante los padres todos los hijos son iguales y para que no se piense que tienen algún favoritismo, les pagan igual.

Siguiendo este esquema de igualdad, veremos cómo podría resolverse el caso de Don Pedro y su familia. Para esto partiremos del esquema planteado bajo el criterio de mercado.

Ya se debe haber discutido a estas alturas las desventajas que un criterio de mercado puede traer para la familia. Pues bien, aplicando el criterio familiar, debemos buscar cómo proceder para que Antonio y Sergio no compliquen su vida por el ajuste en sueldo que se les ha aplicado. Se deberá entonces actuar de acuerdo con lo siguiente:

1.  El sueldo de Juan se deja como está porque está correcto de acuerdo con los criterios de mercado. Por la misma razón los sueldos de Antonio y Sergio mantienen el ajuste a la baja ya aplicado.
2.  Antonio y Sergio necesitan recibir $20,000 adicionales para completar lo que estaban ganado antes, a fin de mantener la tranquilidad de la familia. Lo que se debe hacer aquí es hacerles llegar un flujo de efectivo mensual equivalente

$20,000, lo que los dejaría igual que antes y tranquilos. La forma en que se puede hacer esto es otorgárselos por su calidad de accionistas, no por ser empleados. Se les entrega entonces como anticipo de dividendos. Pero Juan y María son accionistas también y en la misma proporción que Antonio y Sergio, por lo que también tendrán derecho a recibir la misma cantidad de $20,000 mensuales. Pedro también recibiría el equivalente por su participación de 60% en la propiedad de la sociedad.

3.  En cuanto a la prestación que tenían de un automóvil que les fue quitado porque no era necesario para las funciones que desempeñan en la empresa, se debe buscar la forma en que Antonio y Sergio tengan ese auto que necesitan para asuntos personales. Por esta razón se decreta un beneficio para quienes son miembros de la familia consistente en un automóvil, sólo por el hecho de ser familiares. La empresa paga estos automóviles. Pero como Juan, María y también Pedro son miembros de la familia, se les deberá también dar un automóvil para mantener el principio de igualdad.

En la siguiente figura se representa cómo quedarían los miembros de la familia aplicando criterios familiares.

## Figura 3.01.5. Caso Don Pedro y Familia – Criterios Familiares

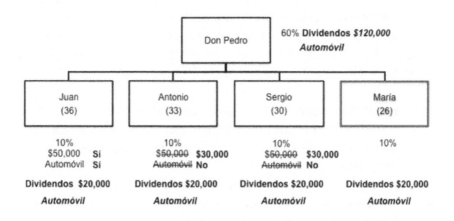

En la figura se puede observar el efecto de utilizar criterios familiares para resolver este caso. Antonio y Sergio han conservado la posición que tenían antes: $50,000 de ingresos totales, $30,000 de sueldo y $20,000 de dividendos, y un automóvil. María recibió algo que antes no recibía, dividendos y un automóvil. Juan resolvió su inquietud de tener más ingresos pues ahora recibe dividendos por $20,000 y un automóvil adicional y tal vez se siente más tranquilo ahora que ve que sus hermanos, quienes no trabajan como él, reciben un pago menor. Todos en la familia están felices.

En este punto se deberá reflexionar sobre las implicaciones que el aplicar un esquema con criterios familiares para favorecer a la familia, podría tener en la empresa y su futuro.

A.   ¿Cómo puede afectar este esquema a la empresa y su viabilidad en el futuro?
B.   ¿Motiva este esquema a los miembros de la familia para que sean mejores empleados de la empresa?

Hacer esta reflexión en forma individual y compartirla posteriormente entre todos.

## Ejercicio 3.02. Reflexión sobre los ingresos y beneficios que actualmente tiene la familia

Una vez que la familia tiene claro las posibles fuentes de ingresos y beneficios que se dan en la empresa familiar, se reflexionará sobre la forma en que actualmente lo están haciendo en la familia. El objetivo de este ejercicio es permitir que la familia tome conciencia de los beneficios que se reciben y poner en orden mentalmente el por qué los reciben. Es importante que para hacer este ejercicio se cuente con un moderador que haya planeado previamente la forma en que se llevará a cabo. El moderador deberá haber entrevistado previamente a los miembros de la familia y estar enterado de las circunstancias relativas a los ingresos para ayudar a la familia a manejar este tema constructivamente.

## Paso 1: Listar individualmente los beneficios actuales que cada familiar recibe

Listar los beneficios que cada uno y sus respectivas familias reciben de la empresa de la familia, independientemente de que trabajen en la empresa o no. Cada miembro de la familia describe su situación actual en el Formato 3.02.1. Algunos ejemplos de beneficios que se pueden estar recibiendo y que se podrían incluir en este formato son lo siguientes:

1. Un sueldo a valor de mercado.
2. Un sueldo establecido con criterios familiares por encima del valor de mercado.
3. Un estipendio mensual, semestral o anual.
4. Un automóvil por accionista (adicional al que pudiera aplicar como prestación de empleado).
5. Mantenimiento de automóviles.
6. Un celular por accionista (adicional al que pudiera aplicar como prestación de empleado).
7. Examen médico anual para el accionista y su cónyuge.
8. Servicios financieros o contables con personal de la empresa, tales como asesoría en las declaraciones fiscales personales del accionista.
9. Servicio de Emergencias Médicas en domicilio particular.
10. Bienes inmuebles propiedad de la empresa o de la familia por los que no se paga renta.
11. Derecho de uso de casas y lugares vacacionales.
12. Uso de palcos o asientos en estadios o auditorios
13. Regalías.

## Formato 3.02.1. Fuentes de Ingresos y Beneficios actuales

| Describa los beneficios que recibe. Clasifíquelos de acuerdo con el concepto por el cual los recibe: familia, empleo, accionista o una mezcla de ellos. | | | | |
|---|---|---|---|---|
| No. | En qué consiste el beneficio (auto, sueldo, bono, etc.). | Valor del beneficio. | Concepto por el cual se recibe. Puede ser una mezcla de varios (F=familiar, E=empleado, A=accionista). | De dónde sale la aportación económica (E=empresa, F=familia). |
| 1. | | | | |
| 2. | | | | |
| 3. | | | | |
| 4. | | | | |
| 5. | | | | |
| 6. | | | | |
| 7. | | | | |
| 8. | | | | |
| VALOR TOTAL | | | | |

## Paso 2: Poner en relieve el valor de los beneficios a los miembros de la familia.

Es una buena práctica el que la familia conozca la magnitud de los beneficios que recibe. Para hacer esto se debe cuantificar el valor de estos beneficios y obtener un indicador que le permita a la familia tomar conciencia de ello para poder posteriormente llegar a un acuerdo de cómo lo manejarán en el futuro. La familia podría optar por calcular el porcentaje que sobre ventas representan estos beneficios, sobre los gastos de administración o sobre la utilidad de la empresa. También se podrían comparar contra el monto de las inversiones de capital del año anterior o contra el monto total de los sueldos pagados por la empresa.

**Paso 3: Reflexionar si se requiere un cambio en el sistema de compensación para miembros de la familia.**

Apoyándose en el Formato 3.02.2 que se presenta a continuación, los miembros de la familia deberán reflexionar sobre el sistema de compensación que actualmente tiene la familia.

**Formato 3.02.2. Nuestro Sistema de Compensación actual**

| Conteste individualmente las siguientes preguntas |
|---|
| 1. Describa los criterios que la familia está utilizando actualmente para otorgar sueldo y beneficios a los miembros de la familia. |
| |
| 2. Describa las consecuencias que puede haber para la empresa si se mantienen los criterios actuales en los sueldos y beneficios a los miembros de la familia. |
| |
| 3. Describa las consecuencias que puede haber para la familia si se mantienen los criterios actuales en los sueldos y beneficios a los miembros de la familia. |
| |

Al terminar las reflexiones personales, compartirlas con los demás miembros de la familia, tomando nota de las acciones que se deben evaluar acerca de los criterios actuales. La familia deberá decidir con la información que se ha generado si deben tomar alguna medida al respecto definiendo una nueva política de compensación para los miembros de la familia que dé respuesta a las inquietudes que hayan surgido.

## Ejercicio 3.03. Conceptos sobre una política de compensación para empleados familiares

Instrucciones:

El objetivo de este ejercicio es el que la familia conozca las opciones que sus integrantes pueden tener para establecer una política de pago a familiares. Para esto deberán trabajar juntos en revisar el contenido de esta sección, comentarla y tenerla en cuenta para diseñar posteriormente su propia política.

*La compensación a empleados familiares*

Como se comentó inicialmente, entre los esquemas de compensación a hijos en la etapa del fundador más comunes están el pagar a todos por igual y el pagar de acuerdo con las necesidades de cada uno de los miembros de la familia. En ambos esquemas el sueldo se recibe independientemente del desempeño y resultados entregados por los empleados familiares, lo que no es sostenible indefinidamente. Es entonces importante que las empresas familiares adopten cuanto antes una política de compensación a familiares que incentive el que todos trabajen por lo que es mejor para la empresa y que provea un enfoque objetivo y consistente al pago de sueldos a los miembros de la familia.

Generalmente las opciones que tiene la familia para definir una política de compensación a familiares se pueden resumir en tres esquemas:

1. Apegarse a la metodología de valor de mercado de los puestos, en la que no se haga ninguna consideración familiar o individual para determinar las compensaciones.
2. Basarse exclusivamente en su condición de accionistas y familiares y en el convencimiento de que todos tienen la misma dedicación hacia la empresa y su trabajo.
3. Seguir un esquema híbrido.

Cada uno de estos esquemas es tratado a continuación.

*Política de compensación a familiares basada en valor de mercado*

Bajo un esquema de valor de mercado se paga a los miembros de la familia lo que realmente vale su contribución a la empresa a través del desempeño de sus funciones. No se buscan deducciones fiscales aprovechando los beneficios que puedan estar recibiendo los accionistas y se acepta que la única forma en que los accionistas familiares pueden recibir beneficios adicionales de la empresa, fuera de sus sueldos de mercado, es a través de dividendos. Esta valoración de puestos a valor de mercado puede realizarse llamando a un experto en el tema.

Al adoptar una política de valor de mercado se evitan problemas familiares porque es el mercado el que determina el sueldo basado en el tamaño y dificultad del puesto y en relación con la industria y empresas comparables, lo que constituye una guía justa y consistente para fijar el sueldo, es fácil de explicar a empleados y accionistas pues se contrata a lo que nos costaría contratar a otra persona no relacionada con la familia, reduce el potencial de juicios subjetivos, de malos entendidos y de manipulación, proporciona una visión realista del valor del trabajo, relaja las emociones negativas de la familia al hablar sobre sueldos, clarifica responsabilidades y funciones y permite una evaluación objetiva del desempeño.

Entre las desventajas de un esquema de valor de mercado se encuentra el que no reconoce esas contribuciones a la empresa muy especiales y personales que puede hacer un miembro de la familia, diferente a lo que haría un empleado no familiar, como lo es el argumento de que el nivel de confianza que se le puede dar a una empleado es mayor cuando se es miembro de la familia. Por otro lado, no reconoce el concepto de igualdad entre todos los miembros de la familia, no toma en consideración las circunstancias individuales o especiales de algunos miembros de la familia, no toma en cuenta que el dueño podría querer pagar por encima o por debajo del valor del mercado y el que podría haber varios miembros de la familia aspirando al mismo puesto. De la misma manera, el adoptar una política de sueldos a valor de mercado implica que no se está siguiendo una política de retención de empleados familiares.

Aun cuando suena muy fácil decirlo, el implementar una política de compensación de mercado debe ser pensado cuidadosamente antes de implementarse ya que se pueden abrir heridas cuando consistentemente se ha estado pagando a familiares de más o de menos.

Antes de pensar en una política de valor de mercado se deberá reflexionar sobre las siguientes preguntas: ¿Cómo se ha venido fijando el sueldo de los miembros de la familia? ¿Cuáles son las razones para querer cambiar a una política de valor de mercado? Si resulta que estamos mal y que existen muchas inequidades ¿Cómo lo manejaremos? ¿Cómo puede afectar a quien se le pagaba de más? ¿Podrá la empresa soportar pagos adicionales a quienes se les pagaba de menos? La familia deberá discutir estas preguntas con antelación y decidir si se requiere un cambio.

Para adoptar una política de compensación a valor de mercado, se deben tomar en cuenta las siguientes consideraciones:

1. Se deberá diseñar un sistema de evaluación de desempeño que permita rendir cuentas objetivamente ante la instancia que corresponda, fortalecer las competencias de los empleados familiares y al mismo tiempo subsanar sus puntos débiles. Un sistema más disciplinado que permita establecer metas más concretas, definiendo qué es lo que se espera de la gestión de cada uno de los miembros de la familia, tanto cualitativamente como cuantitativamente.
2. Desarrollar una Política de Incentivos para accionistas basada en flujo generado por la gestión de quien corresponda.
3. Definir una fórmula clara para determinar incrementos en sueldos.
4. Definir cómo se manejarán circunstancias personales o particulares de la familia de cada uno de los miembros del grupo familiar, desligándolo de la empresa.
5. Contar con una política de selección de candidatos familiares.

*Política de compensación a familiares basada en criterios familiares*

Generalmente este tipo de política se implementa pagando a todos por igual no importando el puesto que tengan en aras de la armonía familiar y otorgando ciertos beneficios que compensen la carga adicional que tienen por ser miembros de la familia propietaria, independientemente de la contribución personal a las metas de la empresa.

¿Por qué una política de pago a todos por igual o con consideraciones familiares? Esta política tiene ventajas que hay que tomar en cuenta, entre ellas podemos mencionar las siguientes:

1.  Se pone la igualdad por encima de todas las prioridades.
2.  Se sigue el criterio que la empresa existe para beneficiar a la familia y todos deben beneficiarse por igual, sobre todo si son dueños en igual proporción.
3.  Minimiza las oportunidades de conflicto entre familias por percepciones de favoritismo en el pago de sueldos.
4.  Funciona bien cuando todos en la familias o todas las familias trabajan bien y contribuyen de igual manera al éxito de la empresa.
5.  Envía un mensaje a la organización de que todos los miembros de la familia son parte del equipo directivo.

Entre las desventajas que se pueden encontrar en este tipo de política basada en consideraciones familiares, podemos mencionar las siguientes:

1.  Crea conflicto cuando los puestos de los miembros de la familia no tienen todos la misma responsabilidad o cuando el impacto de los puestos varía considerablemente.
2.  Generalmente se piensa que lo que uno hace tiene mayor dificultad o es más importante que lo que los otros hacen.
3.  Favorece a los que están en puestos menores y desmotiva a quienes aspiran a puestos de más responsabilidad o de mejor compensación.
4.  Se distorsiona la distinción entre una compensación por ser dueño y una compensación por ser empleado en la empresa.

Si se desea instalar una política basada en consideraciones familiares, se deben tener claro los siguientes asuntos:

1. ¿Cómo sabremos y aceptaremos que todos muestran la misma dedicación y empeño?
2. ¿Cómo reconocemos a quienes tienen una responsabilidad y carga de trabajo evidentemente mayor?
3. ¿Qué impacto económico o financiero puede tener en la empresa el implementar una política de este tipo?
4. ¿Cuándo sería el momento adecuado para tener un esquema de este tipo?
5. ¿Para quiénes debe aplicar?
6. ¿Cómo haremos la transición a este esquema, en cuánto tiempo y cómo es factible ponerlo en práctica?

La familia deberá discutir sus respuestas a estas preguntas y tener muy claro las implicaciones de este sistema.

*¿Qué enfoque seguir?*

Al seleccionar un esquema de compensación es importante tener en cuenta el mensaje que se transmite a los miembros de la familia. Para mandar un mensaje claro sobre lo que se desea para la empresa y para la familia, se pueden separar las remuneraciones en 3 partes:

1. Compensación por lo que se hace en la empresa: sueldo por el trabajo que se realiza de acuerdo con el mercado y/o bono de desempeño por alcanzar metas individuales.
2. Distribución de utilidades basadas en la rentabilidad de la empresa para compensar el ser accionista (Dividendo).
3. Un regalo de los padres a los hijos.

Se debe buscar el que se tenga claro a qué corresponde el beneficio que se recibe, independientemente del monto o de la forma en que se otorga: como empleado, como propietario o como familiar.

Una política de compensación bien elaborada incentiva a que todos en la familia trabajen por lo que es mejor para todos, siendo reflejo de la filosofía fundamental de la empresa. Es la suma de todos los valores, metas y principios de la empresa y de la familia y provee un enfoque objetivo y consistente al pago de sueldos a familiares.

Para elegir el esquema a seguir, debemos hacernos la siguiente pregunta: ¿Qué esquema de compensación a familiares es más compatible con nuestra misión y visión? La respuesta nos guiará en la determinación de nuestra política de compensaciones.

*Modelos combinados para compensar a familiares*

Por supuesto que la elección no es siempre hacia una u otra opción. La familia puede optar por una opción combinada, esto es, tomar lo mejor de ambos esquemas. No hay una receta a seguir. Si bien la mejor práctica es el adoptar una política de compensaciones basada en el valor de mercado, cada familia deberá reflexionar sobre sus propias circunstancias y las circunstancias de su empresa, y diseñar, con base en ellas, lo que mejor aporte a su misión y visión, tanto familiar como de empresa.

A continuación mencionamos algunos modelos híbridos que han funcionado en familias bajo sus circunstancias muy particulares.

Modelo 1.

Cada uno de los hermanos forma parte de un Comité del Consejo de Administración encargado de la parte estratégica del negocio, por lo que todos reciben un pago igual, adicional al que reciben por sus responsabilidades de operación, las que son pagadas de acuerdo con el mercado.

Modelo 2.

Cada uno de los hermanos recibe un sueldo igual por su labor en la empresa. Se compensa a quienes tienen mayor responsabilidad con beneficios adicionales como autos de la empresa, membresías a clubes deportivos, viajes de la empresa, becas para los hijos, la compra de una casa, etc.

Modelo 3.

Cada uno de los hermanos recibe un sueldo igual por su labor en la empresa. Uno de los hermanos es el Director General. Al Director General se le hace un pago adicional por su responsabilidad como tal.

*Instancias para Tomar Decisiones sobre el Empleo a Familiares*

A fin de evitar conflictos entre los miembros de la familia sobre la decisión de quién trabaja en la empresa o no, se deberá acordar por todos, previamente, quién es el que tiene la última palabra sobre este asunto. El tener definido con antelación quién o quiénes toman esta decisión evitará que las personas se sientan agraviadas por no ser favorecidos con su selección para ocupar el puesto disponible y se evitará que se pueda señalar a un responsable individual de haber tomado una mala decisión o una decisión parcial. Es importante que esta persona o personas actúen objetivamente y que cuenten con el apoyo de todos en la familia para lo que decidan.

Entre los asuntos que pueden ser encargados a esta instancia sobre empleo a familiares se pueden incluir las siguientes:

1. Vigilar que se ejecuten las políticas de la familia sobre empleo y remuneración a familiares.
2. Verificar si el puesto que se pretende ocupar con un familiar se requiere realmente en la organización.
3. Validar que las funciones y responsabilidades que se asignen al puesto son realmente las que se requieren.
4. Autorizar el paquete de sueldos y prestaciones para el puesto.
5. Decidir a fin de cuentas quién es el mejor candidato a ocupar el puesto.

6. Evaluar el desempeño de la persona que ocupa el puesto y darle retroalimentación formal.
7. Evaluar que los indicadores de desempeño establecidos realmente reflejen la contribución, o falta de ella que, por parte de la persona que ocupa el puesto.
8. Decidir cómo actuar en caso de un gran desempeño o en caso de un pobre desempeño del titular del puesto.

La familia deberá reflexionar y decidir la instancia que pueda contar con características de imparcialidad y de apoyo por parte de todos en la decisión de escoger un familiar para ocupar un puesto y quien pueda ocuparse de los asuntos planteados anteriormente. Entre esas instancias podrían encontrarse las siguientes:

a. El Consejo de Administración. Por su carácter de toma de decisiones bajo criterios profesionales, podrá decidir lo mejor para la empresa. Su efectividad se consolida si cuenta con miembros externos a la familia. Cuando se cuenta ya con un consejo de administración formalmente establecido es buena práctica el apoyarse en este órgano de gobierno. El consejo podría apoyar a través de su función de evaluación y compensación, o crear un comité específicamente para empleados miembros de la familia propietaria de la empresa.
b. El Consejo de Accionistas Familiares, que al buscar lo que es mejor para el patrimonio familiar y al estar integrado por los miembros de la familia que son propietarios de la empresa, podrán tomar una mejor decisión conjunta.
c. Una Asamblea Familiar, que por su dedicación a mantener la unidad familiar, podrá decidir, especialmente desde el punto de vista familiar, cuál es el mejor candidato para ocupar el puesto.
d. Un Comité para el Empleo a Familiares, que pudiendo actuar dentro de alguna de las instancias mencionadas anteriormente, o en forma independiente, pueda tener la calidad de imparcialidad, objetividad y profesionalismo. Este comité será más efectivo si cuenta con miembros no

relacionados con la familia profesionales en evaluación y compensación.

e. Una persona con calidad moral para tomar la decisión, aceptada por todos.

## Descripción del Puesto a Cubrir

Antes de considerar la contratación de un miembro de la familia, la instancia que se ha definido como responsable para tomar decisiones sobre este asunto deberá tener muy claras las características del puesto que se va a cubrir. Para ello esta instancia debe contar con una descripción clara del puesto que se está evaluando. Esta descripción deberá definir los aspectos específicos que demanda el puesto tanto de capacidades y habilidades del titular del mismo como de los resultados que se espera se aporten a la empresa, además de establecer los criterios sobre los cuales se medirá el desempeño de quien ocupe el puesto referido. Los elementos que se deben definir son los siguientes:

A. Definición del Perfil del Puesto
B. Valuación del Puesto para efectos de remuneración
C. Plan de Evaluación de Desempeño

El acuerdo de la familia para el Protocolo Familiar podría limitarse a asumir el compromiso de encargar al Director General de la empresa o a profesionales expertos en este campo, el que hagan la descripción del puesto al que podría aspirar un miembro de la familia.

En seguida se listan los elementos de la descripción de puestos.

## A. Definición del Perfil del Puesto

Para seleccionar a la persona ideal para ocupar un puesto, el primer paso es definir de qué se trata el puesto a cubrir, esto es, tener un perfil del puesto. Se deberá elaborar éste con una descripción clara de los siguientes aspectos del puesto:

a. Nombre del Puesto.

b. Ubicación dentro del organigrama de la empresa: departamento, área, etc.
c. Puesto al que reporta y ante quien debe rendir cuentas.
d. Puestos que le reportan, a los cuales debe supervisar.
e. Objetivos y metas del puesto: Para qué existe el puesto y qué se espera que aporte a la organización. Misión del puesto dentro de la empresa.
f. Funciones que deberán desempeñarse: Tareas y deberes que habrá de desempeñar para cumplir con los objetivos y metas que se asignen al puesto.
g. Responsabilidades que deben asumirse: Asuntos, acciones, resultados esperados sobre los que quien ocupa el puesto debe rendir cuentas.
h. Autoridad con la que contará: Qué decisiones puede tomar y cuáles debe consultar a otras instancias o puestos.
i. Recursos humanos y de otro tipo de los cuales es responsable: Personal, equipamiento, instalaciones, presupuestos, etc.
j. Competencias demandadas a quien lo ocupa: Conjunto articulado de conocimientos, habilidades o destrezas, actitudes y valores que debe haber desarrollado la persona para desempeñar sus funciones y cumplir con sus responsabilidades con eficiencia, eficacia y ética.
k. Experiencia requeridos a su titular. Experiencia de trabajo que será útil para el desempeño del puesto.

La definición de estos aspectos pueden ser encargados al Director General de la empresa, quien se apoyará en el área de recurso humanos o en profesionales externos, para que, con la participación de quien será el jefe inmediato, lleguen a una propuesta del perfil del puesto. La autorización final de la descripción del puesto que podría ocupar un miembro de la familia podría recaer en la instancia que se haya definido como responsable para tomar la decisión de empleo a familiares.

B. *Valuación del Puesto*

Este análisis busca identificar el nivel de remuneración total que quien ocupa el puesto debe recibir de acuerdo con un mercado de referencia. Se deberá realizar un análisis del valor del puesto con metodologías profesionales, independientemente de la persona que lo ocupe, incluyendo lo siguiente:

a. Análisis de posición salarial y el paquete de compensaciones actual (Sueldo y prestaciones adicionales) con respecto a puestos similares en otras empresas similares.
b. Valuación económica de sueldo y prestaciones: Compensación Base, compensación variable y compensación total que debe aplicar al puesto que se valúa.
c. Determinación del costo del puesto para la Empresa.
d. Plan para transitar del esquema de compensación actual al esquema resultante de la valuación del puesto.

Esta información permitirá hacer una comparación del sueldo actual contra puestos de responsabilidad similar en el mercado y proporcionará conclusiones y hallazgos sobre el nivel y configuración del pago actual, además de derivar en recomendaciones generales sobre la mejor opción de remuneración.

## C. Plan de Evaluación de Desempeño

Para poder exigir resultados a quien ocupa un puesto, se requiere que su titular tenga claro qué es lo que se espera del puesto y de él o ella en lo particular. Con anterioridad a la selección de la persona deberán entonces establecerse claramente estos criterios para poder medir objetivamente su desempeño, motivar el buen desempeño y hacer los ajustes necesarios para un desempeño óptimo. Para esto se deberá contar con un plan de evaluación de desempeño que incluya lo siguiente:

a. Directrices claras que guíen el actuar de quien ocupa el puesto para que se enfoque en lo que realmente es importante, esto es, sus Indicadores de Desempeño.
b. Plan de retroalimentación para mejorar su desempeño.
c. Acciones que la organización debe realizar para favorecer el cumplimiento de los resultados esperados, como planes de compensación e incentivos.

d. Criterios para la administración del plan de evaluación de desempeño.

Lo que pretende una evaluación es identificar los aspectos que necesitan ser mejorados para establecer planes de formación, reforzar técnicas de trabajo y gestionar el desarrollo profesional de quien es evaluado, además de servir como punto de referencia para la toma de decisiones en el sistema de compensación que aplica a esta persona.

Con los conceptos presentados en este ejercicio, la familia deberá ahora diseñar su política de empleo y compensación a miembros de la familia.

## Ejercicio 3.04. Diseño de la política de empleo a miembros de la familia

En este ejercicio la familia establecerá las bases sobre las cuales se tomarán las decisiones relacionadas con el empleo a miembros de la familia. Esta política deberá dar respuesta a cuestionamientos como los siguientes:

1. ¿Quiénes de la familia pueden trabajar en la empresa?
2. ¿Qué requisitos deben cumplir los familiares que aspiren a un puesto en la empresa?
3. ¿Bajo qué circunstancias puede un familiar perder su empleo en la empresa?
4. ¿Quién tiene la última palabra sobre el empleo a familiares?

Para realizar este ejercicio todos los participantes deberán haber leído y tener claros los conceptos que se trataron en los Ejercicios 3.01, 3.02 y 3.03. La familia deberá ir considerando cada uno de los cuestionamientos planteados y decidir cómo lo quieren manejar en el futuro.

*Cuestionamiento 3.04.1. ¿Quiénes de la familia pueden trabajar en la empresa?*

*Instrucciones*

1. Repasar juntos los ejemplos de acuerdos sobre quiénes pueden aspirar a un trabajo en la empresa de la familia, mostrados en el Cuadro 3.04.1. Comentar pros y contras, cómo se podría cada uno aplicar en el caso de la familia, repercusiones que podrían tener cada una de las decisiones que ahí se muestran, criterios que parecen interesantes, apliquen o no esta familia.

2. En forma individual seleccionar en el Formato 3.04.1 los grupos familiares que en principio podrían aspirar a un empleo en la empresa de la familia. Si se considera que existen otros grupos que deberán incluirse en la lista anótelos en el mismo formato para proponerlos al resto de la familia. Si es necesario clarificar quiénes están en cada uno de los grupos hagan sus anotaciones en el reglón correspondiente. Indique también si hay alguna restricción en el tipo de puestos o niveles organizacionales a los que puede aspirar, por ejemplo: sólo como consejero, sólo en nivel directivo, sólo en niveles no directivos, cualquier puesto, etc.

3. Una vez que todos los participantes han seleccionado sus propuestas, cada uno deberá exponerlas al grupo expresando sus razones para seleccionarlas y sus inquietudes sobre el incluir a ciertos grupos de la familia.

4. Conociendo ya las propuestas de todos, la familia deberá trabajar en llegar a un acuerdo sobre cuáles quedan finalmente como acuerdo grupal y se redactará el acuerdo correspondiente. Se podrán recurrir a los ejemplos de acuerdos sobre grupos que pueden trabajar en la empresa revisados en el Cuadro 3.04.1.

## Cuadro 3.04.1. Ejemplos de acuerdos sobre quiénes pueden aspirar a un puesto en la empresa de la familia

*Ejemplo 1*

*Los siguientes grupos familiares podrán ser candidatos a un empleo en la empresa, sujeto a las condiciones que en este Protocolo Familiar se definen:*
*1. Miembros de la familia directa, esto es, quienes firman este Protocolo Familiar*
*2. Miembros de la Tercera Generación, esto es, los nietos de papá y mamá*
*3. Cónyuges de los hijos e hija de la Primera Generación*

*Ejemplo 2*

*La participación de familiares políticos se sujetará a su capacidad de contribuir al éxito de la empresa, por lo que deberán cumplir con todas las condiciones que se han impuesto para la admisión de familiares directos, pero sólo podrán aspirar a puestos de gerencia o superiores.*

*Ejemplo 3*

*En el caso de familiares con capacidades diferentes, discapacidad física u otro caso especial, a criterio del Consejo de Accionistas Familiares, podrán tener trabajo asegurado de acuerdo con sus capacidades avaladas por médico especialista.*

*Ejemplo 4*

*Todos los miembros de la familia, consanguíneos o políticos, podrán aspirar a puestos en la empresa para los cuales se cumplen los requisitos que establecemos en nuestro Protocolo Familiar.*

*Ejemplo 5*

*Ningún familiar político podrá trabajar en la empresa. Esto incluye a los familiares de los cónyuges de los diferentes miembros de la familia.*

*Ejemplo 6*

*Se permitirá el trabajar en la empresa a familiares políticos. Será compromiso del familiar consanguíneo más cercano el hablar con ellos sobre las políticas que aplicarán para su contratación y ejercicio, como una estrategia para evitar conflictos o malos entendidos en la familia.*

## Formato 3.04.1. Miembros de la familia que pueden aspirar a un trabajo en la empresa

| Seleccione de los siguientes grupo aquellos que usted considera pueden aspirar a un puesto en la empresa de la familia. Si procede especifique de qué personas se trata. Indique también si tendrán alguna restricción en el tipo de puestos o niveles dentro de la organización a los que puedes aspirar o alguna condición especial a la que estarán sujetos. | |
|---|---|
| Quiénes pueden aspirar a un puesto en la empresa | Restricciones en los puestos o condición especial para aceptarlos |
| 1. | Miembros de la familia directa (especificar quiénes están en este grupo) | |
| 2. | Los nietos de papá y mamá | |
| 3. | Cónyuges de los hijos e hijas | |
| 4. | Familiares directos de papá y mamá, o sus hijos | |
| 5. | Familiares políticos de papá y mamá, o sus hijos | |
| 6. | Parientes de los cónyuges de los hijos e hijas | |
| 7. | No habrá restricciones por el hecho de ser familiar, consanguíneos o políticos. Para poder ser considerado como candidato bastará con que cumpla los requisitos que exige el puesto y los que se especifican en este Protocolo Familiar. | |
| 8. | Familiares con capacidades diferentes, discapacidad física u otro caso especial. | |
| 9. | Cónyuges de los nietos y nietas. | |

*Cuestionamiento 3.04.2. ¿Qué requisitos deben cumplir los familiares que aspiren a un puesto en la empresa?*

*Instrucciones*

1. Repasar juntos los ejemplos sobre condiciones para que un familiar pueda trabajar en la empresa mostrados en el Cuadro 3.04.2. Comentar pros y contras, cómo se podría cada uno aplicar en el caso de la familia, repercusiones que podrían tener una condición como la que se muestra en el ejemplo, criterios que parecen interesantes, apliquen o no a esta familia.

2. En forma individual seleccionar en el Formato 3.04.2 las condiciones que se considera se deben cumplir para que un miembro de los grupos familiares acordados puedan aspirar a un puesto en la empresa de la familia. Si considera que deben existir algunas condiciones adicionales, especifíquelas en los renglones en blanco.

3. Una vez que todos los participantes han seleccionado sus propuestas, cada uno deberá exponerlas al grupo expresando sus razones para seleccionarlas y sus inquietudes sobre el incluir ciertos requisitos.

4. Conociendo ya las propuestas de todos, la familia deberá trabajar en llegar a un acuerdo sobre cuáles condiciones quedan finalmente como acuerdo grupal y se redactará el acuerdo correspondiente. Considerar para esto los ejemplos de acuerdos sobre condiciones para poder trabajar en la empresa de la familia que se revisaron en el Cuadro 3.04.2.

## Cuadro 3.04.2. Ejemplos de acuerdos sobre los requisitos que deben cumplir los familiares para aspirar a un puesto en la empresa de la familia

1. *La Familia reconoce la importancia de asegurar la permanencia de la empresa a largo plazo, por lo que la participación de miembros de la familia como empleados de la empresa se sujetará estrictamente a su capacidad de contribuir al logro de la misión y la visión de la empresa de acuerdo con los lineamientos que aquí establecemos.*

2. *Todo puesto a ocupar por un miembro de la familia deberá ser un puesto formalmente establecido dentro del organigrama general de la empresa, para el cual estén definidos claramente sus funciones, el perfil de la persona que puede ocupar el puesto, el sistema de evaluación de desempeño y la compensación que le aplica.*

3. *Para poder ser considerados como candidatos a un puesto en la empresa, los miembros de la familia que desean trabajar en la empresa deberán cumplir con los requisitos de preparación académica, experiencia, habilidades y capacitación que el puesto demande, y sujetarse a las políticas y requisitos establecidos por el área de Recursos Humanos de la empresa para la selección y reclutamiento de personal.*

4. *En sus primeros tres años de trabajo, no reportarán a ningún miembro familiar ni a un subordinado directo de algún miembro de la familia.*

5. *Deberá de hablar y escribir con un segundo idioma de interés para la empresa, de acuerdo con lo que establezca el Consejo de Administración.*

6. *Deberá contar con una maestría en una de las tres mejores universidades del país.*

7. *Los programas de trabajos de verano tendrán sus propias reglas. El Consejo de Accionistas Familiares establecerá las reglas de operación de estos programas.*

8. *Se pedirá a un organismo externo, nombrado por el Consejo de Administración, evalúe la medida en que los candidatos miembros de la familia que aspiran a un puesto de este tipo en la empresa, cumplen con todos los requisitos establecidos, incluyendo los requisitos del puesto y validando que la experiencia de trabajo externa haya sido relevante para el puesto a que se aspira. Este organismo hará recomendaciones al Consejo de Administración para la decisión final sobre la contratación de esta persona en la empresa.*

9. *Para niveles de gerencia o dirección, se requiere aprobación del Consejo de Administración.*

10. *Todos los puestos deben tener definidos sus indicadores de desempeño.*

11. *Se deberá notificar a Recursos Humanos las políticas de empleo a familiares para que no haya desviación en su aplicación.*

**Formato 3.04.2. Condiciones para que un familiar pueda trabajar en la empresa**

| | | |
|---|---|---|
| Selecciones de las siguientes condiciones aquellas que usted considera se deben cumplir para que un miembro de los grupos familiares acordados puedan aspirar a un puesto en la empresa de la familia. Si considera que deben existir algunas condiciones adicionales, especifíquelas en los renglones en blanco. | | |
| | 1. | Contar con la aprobación final del Consejo de Accionistas Familiares. |
| | 2. | Contar con la aprobación final del Consejo de Administración. |
| | 3. | El nivel mínimo a que puede ingresar un miembro de la familia ser el equivalente a: |
| | 4. | El puesto a que se aspira debe estar vacante. |
| | 5. | No se deberá despedir a un empleado para dar cabida a un familiar. |
| | 6. | Deberá haber desempeñado un puesto similar al que aspira en una empresa no relacionada con la familia por al menos ___ años. |
| | 7. | Cumplir con preparación académica, aptitudes, habilidades, competencias, experiencia y demás requisitos requeridos en el puesto. |
| | 8. | Preparación académica mínima de (especificar): |
| | 9. | Pasar por el proceso de reclutamiento y selección de personal definido en la empresa, como cualquier otra persona. |
| | 10. | Sujetarse a todas las políticas y procedimientos de la empresa relativos al personal. |
| | 11. | Cualquier género será elegible para cualquier puesto en la empresa. |
| | 12. | En ningún momento debe reportar a familiares directos. |
| | 13. | El puesto a ocupar deberá estar formalmente establecido dentro del organigrama de la empresa, con sus funciones claras, el perfil de la persona que puede ocupar el puesto, el sistema de evaluación de desempeño y la compensación que le aplica. |
| | 14. | Evaluación de un organismo externo quien emitirá su opinión sobre la medida en que se cumple con el perfil del puesto. |
| | 15. | Dominio de un idioma extranjero de utilidad para su función. |
| | 16. | Maestría en una de las tres mejores universidades del país. |
| | 17. | Los programas de trabajos de verano tendrán sus propias reglas. El Consejo de Accionistas Familiares establecerá las reglas de operación de estos programas. |
| | 18. | El puesto debe tener definidos sus indicadores de desempeño. |

| | | |
|---|---|---|
| | 19. | Se deberá notificar a Recursos Humanos las políticas de empleo a familiares para que no haya desviación en su aplicación. |
| | 20. | La participación de miembros de la familia como empleados de la empresa se sujetará estrictamente a la capacidad de contribuir al logro de la misión y la visión de la empresa. |
| | 21. | No se debe crear un puesto específico para dar cabida a un miembro de la familia. |
| | 22. | El trabajar en la empresa deberá ser visto como una oportunidad y no como un derecho de nacimiento. |
| | 23. | Aceptar y firmar los compromisos que se establecen en el Protocolo Familiar. |
| | 24. | Aceptar y firmar los compromisos que se establecen en el Protocolo Familiar relativos a negocios personales. |
| | 25. | Desarrollar un trabajo exclusivo para la empresa de la familia, esto es, no se permitirá que tenga otra actividad laboral para sí mismo o para otras personas o empresas. |
| | 26. | Toda contratación o despido de miembros de la familia será competencia exclusiva del Consejo de Administración, por lo que el Director General sólo tendrá voz a favor o en contra pero no participa en la toma de la decisión. |

## Cuestionamiento 3.04.3. ¿Bajo qué circunstancias puede un familiar perder su empleo en la empresa?

En concordancia con el proyecto de empresa familiar que han definido previamente en la Sesión 1, la familia podrá acordar que es bueno y sano para su empresa y para la familia el que ninguno de sus miembros pueda pensar que tiene un empleo garantizado. Para poder hacer esto, es importante que la familia acuerde previamente las circunstancias en que esto puede suceder.

*Instrucciones*

1. Repasar juntos cada uno de los ejemplos sobre condiciones para que un familiar pueda perder su empleo en la empresa que se presentan en el Formato 3.04.3. Comentar pros y contras, cómo se podría cada uno aplicar en el caso de la familia, repercusiones que podrían tener para la empresa, la familia y el individuo una condición como la que se

muestra en el formato, así como criterios que les parezcan interesantes, apliquen o no a su familia.

2. A medida que se van comentando estas condiciones entre los miembros de la familia, acordar cuáles deben quedar como condiciones que aplicarán a esta familia y las razones por la cuáles deben ponerlas en su protocolo.

3. Es posible que existan condiciones particulares en la familia o criterios adicionales que se deben incluir como causas para perder el empleo en la empresa de la familia. Se deben expresar al grupo las propuestas, discutirlas y decidir si se incluyen en el Protocolo Familiar.

4. Ya acordadas las condiciones para que un familiar pierda su empleo en la empresa de la familia, se deberá redactar el acuerdo. Ver el ejemplo que se incluye en el Cuadro 3.04.3.

**Formato 3.04.3. Condiciones para que un miembro de la familia pierda su empleo en la empresa**

| Reflexionen en familia cada uno de los conceptos mostrados y acuerden cuáles pueden adoptar. | | |
|---|---|---|
| | 1. | No llegar a los niveles mínimos de desempeño en el trabajo previamente acordados |
| | 2. | El faltar a las políticas de la Empresa repetidamente aun cuando ya se haya señalado la falta |
| | 3. | Incurrir con su comportamiento en faltas graves contra los valores establecidos |
| | 4. | Condena por cargo criminal serio, derivado de una acción personal. |
| | 5. | La demostración de prepotencia o falta de respeto a sus superiores o empleados |
| | 6. | Uso o abuso de drogas que estén perjudicando el desempeño laboral. |
| | 7. | La instancia que tendrá la última palabra sobre si aplica o no la circunstancia para el despido será _____ (Consejo de Administración, Consejo de Accionistas Familiares, etc.) |
| | 8. | El incumplir con los compromisos del Protocolo Familiar. |
| | 9. | Incurrir en actos de abuso de confianza o abuso de autoridad en contra de la empresa, de la familia o de los empleados. |
| | 10. | Pérdida de confianza de los accionistas. |

## Cuadro 3.04.3. Ejemplo de acuerdo sobre criterios por los cuales un miembro de la familia puede perder su empleo en la empresa de la familia

---

*Ejemplo 1*

*Consideramos que es bueno y sano para nuestra empresa y para nuestra familia el que ninguno de sus miembros pueda considerar que tiene un empleo garantizado. Por esta razón, cualquier miembro de la familia podrá ser retirado de su cargo por incumplimiento de lo que se espera de él o ella.*

*Las situaciones que serán motivo para que un miembro de la familia que trabaja en la empresa pueda ser retirado de su cargo son:*
1. *No llegar a los niveles mínimos de desempeño en el trabajo previamente acordados*
2. *El faltar a las políticas de la Empresa repetidamente aun cuando ya se la ha señalado la falta*
3. *Condena por cargo criminal serio, derivado de una acción personal*
4. *Uso o abuso de drogas que estén perjudicando su desempeño laboral*
5. *Cualquier otra circunstancia que el Consejo de Accionistas Familiares considere amerita la salida del miembro de la familia.*

*Será el Consejo de Accionistas Familiares quien decida si aplican los criterios para el despido.*

---

# Ejercicio 3.05. Diseño de la política de compensación a miembros de la familia

La familia empresaria tiene la responsabilidad de establecer previamente las bases sobre los beneficios que se pueden recibir de la empresa familiar para que no existan confusiones y para evitar malos entendidos y conflictos.

Para este ejercicio es necesario haber terminado los ejercicios 3.01, 3.02, 3.03 y 3.04, con lo que se tendrá claro lo relacionado con la compensación a miembros de la familia y las opciones que se tienen para establecer una política al respecto.

De acuerdo con lo que se vio en los ejercicios mencionados, se debe tener presente que lo que pueden recibir los miembros de la familia se resume en alguno o algunos de los siguientes conceptos:

1. Compensación por lo que se hace en la empresa: sueldo por el trabajo que se realiza de acuerdo con el mercado y/o bono de desempeño por alcanzar metas individuales.
2. Distribución de utilidades basadas en la rentabilidad de la empresa para compensar el ser accionista (Dividendo).
3. Un regalo de los padres a los hijos.

En este ejercicio se establecerán los criterios a seguir para compensar el trabajo de los familiares que son empleados en la empresa, ya sea siguiendo un criterio de valor mercado o un criterio familiar. Como se comentó anteriormente, la elección no es siempre hacia una u otra opción. La familia puede optar por una opción híbrida, esto es, tomar lo mejor de ambos esquemas. No hay una receta a seguir. Si bien la mejor práctica es el adoptar una política de compensaciones basada en el valor de mercado, cada familia deberá reflexionar sobre sus propias circunstancias y las circunstancias de su empresa y diseñar, con base en ellas, lo que mejor aporte a su misión y visión, tanto familiar como de la empresa. Se debe recordar que, entre más claras estén las cosas, menor oportunidad de conflicto existirá y lo más claro es seguir el valor de mercado.

Para realizar este ejercicio de definir una política de compensación a miembros de la familia es recomendable que, adicionalmente al resultado del ejercicio 3.02 donde se reflexionó sobre los ingresos actuales de los miembros de la familia, se planee el valuar el puesto de quienes trabajan en la empresa para tomar conciencia completa de lo que corresponde a sueldo y lo que corresponde a dividendos.

La definición de esta política de compensación a miembros de la familia que trabajan en la empresa deberá dar respuesta a cuestionamientos como los siguientes:

1. ¿Cómo definiremos el monto del sueldo se les pagará a los miembros de la familia que trabajen en la empresa?
2. ¿Podremos tener algunos beneficios de la empresa por el solo hecho de ser miembros de la familia propietaria?¿Cómo regular esto para evitar que cause conflictos?

Para dar respuesta a estas preguntas se deberán seguir los siguientes pasos

*Cuestionamiento 3.05.1. ¿Cómo definiremos el monto del sueldo que se pagará a los miembros de la familia que trabajen en la empresa?*

*Instrucciones*

1. Todos los participantes leerán juntos los ejemplos que se presentan en el Formato 3.05.1 sobre una política de compensación a miembros de la familia que trabajan en la empresa. Al leerlos deberán comentar ventajas y desventajas de tener cada elemento en la política de la familia. Utilicen los ejemplos mostrados como un elemento de discusión para generar nuevas ideas o circunstancias que deben ser tomadas en cuenta. Lo aplicable para su familia podría ser incluso lo contrario de lo que se dice ahí.
2. Al terminar todos el análisis, en forma individual seleccionan los elementos que les parece deben estar contenidos en la política la familia.
3. Al tener lista su propuesta, cada uno comparte con los demás miembros de la familia sus reflexiones, deberán trabajar juntos para llegar a un acuerdo sobre los elementos que constituirán su política de compensación para empleados familiares.

## Formato 3.05.1. Política de Compensación a Familiares que trabajan en la empresa

| | Seleccione los elementos que deben estar contenidos en la política la familia. |
|---|---|
| 1. | Los miembros de la Familia que trabajen en la empresa percibirán una retribución acorde con el mercado para puestos similares en empresas comparables y se fijará en función de las responsabilidades asumidas y los resultados de su gestión. Se determinarán así el sueldo, las prestaciones, bonos y beneficios que apliquen. |
| 2. | Las valuaciones de puestos y evaluaciones de desempeño serán realizadas por una instancia de expertos externa a la familia. |
| 3. | Se diseñará e implementará de un programa de incentivos ligados a resultados que aplicarán para los miembros de la familia que trabajen en la empresa. |
| 4. | Todos los puestos ocupados por miembros de la familia deberán ser valuados al menos cada tres años y el sueldo a pagar se hará con base en esa valuación. Mientras llega el tiempo de valuar el puesto nuevamente, el sueldo y prestaciones que perciben los miembros de la familia serán actualizados cada año en un porcentaje igual a la actualización promedio que recibieron los empleados de la empresa. |
| 5. | Cuando se valúe un puesto, quien ocupa el puesto tendrá la libertad de no desempeñarlo y renunciar a este si no le conviene el monto de la compensación que se determinó, sin que esto tenga consecuencias sobre los derechos de propiedad de la empresa. Se deberá preparar adecuadamente su salida y la contratación de un sucesor en ese puesto. |
| 6. | En caso de requerirse en forma obligatoria la separación de un miembros de la familia que trabaja en la empresa, ya sea por despido o por necesidades de la empresa, el miembro de la familia que sea separado de su trabajo no será indemnizado por ello. |
| 7. | Cuando se haga una valuación del puesto de uno de los miembro de la familia y se determine que el sueldo debería haber sido mayor desde un tiempo atrás, podría hacerse una compensación retroactiva si así lo solicita dicho miembro de la familia. |
| 8. | Cuando se haga una valuación del puesto de uno de los miembros de la familia y se determine que el sueldo debería haber sido menor desde un tiempo atrás, sólo se actualizará su sueldo para no prolongar el error. |
| 9. | Los miembros de la familia que trabajen en la empresa y que participan como consejeros, percibirán una compensación adicional similar a la de un consejero externo, en los términos que apruebe el Consejo de Accionistas Familiares. |
| 10. | El sueldo y prestaciones para los miembros de la familia que sean aceptados para trabajar en la empresa será lo que esté estipulado para el puesto que ocuparán, por lo que no se hará distinción alguna en su esquema de compensación por el hecho de ser un miembro de la familia. |

| | |
|---|---|
| 11. | Todos los miembros de la generación actual percibirán un sueldo igual. Este criterio no aplicará para la siguiente generación, a quienes se aplicará un criterio de valor de mercado. |
| 12. | Adicionalmente al sueldo de valor de mercado que se pagará a los familiares que trabajan en la empresa, se les entregarán los prestaciones que enseguida listamos: (Especificar). |
| 13. | El sueldo y prestaciones que se pagarán a los miembros de la familia que trabajan en la empresa será el equivalente a un 150% del valor que se determine bajo criterios de mercado. |
| 14. | A fin de llegar a manejarnos bajo criterios de mercado, acordamos que en un año contado a partir de la firma de nuestro Protocolo Familiar habremos definido claramente, con el apoyo de un experto, las funciones, el valor del puesto, los indicadores de desempeño para cada uno de nosotros y la responsabilidad de cada miembro en cuanto a las unidades de negocio, así como la definición clara de los subordinados que dependen de la persona. Con base en ellos haremos los ajustes necesarios para que el sueldo que cada uno de ellos perciba a partir de ese entonces, refleje estos criterios. |
| 15. | Todo los relacionado con compensación a miembros de la familia que trabajen en la empresa deberán ser resueltos por un comité que deberá establecer el Consejo de Administración con expertos externos a la familia, utilizando para esto los criterios que se establecen en el Protocolo Familiar. |
| 16. | Toda promoción o aumento de sueldo a un miembro de la familia que trabaje en la empresa deberá ser aprobado previamente por el Consejo de Administración. |

*Cuestionamiento 3.05.2. ¿Podremos tener algunos beneficios de la empresa por el solo hecho de ser miembros de la familia propietaria?¿Cómo regular esto para evitar que cause conflictos?*

Teniendo ya definidos los criterios que aplicarán en la política de compensación a miembros de la familia, juntos deberán tomar la decisión de si procede o no el dar beneficios adicionales por el solo hecho de ser miembro de la familia propietaria y, en caso de proceder hacerlo, deberán trabajar en la definición de los beneficios que los miembros de la familia que trabajan en la empresa recibirán en adición al sueldo de acuerdo con el valor de mercado y los beneficios que recibirán quienes no trabajan en la empresa. Para esto es conveniente revisar el Ejercicio 3.01 tomando en cuenta lo que actualmente tienen y que revisaron en el Ejercicio 3.02. Se muestran algunos ejemplos de beneficios adicionales para la familia. Los beneficios que se acuerden deberán ser establecidos y valorados en su costo total en el Formato 3.05.2.

## Cuadro 3.05.2. Ejemplos de políticas sobre beneficios para la familia

1. *La familia ha decidido que la única forma como los accionistas pueden recibir beneficios de la empresa es a través de dividendos, por lo que no se permite tener ningún beneficio por parte de la empresa que no sea a través de este medio.*

2. *El monto total de los beneficios que se reciben por arriba del valor del mercado del puesto, más los dividendos que se pagan, no deberán exceder el 15% de las utilidades netas del año correspondiente.*

3. *Cada uno de los hermanos tendrá derecho a recibir beneficios de la empresa por concepto de productos que fabrica la misma o por servicios que ofrece, por una cantidad que no exceda los $200,000.00 al año. Los beneficios serán calculados en el año calendario y las cantidades no utilizadas no son acumulables al siguiente año.*

4. *Si se reciben beneficios fuera de lo que se puede considerar como una transacción con criterios comerciales o si se generan costos adicionales a la empresa, serán considerados como exceso al beneficio.*

5. *Todo beneficio recibido en exceso de la cantidad mencionada o por no ser beneficios bajo criterios comerciales, deberá ser liquidado inmediatamente por el accionista quien lo solicitó, de lo contrario será deducido de los dividendos que les correspondan, con intereses moratorios.*

6. *Cualquier beneficio que se otorgue a los miembros de la familia que trabajan en la empresa que no corresponda a compensación a valor de mercado del trabajo realizado, deberá ser hecha extensiva a los demás miembros de la familia que también son accionistas de la empresa y no trabajan en la empresa.*

7. *Acordamos otorgar las siguientes prestaciones a los miembros de la familia que trabajan en la empresa. Estas prestaciones podrán ser revisadas y actualizadas requiriendo para esto la aprobación del Consejo de Accionistas Familiares. Reconocemos que estos beneficios no son en retribución de la labor que como funcionarios de la empresa realizamos, sino que son beneficios que recibimos por nuestra calidad de propietarios de la empresa o miembros de la familia propietaria.*

8. *Cada familia de los miembros de la segunda generación tienen derecho a utilizar 25 cuarto-noches de hospedaje al año, sujeto a lo siguiente: No se pueden comercializar a terceros, se pueden ceder noches de hotel a terceros, si no se usan en el año calendario, no se acumulan para el siguiente, si se exceden en las noches utilizadas, deberán pagar las noches adicionales.*

9. *La empresa apoyará la realización de un viaje anual en común con todos los miembros de la Familias y sus respectivas familias.*

10. *Cada miembro de la Familia tendrá derecho a 4 semanas de vacaciones al año (20 días hábiles).*

11. *El Consejo de Accionistas Familiares revisará cada año los beneficios que se aplicarán a los miembros de la familia, trabajen en la empresa o no.*

## Formato 3.05.2. Beneficios adicionales para los miembros de la familia

| | |
|---|---|
| Seleccione los criterios de beneficios que usted propone deben estar en la política de beneficios a miembros de su familia. Recuerden que son beneficios que no tienen que ver con su calidad de accionistas o de empleados de la empresa familiar. Pensar tanto en los que están trabajando en la empresa como los que no lo están y, en su caso, hacer la diferenciación de los beneficios entre los dos grupos. Se tomará una mejor decisión si se determina el costo anual de estos beneficios ya sea para la empresa o para la familia. Puede modificar las propuestas mostradas o agregar otras que usted quiere presentar. Al terminar comentar con los demás miembros de la familia y acordar cuáles formarán parte de esta política familiar. | |

| Elementos de nuestra política de beneficios a miembros de la familia. | Costo total anual. |
|---|---|
| 1. La única forma como los accionistas pueden recibir beneficios de la empresa es a través de dividendos, por lo que no se permite tener ningún beneficio por parte de la empresa que no sea a través de este medio. | |
| 2. El monto total de los beneficios que se reciben por arriba del valor del mercado del puesto, más los dividendos que se pagan, no deberán exceder el __% de las utilidades netas del año correspondiente. | |
| 3. Cada uno de los miembros de la familia tendrá derecho a recibir beneficios de la empresa por concepto de productos que fabrica la misma o por servicios que ofrece, por una cantidad que no exceda los $_____ al año. | |
| 4. Todo beneficio recibido en exceso de la cantidad autorizada o por no ser beneficios bajo criterios comerciales, deberá ser liquidado inmediatamente por el accionista o miembro de la familia quien lo solicitó. | |
| 5. Cualquier beneficio que se otorgue a los miembros de la familia que trabajan en la empresa que no corresponda a compensación a valor de mercado del trabajo realizado, deberá ser hecha extensiva a los demás miembros de la familia que también son accionistas de la empresa y no trabajan en la empresa. | |
| 6. Se otorgarán las siguientes prestaciones a los miembros de la familia que trabajan en la empresa, no en retribución de su labor como funcionarios de la empresa, sino como beneficios que se reciben en calidad de miembros de la familia propietaria.<br>Listar prestaciones fuera de las que forman parte de la compensación: | |

| 7. | Se otorgarán las siguientes prestaciones a los miembros de la familia que no trabajan en la empresa, no en retribución por su carácter como accionistas de la empresa, sino como beneficios que se reciben en calidad de miembros de la familia propietaria.<br>Listar prestaciones fuera de las que forman parte de la compensación: | |
|----|----|----|
| 8. | El Consejo de Accionistas Familiares revisará cada año los beneficios que se aplicarán a los miembros de la familia, trabajen en la empresa o no. | |
| 9. | Otra política sobre beneficios: | |
| | COSTO TOTAL | |

## Ejercicio 3.06. Diseño de las bases para nuestra política de dividendos

Para este ejercicio es importante repasar el concepto de ingresos y beneficios para los miembros de la familia que se comentó en el Ejercicio 3.01, específicamente la diferencia que existe entre sueldo, generosidad de los padres y dividendos. Como se comentó en el ejercicio mencionado, el sueldo es lo que se recibe por concepto del trabajo desempeñado. En muchos casos, las familias empresarias fijan el sueldo de los familiares con criterios distintos a los de mercado, que resulta en pagos por encima de lo que se le pagaría a otra persona que ocupara el mismo puesto con la misma dedicación, empeño y compromiso. El exceso de pago entre el sueldo recibido y el sueldo de mercado debe ser reconocido para efectos prácticos ya sea como beneficio por ser familiar o como dividendos. Se recomienda revisar el resultado del Ejercicio 3.02.

Cuando se habla de dividendos, estrictamente se hace referencia a la fracción de utilidades netas de la empresa que se reparte a los accionistas en la proporción que le corresponde por la participación de propiedad que tienen cada uno de ellos. El problema se presenta en los casos en que la familia decide, por alguna razón, extraer beneficios de la empresa de otra manera diferente que los dividendos. Las formas más frecuentes de hacerlo es a través de sueldos por arriba de mercado, prestaciones especiales a los miembros de la familia que no se dan a los demás empleados y cobro de rentas a la empresa por arriba de lo que se cobraría a un tercero. Si se siguiera un esquema con criterios exclusivamente de empresa, de negocio, esos beneficios no se otorgarían a los miembros de la familia y se verían reflejados en la utilidad de la empresa. Es conveniente que la familia revise la forma en se hace llegar esos beneficios, ya que en la mayoría de los casos las confusiones que se causan son fuente de conflicto potenciales que van más allá de los beneficios económicos que se perciben por hacerlo así.

Como conclusión lo que se ha comentado en los párrafos anteriores, para efectos de este ejercicio, todo beneficio que reciben los miembros de la familia más allá de lo que son sueldos y prestaciones a valor de mercado, deben ser considerados como dividendos. Por ejemplo, si un miembro de la familia recibe un sueldo de $150,000, pero la valuación de su puesto resulta que debería estar recibiendo un sueldo de $100,000, significa que esta persona está recibiendo dividendos por la cantidad de $50,000. Lo mismo aplica cuando la empresa renta un inmueble, maquinaria o equipo de un miembro de la familia en un precio que va más allá de lo que se pagaría a un tercero no relacionado a precios de mercado, lo que significa que está sacando dividendos de la empresa por una cantidad equivalente al exceso del precio cobrado sobre el de mercado. En el caso en que existen miembros de la familia que no trabajan en la empresa y que no son sujetos a estos beneficios directos de la empresa, se genera una fuente de conflictos. Lo mismo cuando se le paga sueldos a miembros de la familia que no trabajan en la empresa, se genera un confusión pues lo que realmente están recibiendo son dividendos. En el caso de empresas que son públicas o empresas que tienen otros accionistas que no son miembros de la familia, cualquier forma de obtener beneficios de la empresa que no sea por dividendos decretados de la utilidad de la empresa, significaría un trato no igualitario a esos otros accionistas. ¿Muy confuso? Lo es porque la misma familia lo complica. La mejor forma de evitar malos entendidos y conflictos entre los miembros de la familia, de tratar a todos los accionistas igualitariamente, es el llevar las cosas claras, con criterios negocio y de mercado. En la Sesión 2, donde se trata el tema de gobierno para la empresa, se habla sobre la conveniencia de hacerlo así para generar confianza en la administración de la empresa.

Una consideración adicional. Los dividendos son exclusivamente para quienes son dueños de las acciones. En el caso de miembros de la familia que no tienen acciones de la empresa pero aun así reciben beneficios más allá de lo que dicta el mercado, se debe considerar que esos beneficios serían dividendos que se deberían pagar a quien es propietario. Por esa razón, quienes reciben estos beneficios no los deben considerar como dividendos para ellos, sino como generosidad de quien realmente es titular de la propiedad de la empresa y que ha accedido a que se les entregue. Es importante que los propietarios actuales de las acciones reflexionen qué es lo que quieren lograr con una política de dividendos, ya que si se quiere asegurar un flujo de efectivo constante para alguna persona o grupos de personas, los dividendos podrían no ser la herramienta adecuada, ya que habrá dividendos sólo si hay utilidades y sólo si se decreta el pago de los mismos por la Asamblea de Accionistas. Para este último caso habrá que revisar la Sesión 4 en la que se habla de herramientas legales que podrían ser útiles para asegurar un beneficio a ciertos miembros de la familia, independientemente de que haya dividendos o no.

Al realizar este ejercicio se debe tener en cuenta lo comentado en los párrafos anteriores para evitar confusiones. En este ejercicio la familia deberá buscar dar respuesta a los siguientes cuestionamiento sobre el pago de dividendos a accionistas familiares.

1. ¿Estamos dispuestos a no dar a la empresa cargas financieras derivadas de la obtención de beneficios para

la familia que no tienen que ver con la operación bajo principios sólidos de negocio, de tal manera que la utilidad reflejada en los informes financieros sea real y sirva como base firme para determinar los dividendos a repartir a socios?

2. ¿Estamos dispuestos a mantener un flujo de efectivo constante a los miembros de la familia que no trabajan en la empresa por su calidad de accionistas? ¿Qué instrumentos utilizaremos para lograr esto?

3. ¿Qué porcentaje de la utilidad neta dedicaremos para repartir dividendos a socios familiares y qué porcentaje a reinversión?

4. ¿Estamos dispuestos a no utilizar recursos de la empresa por el hecho de ser accionistas, recursos que no pueden utilizar otros accionistas que no trabajan en la empresa?

*Instrucciones*

1. Todos los participantes leerán juntos los ejemplos que se presentan en el Cuadro 3.06.1 sobre criterios para una política de dividendos. Al leerlos deberán comentar ventajas y desventajas de tener cada elemento en la política de dividendos de la familia. Utilicen los ejemplos mostrados como un elemento de discusión para generar nuevas ideas o circunstancias que deben ser tomadas en cuenta. Lo aplicable para su familia podría ser incluso lo contrario de lo que se dice ahí.

2. Al terminar todos el análisis, en forma individual seleccionan los ejemplos que les parece deben estar contenidos en la política la familia.

3. Al tener lista su propuesta, cada uno comparte con los demás miembros de la familia sus reflexiones, deberán trabajar juntos para llegar a un acuerdo sobre los elementos que constituirán su política de dividendos y redactarán el acuerdo correspondiente en el Formato 3.06.2.

**Cuadro 3.6.1. Ejemplos de criterios para una política de dividendos**

1. *La familia ha decidido que la única forma como los accionistas pueden recibir beneficios de la empresa es a través de dividendos, por lo que no se permite tener ningún beneficio por parte de la empresa que no sea a través de este medio.*
2. *Mientras papá y mamá ostenten la mayoría de la propiedad accionaria ellos decidirá cuánto repartir a los hijos. Una vez que nuestros padres transfieran legalmente las acciones que son de su propiedad y/o dejen de tener la mayoría de las acciones, los dividendos se repartirán de acuerdo con la participación accionaria que cada accionista tenga.*
3. *Reconocemos que es atributo del Consejo de Administración el proponer el pago de dividendos en cualquier año, cuánto se puede pagar, cuándo se puede pagar y cómo se puede pagar, y que la autorización de otorgarlos es decisión final de la Asamblea de Accionistas.*
4. *El Consejo de Administración definirá la forma en que se pagará el dividendo que se haya determinado, considerando los criterios de un pago único anual y solamente dividendos decretados por las utilidades del año anterior.*
5. *Nos comprometemos a mantener el capital adecuado en la empresa para asegurar su futuro crecimiento y estabilidad, y por ende el incremento de nuestro patrimonio, por lo que limitaremos nuestras demandas de dividendos al cumplimiento de esta condición.*
6. *Consideramos sano que los dividendos no sean la única fuente de ingreso o el ingreso principal de los miembros de la familia. La determinación de repartir dividendos no deberá estar basada en las necesidades de los miembros de la familia.*
7. *Reconocemos que un apropiado incentivo de retorno a nuestra inversión es necesario para mantener el interés de los miembros de la familia en continuar en el largo plazo como accionistas.*
8. *El Consejo de Accionistas Familiares coordinará el reparto de dividendos y/o la reinversión, de acuerdo con los criterios que aquí definimos.*
9. *Cada año se destinarán al pago de dividendo a los accionistas entre el 20% y el 30% de las utilidades, según la planeación estratégica de cada uno de los negocios y según lo recomiende el Consejo de Administración de cada uno de ellos.*
10. *El Consejo de Administración de cada empresa definirá la forma en que se pagará el dividendo que se haya determinado*
11. *Forma en que se pagarán los dividendos. Reconocemos que los dividendos se pagan sobre las utilidades del año anterior. En el caso en que, por acuerdo del Consejo de Accionistas Familiares, repartamos en forma anticipada dividendos que no han sido decretados se deberá contar con un pronóstico bien fundado de las utilidades netas del año en curso.*
12. *En el momento en que la empresa salga a bolsa, o se incorporen de alguna otra forma accionistas no relacionados con la familia, se aplicarán los criterios que correspondan para esas circunstancias.*

## Formato 3.06.1. Criterios para nuestra política de dividendos

| | | |
|---|---|---|
| Listar los criterios que han acordado deben estar incluidos en la política de dividendos de la familia. | | |
| | 1. | La única forma como los accionistas pueden recibir beneficios de la empresa es a través de dividendos, por lo que no se permite tener ningún beneficio por parte de la empresa que no sea a través de este medio. |
| | 2. | Mientras papá y mamá ostenten la mayoría de la propiedad accionaria ellos decidirá cuánto repartir a los hijos. |
| | 3. | Una vez que nuestros padres transfieran legalmente las acciones que son de su propiedad y/o dejen de tener la mayoría de las acciones, los dividendos se repartirán de acuerdo con la participación accionaria que cada accionista tenga. |
| | 4. | Reconocemos que es atributo del Consejo de Administración el proponer el pago de dividendos en cualquier año, cuánto se puede pagar, cuándo se puede pagar y cómo se puede pagar, y que la autorización de otorgarlos es decisión final de la Asamblea de Accionistas. |
| | 5. | Nos apegaremos a la recomendación del Consejo de Administración sobre el monto y la forma en que se pagará el dividendo. |
| | 6. | Los dividendos serán pagados en un pago único anual y solamente sobre las utilidades del año anterior. |
| | 7. | Se pagarán dividendos con anticipos mensuales basados en un pronóstico bien fundado de las utilidades netas del año en curso aprobado por el Consejo de Administración y con ajuste a final de año sobre la cantidad real. |
| | 8. | Nos comprometemos a mantener el capital adecuado en la empresa para asegurar su futuro crecimiento y estabilidad y por ende el incremento de nuestro patrimonio, por lo que limitaremos nuestras demandas de dividendos al cumplimiento de esta condición. |
| | 9. | Consideramos sano que los dividendos no sean la única fuente de ingreso o el ingreso principal de los miembros de la familia. |
| | 10. | La determinación de repartir dividendos no deberá estar basada en las necesidades de los miembros de la familia |
| | 11. | Reconocemos que un apropiado incentivo de retorno a nuestra inversión es necesario para mantener el interés de los miembros de la familia en continuar en el largo plazo como accionistas. |
| | 12. | Cada año se destinarán al pago de dividendo a los accionistas el _____% de las utilidades, según la planeación estratégica de la empresa y según lo recomiende el Consejo de Administración. |
| | 13. | |

## Ejercicio 3.07. Compromiso familiar de ser buenos funcionarios en la empresa

Instrucciones:

En el Formato 3.07.1 se listan las responsabilidades con las que debe cumplir un miembro de la familia que trabaje en la empresa, de acuerdo con el criterio de otras familias empresarias. La familia deberá seguir los siguientes pasos para realizar este ejercicio.

1. Se leerán en forma individual las responsabilidades con las que debe cumplir todo miembro de la familia que trabaje en la empresa, listadas en el Formato 3.07.1.
2. Individualmente seleccione aquellas responsabilidades que usted propone deben asumirse como un compromiso de todos los miembros que trabajen en la empresa de su familia.
3. Una vez que individualmente tienen sus propuestas, compartan con todo el grupo sus consideraciones y lleguen a tener una lista de los compromisos que todos están dispuestos a asumir para ser buenos funcionarios en la empresa de la familia. Redactar el acuerdo correspondiente para el Protocolo Familiar.

## Formato 3.07.1. Compromisos familiares para ser buenos funcionarios en la empresa

| | | |
|---|---|---|
| Seleccione los puntos que quiera proponer al grupo familiar y que usted está dispuesto a asumir. | | |
| 1. | Cumplir en lo que le corresponde con los mandatos del Consejo de Administración. | |
| 2. | Respetar las líneas de autoridad establecidas en el organigrama de la empresa. | |
| 3. | No tomarse atribuciones que son competencia del Consejo de Administración, de los accionistas o de otros funcionarios de la empresa. | |
| 4. | Responder por los daños y perjuicios que ocasione el incumplimiento de sus obligaciones, dolo, abuso de facultades o negligencia. | |
| 5. | Asegurar la existencia, regularidad y veracidad de los sistemas de información que le corresponden. | |
| 6. | Asegurar la veracidad de las informaciones que proporcione a los accionistas y al Consejo de Administración. | |
| 7. | No ocultar las irregularidades que observe en las actividades de la empresa. | |
| 8. | No emplear recursos de la empresa o de la familia para asuntos diferentes a los requeridos por su función. | |
| 9. | Cumplir con la ley, los Estatutos de la sociedad y con los acuerdos del Consejo de Administración y de la Asamblea de Accionistas. | |
| 10. | Desempeñar sus funciones con eficiencia, eficacia y oportunidad. | |
| 11. | Atender las solicitudes de información y los cuestionamientos que le haga el Consejo de Administración. | |
| 12. | Rendir cuentas al Consejo de Administración o ante su jefe inmediato, en forma veraz y oportuna, sobre su desempeño y los resultados de su gestión. | |
| 13. | Fomentar y establecer relaciones sanas y productivas con y entre los diferentes actores en la empresa y en la familia propietaria. | |
| 14. | Desarrollar a sus sucesores en el puesto que ocupa. | |
| 15. | Desarrollar las competencias (conocimientos y habilidades) que son requeridas en el puesto que desempeña. | |
| 16. | Aceptar y apoyar las decisiones que se tomen por mayoría en el Consejo de Administración, aun cuando, siendo miembro del consejo, haya votado en contra. | |
| 17. | No mezclar sus roles de accionista, funcionario de la empresa, miembro del Consejo de Administración y miembro de la familia. Actuar de acuerdo con el rol que le corresponde en la circunstancia en que se encuentre. | |
| 18. | Otras responsabilidades: | |

# SESIÓN 4: LA SUCESIÓN EN LA PROPIEDAD DE LA EMPRESA FAMILIAR

La sucesión en la propiedad de la empresa es uno de los temas más difíciles de abordar y resolver. En esta sesión la familia irá paso a paso reflexionando sobre las alternativas que se tienen para tomar una decisión. Se deberán realizar los siguientes ejercicios uno a uno:

Ejercicio 4.01.    Asuntos legales en la Sucesión de la propiedad de la empresa. Antes de iniciar el análisis de cómo debe ser la sucesión en la propiedad de la empresa, la familia deberá tomar conciencia de algunos asuntos legales que pueden tener impacto directo en la conservación de la propiedad en la familia.

Ejercicio 4.02.    Casos de Sucesión en la Propiedad de la Empresa. La familia comentará y discutirá casos cortos y reales sobre cómo otras familias han resuelto este dilema de la transferencia de la propiedad, lo que podrá ayudarles a tomar alguna ideas que podrían serles útiles para construir su propio esquema.

Ejercicio 4.03.    Preguntas para la Reflexión sobre sucesión. Guiados por preguntas que los diferentes grupos generacionales de la familia deben contestar, se irán tomando decisiones sobre el futuro de la propiedad de la empresa.

Es conveniente que cada uno de los miembros de la familia realice todos estos ejercicios en forma individual antes de la sesión grupal, tomando nota de las reflexiones, dudas y sugerencias que vayan surgiendo durante los mismos, para después compartirlo con todos los demás integrantes de la familia. Al realizar los ejercicios en forma personal se deberán llevar a cabo las investigaciones necesarias en la literatura o con expertos para conocer más y aclarar dudas sobre los temas específicos que son más relevantes para el caso personal de cada miembro de la familia. Mediante esta práctica de ejercicios individuales antes de la sesión familiar se podrá contar con más tiempo para la reflexión y se abrirá el camino para llegar a mejores decisiones conjuntas.

La mayoría de los conceptos legales aquí presentados y las propuestas de acuerdos familiares sobre asuntos legales están basados en la obra Manuel Díaz Salazar, Notario Púbico en Culiacán, Sinaloa, México, experto en temas de familias empresarias.[7]

## Ejercicio 4.01. Asuntos legales en la Sucesión de la propiedad de la empresa

Para realizar este ejercicio es conveniente contar con la presencia de un abogado de la confianza de la familia que sea experto en los temas que se van a tratar, además del asesor que esté apoyando a la familia en el desarrollo de su Protocolo Familiar, quien deberá estar enterado de las circunstancias patrimoniales de la familia para poder guiarlos mejor en el esclarecimiento de las dudas que surjan. Es conveniente también citar a un experto en seguros que tenga experiencia trabajando con familias empresarias, para que pueda explicar cómo se pueden utilizar estos instrumentos como herramienta para la transferencia de la propiedad de la empresa.

Los conceptos que se expresan aquí deben ser tomados con las reservas del caso y su aplicación y repercusiones deben ser consultadas y analizadas con un abogado experto, sobre todo

---

[7]    Díaz Salazar, Manuel; Negocios en Familia Herramientas Legales al Alcance de Todos (2003)

porque podrían existir diferencias en las leyes de los distintos estados y países. El objetivo de este ejercicio es tomar conciencia de que existen algunos temas legales que se deben verificar antes de tomar una decisión sobre la sucesión en la transferencia de la propiedad de la empresa y conocer algunas herramientas que podrían ser de utilidad en este proceso.

Los bienes cuyo régimen de propiedad y su debida titulación son de mayor interés en la empresa familiar, son (a) las acciones y las partes sociales, (b) los inmuebles al servicio de la empresa y (c) los derechos intelectuales tales como derechos de autor, marcas, diseño industrial, patente, etc. Por esta razón, al planear la transferencia de la propiedad de la empresa se debe poner especial atención en estos tres tipos de bienes.

Antes de repasar las herramientas legales que son útiles en la transferencia de la propiedad, se presentará una forma de constitución para las empresa, que podría ser una buena opción para las empresas familiares, denominada Sociedad Anónima Promotora de Inversión, y el concepto de régimen matrimonial con sus implicaciones en la transferencia referida.

## Sociedad Anónima Promotora de Inversión (SAPI)

Esta forma de constitución de una sociedad podría ser una opción para las empresas familiares dependiendo de los objetivos que tengan los accionistas con respecto a su participación en la misma.

Entre las ventajas que una SAPI tiene sobre la S.A. están el que no se le exige publicar los estados financieros en el Diario Oficial de la Federación o en algún periódico oficial en donde tenga su domicilio la sociedad y se le permite la adquisición de sus propias acciones. Una SAPI puede establecer en sus estatutos sociales restricciones para transmisión de acciones, causales de exclusión de socios, ejercicio de derechos de separación, retiro o amortización de acciones del capital social, emisión de acciones especificando limitaciones de voto, derechos económicos especiales y veto, implementación de mecanismos en caso de desacuerdo entre los accionistas en asuntos específicos, limitación o ampliación de derechos de preferencia en la suscripción de acciones y delimitación de responsabilidad en los daños y prejuicios que puedan causar los consejeros o directivos relevantes.

Por otro lado a una SAPI se le exige mayores estándares de gobierno corporativo, lo que seguramente redundará en una mejor administración y operación de la sociedad. Deberá contar con un Consejo de Administración, lo que se ha trabajado ya en la Sesión 2 de este libro. Se incluyen también nuevas disposiciones relativas a regular los derechos de las minorías, tales como que por cada 10% de acciones con derecho a voto se podrá nombrar un consejero o comisario y con el 15% de acciones con derecho a voto se podrá ejercer acción de responsabilidad civil contra los administradores en beneficio de la sociedad. Se puede también establecer acuerdos entre los accionistas relativos a no desarrollar actividades comerciales que compitan con la sociedad y a los derechos y obligaciones en opciones de compra o venta de acciones representativas del capital.

## El régimen matrimonial

Dependiendo del régimen bajo el que se haya contraído matrimonio será el cuidado que se debe tener al momento de planear la transferencia de la propiedad de la empresa y de los bienes que constituyen el legado familiar. Es importante que se tenga conciencia de cómo funciona para estos efectos el régimen de separación de bienes y la sociedad conyugal.

*Separación de bienes*

Bajo este régimen cada uno de los cónyuges es propietario de lo que es su propiedad y no la comparten entre sí. El concepto es "lo tuyo es tuyo y lo mío es mío". Cuando se está casado bajo este régimen se puede disponer libremente de los bienes de los que se es propietario. Al hacer el testamento se puede pensar en la totalidad del patrimonio individual. En caso de divorcio, cada uno tiene sus propiedades y si no se quiere, no serán materia del convenio patrimonial. En caso de fallecimiento, el cónyuge recibirá sólo lo que se le haya asignado en el testamento en caso de que lo haya, si no lo hay, el cónyuge podría heredar el 50% o una porción igual a la que reciban los hijos, dependiendo de las consideraciones que haga el juez.

*Sociedad conyugal*

Bajo este régimen, lo que se adquiera por cualquiera de los cónyuges durante el matrimonio, es de los dos. Por lo mismo, al querer disponer de los bienes se requiere el consentimiento de la pareja. Para hacer el testamento se debe partir del hecho que el 50% de los bienes es del otro cónyuge. En caso de divorcio, si se quiere conservar la propiedad de la empresa que se adquirió durante el matrimonio, se deberá negociar con la pareja pues el 50% le pertenece. En caso de fallecimiento, si no hay testamento, el 50% de lo que es de la persona que fallece, será para los hijos por partes iguales.

Para efectos de un manejo apropiado de la transferencia de la propiedad, el régimen de separación de bienes es más conveniente. Por esta razón, la familia podría tomar un acuerdo para el Protocolo Familiar en el que se comprometan a casarse bajo este régimen. Los que ya están casados por el régimen de sociedad conyugal deberán tomar en cuenta las implicaciones mencionadas. En el siguiente ejercicio encontrará sugerencias sobre cómo establecer un acuerdo en este sentido.

## Herramientas para la planeación de la sucesión en la propiedad

Las herramientas más comunes que pueden apoyar en el proceso de transferencia de propiedad son las siguientes:

1. Transferencia vía desmembramiento de la propiedad
2. El Testamento
3. El Fideicomiso
4. Los Estatutos de la empresa

5. Los Convenios entre Accionistas
6. Los Seguros de Vida

Cada una de estas herramientas se tratarán en los siguientes apartados de este ejercicio.

*1. Transferencia vía desmembramiento de la propiedad*

El derecho de propiedad, no la cosa de que se es dueño, sino el derecho que se tiene sobre esa cosa, es un todo conformado por tres partes separables, (a) el derecho de uso, esto es, a tener la cosa, a poseerla, (b) el derecho de usufructo, esto es, el derecho a recibir la renta, la cosecha, los rendimientos, o sea, los dividendos, y (c) el derecho a disponer de la cosa, esto es, a hipotecarla o venderla, la cual también se le llama "nuda propiedad".

Saber que estas tres partes que integran el derecho de propiedad son separables y que se pueden combinar, puede serle a la familia muy útil en su planeación patrimonial. Por ejemplo, los padres podrían querer dejar todo en orden transfiriendo la nuda propiedad a los hijos pero reservarse el derecho de usufructo. Con esto aseguran que todo lo que genere el bien que se transfiere es para los padres mientras vivan y que al faltar, el derecho pleno sobre el bien se transfiere a los hijos automáticamente.

En el caso de una Sociedad Anónima, sus acciones generan a sus titulares dos tipos de derechos: (a) Los derechos corporativos, que incluyen el votar en la asamblea de accionistas, el nombrar un consejero o un comisario o provocar una asamblea, y (b) Los derechos patrimoniales, que incluyen el recibir dividendos, el rembolso por retiro, el monto de su venta y el remanente por liquidación. Es técnicamente posible que una persona ejerza los derechos corporativos y otra diversa disfrute los derechos patrimoniales. Utilizando este esquema se podrían trasferir a los hijos los derechos corporativos para que vayan tomando decisiones sobre la sociedad, pero reservarse los derechos patrimoniales mientras se viva.

## 2. El testamento

De acuerdo con los estudios que hemos realizado con familias empresarias de México, más del 60% de los dueños de empresa no cuentan con un testamento. Si bien el testamento por sí mismo no es un plan de sucesión completo, provee un escenario sobre cómo las cosas deben funcionar en el futuro, al menos desde la perspectiva de la propiedad de la empresa. Una de las razones que más presentan los dueños de empresa para no decidirse a formalizar su testamento es el no tener una idea clara de cómo distribuir las acciones de la empresa. El temor de crear un problema por la inconformidad de los hijos al conocer cómo será la repartición les detiene a tomar acción, dejando a la empresa y a la familia en un riesgo mucho mayor: la indefinición. Para que usted se haga una idea de la gravedad de dejar en la indefinición la propiedad de la empresa, considere este caso: Una Señora empresaria exitosa en su negocio comentaba que sus hijos habían sido unos ingratos, por lo que deseaba darles un castigo ejemplar. Su plan era ¡No hacer testamento! – "Se van a destruir solos", decía. Y tenía razón. Es lo peor que podemos hacer como padres, que la muerte nos sorprenda sin especificar nuestros deseos de cómo debe quedar la propiedad de la empresa en el futuro. La familia deberá establecer un acuerdo sobre la elaboración del testamento de todos sus integrantes para evitar que esto les pueda suceder.

### Recomendaciones para elaborar el testamento

Al pensar en la elaboración de su testamento, considere las siguientes recomendaciones: No se espere hasta el último momento para hacer su testamento. Se conocen casos de personas que acudiendo a su notario para hacer su testamento por sentirse mal, han muerto en la sala de espera antes de lograrlo. No deje pasar el tiempo indefinidamente ni ande con urgencias para elaborarlo, hágalo ahora que usted está bien. Si tiene dudas de cómo deben quedar las cosas, haga su testamento como le gustaría que quedara si hoy fuera a morir. Si no muere, mañana lo cambia. Considere que no es definitivo, lo puede modificar cuantas veces quiera. Elabore un inventario detallado de su patrimonio y manténgalo al alcance de sus herederos. Sería una pena que por desconocimiento no reclamaran una propiedad o un bien que usted les deje. Es importante que no se vaya por el camino fácil de repartir a todos por igual por no querer tener problemas, o de dejarlos como copropietarios aunque no puedan trabajar juntos. Como empresario su testamento no debe ser un instrumento "repartidor", sino un documento "organizador".

Los testamentos deben ser muy precisos, detallar el nombre y apellidos exactos de cada miembro de la familia a quien se hereda, con el porcentaje explícito de acciones que cada uno hereda y a qué empresa corresponde. Igualmente se debe cuidar de no asignar partes iguales cuando el 100% no es exactamente divisible entre el número de herederos, como 3, 6, 7 o 9, por lo que habría que darle algunas centésimas más a alguno de ellos para que quede totalmente asignado el 100%. Se presentará un problema cuando aparezca un testamento posterior al que se formuló, por lo que se sugiere tomar precauciones como el tener testigos de calidad moral. Los notarios sugieren que no estén presentes en su elaboración los cónyuges, hijos o herederos, para que no parezca que hubo presiones sobre el testador, sin embargo si se puede lograr que estén presentes todos los herederos, esto sería una buena opción para que firmen el acta del testamento.

*Consideraciones para la transferencia de efectivo*

Para el efectivo que se tiene en chequeras y depósitos bancarios basta con definir al beneficiario en los registros del banco, para que sin necesidad de incluirlos en el testamento, los beneficiarios hereden estas sumas de dinero. Los únicos requisitos para disponer de lo que ahí está, son el comprobar la muerte del titular y comprobar que se es el beneficiario designado. Se debe estar seguro que todas las cuentas tengan claramente definido el o los beneficiarios. Si se desea pueden ser incluidas en el testamento, pero se debe tener la seguridad de que coincide el mismo beneficiario en el testamento y en el banco. Para inversiones considerables en México o en el extranjero es importante que se incluyan en el testamento en forma explícita especificando cuál debe ser el destino de las mismas. Podrían heredarse a las personas que se señalen o podría establecerse que entrarán al control de un fideicomiso que se haya constituido previamente.

## 3. El Fideicomiso

El fideicomiso es un contrato mediante el cual una persona física o moral entrega bienes o derechos a otra para que los administre y realice con ellos los fines que en el mismo contrato especifica el aportante, a favor de los beneficiarios determinados o determinables, según las reglas establecidas en ese fideicomiso.

El uso del fideicomiso es muy recomendable para la transferencia legal de efectivo, inversiones, bienes inmuebles y acciones. Mediante su uso se evita el desgastante proceso que se vive cuando el patriarca es víctima de enfermedades que afectan el juicio o la memoria. La constitución de un fideicomiso requiere de la participación de abogados con conocimientos y experiencia en este instrumento.

El fideicomiso se constituye con una institución financiera y es regido por un comité técnico, el cual se integra por los miembros que indique quien establece el fideicomiso. El número de miembros del comité depende mucho de la complejidad del negocio, de la herencia, de la familia y de otras circunstancias que hay que tomar en cuenta para lograr una mejor administración de los bienes fideicomitidos y de los derechos de los herederos. En la medida en que el negocio heredado sea más complejo y los herederos sean numerosos o muy pequeños en edad, se deberá establecer un comité mucho más robusto y estricto, ya que tendrá que velar por intereses complejos y seguramente cuidar y evitar conflictos entre los herederos. En el comité se puede incluir familiares, terceros de confianza o terceros profesionales que agreguen imparcialidad y mayor solidez a las decisiones financieras, legales o de negocios que en representación del fideicomiso se deban hacer para el ejercicio del voto de las acciones.

*Ejemplos de uso de un fideicomiso*

a. Papá quiere seguir dando instrucciones para ejercer los derechos de sus acciones y a la vez quiere dejar todo arreglado para que al morir automáticamente sus hijos tengan la propiedad de la empresa. El papá aporta las acciones al fideicomiso y da instrucciones para que las administren de acuerdo con lo que él les diga y para que se las entreguen a los hijos al morir. Queda arreglada la transferencia y mientras vive el padre es él quien da instrucciones para ejercer los derechos de las acciones y quien recibe los beneficios que generen.

b. Se pueden dar instrucciones al fideicomiso para que un menor pueda tener acceso al flujo de efectivo que generen las acciones o a la liberación de las mismas para su libre ejercicio en una fecha determinada o al cumplirse algunas condiciones como cierta edad, un determinado nivel de estudios, cierto periodo de tiempo trabajando en la empresa de la familia o en una no relacionada, etc.

c. Se puede instruir al fideicomiso sobre el pago de beneficios para miembros de la familia tales como una pensión al cónyuge viudo, pago de colegiaturas, seguros de gastos médicos o premios por logros como ciertos niveles académicos.

d. Para otros casos que no se pueden prever se puede dar al comité técnico facultades para que decida qué pagar y qué no cuando se trata de beneficios para miembros de la familia.

e. Cuando se desea que la propiedad de la empresa permanezca en la familia se pueden dar instrucciones al fideicomiso de a quiénes se pueden vender las acciones y/o a quiénes no.

f. También se puede dar instrucciones al fideicomiso para que sean los hijos quienes tomen las decisiones de negocio para forzarlos a trabajar juntos. Se les puede apoyar nombrando profesionales para que estén con ellos en el comité de dirección.

g. Se puede utilizar el fideicomiso para proteger a miembros de la familia cuando no pueden valerse por sí mismos. Se da instrucciones al fideicomiso sobre cómo debe otorgarse ese apoyo y por cuánto tiempo.

h. Un padre busca evitar que sus hijos se enfrenten en batallas legales por motivo del patrimonio familiar. Coloca en un fideicomiso todas las acciones y da instrucciones para que se pague en partes iguales a sus hijos los dividendos que se generen. Adicionalmente, establece que si cualquiera de sus hijos demanda legalmente a uno de sus hermanos o a la empresa de la familia, sea automáticamente eliminado de la lista de beneficiarios.

## 4. Los Estatutos Sociales

Los estatutos sociales son las normas internas que rigen la vida de las sociedades desde su nacimiento hasta su fin, estableciendo su denominación, su domicilio, su finalidad, su capacidad, los derechos y deberes de los socios y de los miembros de su administración y dirección, las relaciones societarias entre los mismos socios, las de ellos con respecto a la sociedad, y de la sociedad con terceras personas, la conformación de sus bienes patrimoniales, la forma de su inversión y el destino de los mismos, en caso de que la sociedad se disuelva. Los estatutos tienen estructura normativa pues rigen no sólo para las partes que los establecieron de común acuerdo, sino para socios futuros que se adhieran a lo establecido en ellos.

Ya que como se dijo, los estatutos sociales rigen la vida de la empresa, son un instrumento que se debe tener muy en cuenta para la formalización y legalización de algunos de los acuerdos del Protocolo Familiar. Se deberá revisar todo el contenido de este documento para pasar a los estatutos de la empresa aquellos acuerdos que requieren tener fuerza legal.

Los siguientes son ejemplos de los acuerdos que podrían documentarse en los estatutos de la sociedad para darles fuerza legal:

a. Acuerdos sobre transferencia de la propiedad de las acciones, derecho del tanto, precio de venta, condiciones de pago, etc.
b. Acuerdos sobre la estructura y conformación del consejo de administración.
c. Acuerdos sobre el nombramiento de miembros del consejo de administración.
d. Acuerdos sobre las facultades del consejo de administración.
e. Acuerdos sobre la votación para aprobación de asuntos que se tratan en la asamblea de accionistas.
f. Acuerdos sobre la votación para aprobación de asuntos que se tratan en el consejo de administración.
g. Acuerdos sobre la operación del consejo de administración.
h. Acuerdos sobre los requisitos y procedimientos para nombrar al director general de la empresa y la designación de sus facultades y obligaciones.
i. Acuerdos sobre la remuneración a miembros del consejo de administración.
j. Acuerdos sobre la aplicación de utilidades y determinación de dividendos.
k. Acuerdos sobre compensación obligatoria a ciertas personas.
l. Acuerdos sobre el pago obligatorio de una cierta cantidad de dividendos a los accionistas.

La lista anterior de ninguna manera es exhaustiva, por lo que la asesoría legal por profesionales capacitados es necesaria para planear la implementación de los acuerdos del Protocolo Familiar.

Es una buena práctica el que la familia dedique tiempo a conocer y comprender los estatutos de su empresa pues éstos deben ser congruentes con los acuerdos del Protocolo Familiar y les ayudará a tomar conciencia de sus derechos y obligaciones como accionistas y sobre la forma en que se administra la sociedad.

*Ejemplo del uso de los Estatutos Sociales para hacer legal un acuerdo del Protocolo Familiar:*

Uno de los temores más recurrentes en el proceso de sucesión ocurre en aquellos miembros de la familia que no trabajan en la empresa pues se sienten vulnerables pues no tienen control sobre el flujo de efectivo que pueden recibir de la empresa cuando sus padres ya no estén con ellos, o porque no se tiene la certeza de que quienes trabajan o controlan la empresa harán lo necesario para hacerles llegar un flujo de efectivo en forma constante. Un acuerdo en el Protocolo Familiar puede ser el que se hará obligatorio para la empresa el pago de cierto monto de dividendos independientemente de los resultados del negocio. Lo que se puede hacer para que este acuerdo sea legalmente obligatorio es ponerlo así en los estatutos de la empresa, estableciendo que se deberá pagar un mínimo en forma obligatoria a todos los miembros de la familia que sean propietarios de acciones, independientemente de si laboran o no en la empresa. Este punto es vital en una empresa manejada institucionalmente para que los accionistas puedan dedicarse a otras actividades, seguros de contar con este flujo y no estar obstaculizando la operación y administración del negocio familiar. El concepto puede ser dividendos o una compensación por alguna actividad que se realice para la empresa, como el ser consejero vitalicio. Se deberá pensar en alguna fórmula que permita el conservar el poder adquisitivo en el tiempo. Por supuesto que hay que cuidar el no descapitalizar la empresa, pero debe ser un monto suficiente considerando las necesidades que se pretenden cubrir. Este esquema se puede utilizar también para hijos que no heredan acciones, hijos que no pueden valerse por sí mismos, o para los padres que ceden el control de la empresa a los hijos. Finalmente es importante considerar que el utilizar este esquema dependerá de las circunstancias de la empresa. Para asegurar que no se cambien los estatutos en forma arbitraria para cancelar este beneficio, en los mismos se debe establecer que esta disposición sólo podría ser cancelada con el voto, por ejemplo, de al menos el 85% de las acciones. Se podría también establecer que no sea pagado en un solo pago, sino tal vez en pagos trimestrales para favorecer la buena administración por parte de los miembros de la familia y para no forzar el flujo de efectivo en la empresa.

## 5. Convenio entre accionistas

En este documento se pueden establecer claramente los derechos, privilegios y obligaciones de todos los accionistas, aún más que en los estatutos de la empresa. Prácticamente todos los acuerdos del Protocolo Familiar, exceptuando aquellos de índole estrictamente familiar, pueden incorporarse en un convenio entre accionistas. Como su nombre lo dice, en este convenio participan solamente quienes tienen acciones de la sociedad y es válido solamente entre los accionistas y no ante la sociedad. Una forma de permitir la participación de los miembros de la familia que no tienen acciones, para sujetarlos legalmente a las obligaciones del Protocolo Familiar que se pasan a este documento, es asignándoles al menos una acción de la empresa. En este documento se establecen las reglas del juego entre accionistas.

Entre las principales provisiones que se incluyen en un convenio entre accionistas están las siguientes:

a. Forma en que se tomarán las decisiones de la sociedad, en donde se incluirán todos los acuerdos del Protocolo Familiar relativos al consejo de administración.

b. Eventos que detonan al derecho u obligación de que un accionistas compre o venda sus acciones de la empresa y cómo se realizará la transacción.

c. Cómo se determinará el valor de mercado para una transacción de compra-venta de acciones.

d. Previsiones para compra-venta de acciones entre accionistas.

e. Describir el derecho de preferencia para dar oportunidad de que los accionistas actuales compren las acciones, antes que terceras personas.

f. Provisiones de arrastre para obligar a todos a vender si hay un oferta de compra atractiva para la mayoría de los accionistas.

Este documento es muy flexible en cuanto los derechos y obligaciones que se pueden incluir y la forma en que se pueden estructurar, por lo que se pueden incluir acuerdos relacionados con la familia propietaria tales como:

a. Política de empleo a miembros de la familia propietaria de las acciones.
b. Política de compensación a miembros de la familia propietaria de las acciones.
c. Políticas de la relación que puede existir entre los miembros de la familia y la empresa, tales como políticas para proveedores o clientes familiares.
d. Forma en que se resolverán situaciones de desacuerdo o conflictos entre los accionistas.
e. Previsiones para mantener la propiedad de la empresa dentro de la familia.
f. Provisiones para la transferencia de la propiedad a la siguiente generación.
g. Salida voluntaria o forzosa de accionistas familiares.

Durante la redacción de estos tipos de acuerdos en el Protocolo Familiar es buena práctica tener en mente el que se pueden pasar a un convenio entre accionistas que convierta estos acuerdos en una obligación legal.

## 6. Seguros de vida

Los seguros de vida son útiles como herramientas en la planeación de la sucesión en la propiedad de la empresa, porque no compromete el flujo de efectivo de la empresa o de la familia y excluye del trámite legal al beneficiario del seguro.

Se pueden diseñar diferentes esquemas dependiendo de los objetivos que se quieran conseguir. Por ejemplo, si la familia acuerda que la propiedad de la empresa debe quedar entre los miembros de la familia actual que estén vivos, se podrá diseñar un esquema de seguros de vida que sirva para pagar la participación accionaria del miembro de la familia que llegara a fallecer. Es conveniente consultar a un experto en seguros con aplicación a sucesión de la propiedad de la empresa familiar pues ellos podrán diseñar algún esquema que apoye los planes de la familia.

En los seguros de vida se puede poner de beneficiario a un fideicomiso para que pase a acrecentar los bienes que lo componen.

## Ejercicio 4.02. Casos de Sucesión en la Propiedad de la Empresa

Lo peor que puede hacer un padre es no dejar las cosas bien preparadas para que la siguiente generación pueda dedicarse a trabajar constructivamente en el desarrollo y fortalecimiento de la empresa de la familia. La decisión de cómo transferir la propiedad de la empresa es una decisión muy difícil de tomar, por lo que muchos padres deciden no tomarla o dejan pasar indefinidamente el tiempo en espera de una inspiración. Para ayudarle a usted a decidir un esquema de distribución de la propiedad de su empresa, se presentan aquí varios ejemplos sobre cómo otros propietarios como usted han repartido su legado. Tal vez se identifique con alguno de estos casos, o tal vez la combinación de alguno de ellos le dé algo de luz sobre cómo proceder. El objetivo de este ejercicio no es que se tome una decisión, sino el conocer las alternativas que podría usted tener, los esquemas que se han utilizado en otras familias para que vaya tomando idea de qué cosas pueden aplicar en su caso.

*Instrucciones*

Este ejercicio es conveniente hacerlo en grupo familiar. Se presentarán casos de transferencia de propiedad que juntos deberán revisar uno por uno. Al leer cada uno de los casos deberán reflexionar en grupo sobre los siguientes puntos que apliquen.

1. Circunstancia de la familia.
2. Circunstancias de la empresa.
3. Circunstancias de la generación actual.
4. Circunstancias de la siguiente generación.
5. Criterios seguidos en la toma de la decisión.
6. Esquema de transferencia adoptado.
7. Qué conceptos del caso pueden ser útiles para su familia.

Pueden comentar sobre otras posibles circunstancias que aunque no se mencionen en el caso, podrían ser razones para que la familia procediera como procedió en la transferencia de la propiedad. Nombrar a algún miembro de la familia para que tome nota de las ideas y reflexiones que vayan surgiendo durante la revisión de los casos. Al terminar los casos, revisar las notas que se hicieron a manera de resumen del ejercicio.

| |
|---|
| *Caso 01: Incentivar el trabajar como socios al mismo tiempo que son independientes* |
| La empresa: Fabricantes de muebles y puertas, 1 fábrica, 5 sucursales distribuidoras y de venta al público. |
| La familia: El fundador; 3 hijos de edades 46, 43 y 39. |
| Transferencia de la propiedad: El fundador decide dejar la fábrica 1/3 en copropiedad para cada uno de los hijos. La principal sucursal para uno de los hijos, las otras cuatro dos para cada uno de los otros hijos. |
| Gobierno: Juntas de consejo para tomar decisiones sobre la fábrica y hacer sinergia entre sus propias sucursales. |
| Criterio seguido: El padre sabía que sus hijos podían trabajar juntos en algo en común pero que los esfuerzos dedicados a sus negocios particulares podrían ser diferentes. Se deja la oportunidad de cada uno actuar por su cuenta al mismo tiempo que operan la fábrica juntos. |
| ¿Qué conceptos del caso pueden ser útiles para su familia?: |
| |
| |

| |
|---|
| *Caso 02: El legado igual para todos - La propiedad a quien trabaja* |
| La empresa: Comercialización de materiales educativos con 3 tiendas. |
| La familia: El fundador; 3 hijos, uno de ellos era quien más trabajaba en el negocio familiar. |

| |
|---|
| Transferencia de la propiedad: El fundador le "vende" las tiendas al hijo que conocía mejor el negocio; le pide que firme 3 pagarés, cada uno por 1/3 del valor total del negocio, uno a favor del fundador y los otros dos a favor de cada uno de los otros hermanos. El hijo paga primero los pagarés de sus hermanos en los primeros 5 años. Al tener el dinero para pagarle a su papá el suyo, el papá no le acepta el pago y le cancela el pagaré. |
| Gobierno: No ha implementado consejos, actúa como dueño único. |
| Criterio seguido: Cuando se sabe que los hijos no pueden trabajar juntos, no es prudente dejarlos juntos. La empresa estará mejor en manos de quien sabe y quiere trabajarla. El legado finalmente se reparte en partes iguales. |
| ¿Qué conceptos del caso pueden ser útiles para su familia?: |
| |

| |
|---|
| *Caso 03: Asegurar continuidad del apoyo a nuestros hijos* |
| La empresa: Manufactura; 1 fábrica. |
| La familia: El fundador; un sobrino, mayor que sus hijos, quien lo estuvo apoyando fuertemente; 3 hijos, quienes al graduarse entraron a trabajar en la empresa; 2 hijas que no trabajan en la empresa. |
| Transferencia de la propiedad: El propietario decide dejar un 35% para su sobrino; 65% restante para sus hijos varones quienes ya trabajaban en la empresa. Inicialmente decidió heredar a las hijas los inmuebles de la familia, incluyendo terrenos que ocupa la empresa. Posteriormente cambia a que los inmuebles que ocupa la empresa también se entreguen a los hijos varones con el compromiso de pagarlos a las hermanas. |
| Gobierno: Constituyeron un consejo de accionistas familiares y tienen juntas mensuales de resultados. |
| Criterio seguido: Se compensa con una participación minoritaria a otros familiares que han apoyado el éxito de la empresa y quienes además pueden colaborar en su continuidad una vez que no esté el fundador. Sin embargo, la mayoría queda en los propios hijos. |
| ¿Qué conceptos del caso pueden ser útiles para su familia?: |
| |

| |
|---|
| *Caso 04: La propiedad en partes iguales con obligación de rendición de cuentas para quien trabaja en la empresa* |
| La empresa: Ranchos agrícolas. |
| La familia: El fundador; un hijo varón, que trabaja con su papá; cinco hijas que no trabajan en el negocio familiar. |
| Transferencia de la propiedad: Todo en partes iguales para los seis hijos. El hijo varón se queda administrando los ranchos. |

Gobierno: Consejo de administración que se reúne cada 2 meses para que el hermano le rinda cuentas a sus hermanas.

Criterios seguidos: La propiedad por partes iguales. La dirección de la empresa a quien conoce cómo manejarla. El reconocimiento de la obligación de rendir cuentas a los hermanos socios.

¿Qué conceptos del caso pueden ser útiles para su familia?:

---

### Caso 05: Independencia con colaboración

La empresa: Comercializadora de materias primas; tres grandes centros distribuidores.

La familia: Fundador; 3 hijos varones que trabajan en la empresa.

Transferencia de la propiedad: Cada centro de distribución quedó 80% para uno de los hijos, 10% para los otros dos.

Gobierno: Cada mes uno de ellos llama a junta y presenta a sus otros dos hermanos, quienes le aconsejan para que el negocio en que es mayoría su hermano, vaya mejor.

Criterios seguidos: Cada uno de los hijos deberá hacer sus propios esfuerzos para crecer sus negocios. Los hermanos se pueden apoyar unos a otros pues mantienen un interés minoritario en los negocios de sus hermanos.

¿Qué conceptos del caso pueden ser útiles para su familia?:

---

### Caso 06: Separación en buenos términos

La empresa: 4 empresas diversos productos; propiedad de 2 hermanos, uno 70% y el otro 30%.

La familia: Los hijos de los dos hermanos trabajan en las empresas; los hijos del hermano con menor participación se quejan de que se toman decisiones sin tomarlos en cuenta.

Transferencia de la propiedad: La familia no se pudo poner de acuerdo en trabajar juntos bajo un esquema de consejo de administración, por lo que decidió separarse. Se dividieron los negocios de acuerdo con la participación que cada familia tenía.

Criterios seguidos: Es mejor separarnos en buenos términos que seguir trabajando juntos peleando. Si no hay voluntad a someterse a la decisión de un tercero (consejeros) es mejor tomar cada quien su camino empresarial y continuar unidos como familia.

¿Qué conceptos del caso pueden ser útiles para su familia?:

| *Caso 07: Uso de fideicomisos para asegurar la buena marcha de la empresa* |
|---|
| La empresa: Ventas a menudeo. |
| La familia: El fundador preside el consejo; 4 hijos, 2 hijas; tres de los hijos varones trabajan en la empresa, el cuarto tiene una discapacidad que no le permite valerse por sí mismo. |
| Transferencia de la propiedad: Se ponen las acciones en un fideicomiso. Se instruye al fideicomiso repartir los beneficios que se generen por partes iguales a todos. El fideicomiso sigue instrucciones del fundador. A su muerte, las instrucciones serán dictadas por el Comité Técnico formado por los hijos que trabajen en la empresa. Se protege la transferencia de la propiedad para que no salga de la familia durante la vigencia de 20 años del fideicomiso. Se constituye un fideicomiso adicional con el patrimonio familiar que no forma parte de la empresa, con instrucciones de entregar una cantidad fija mensual a los hijos que les permitirá mantener su nivel de vida actual por muchos años. |
| Gobierno: Consejo de Administración formalmente establecido y operando. |
| Criterios seguidos: Todos los hijos reciben beneficio por partes iguales. Se mantiene la propiedad de la empresa en la familia. Quienes trabajan en la empresa toman las decisiones de negocio. Se asegura el flujo de efectivo para los miembros de la familia independientemente de los resultados de la empresa. |
| ¿Qué conceptos del caso pueden ser útiles para su familia?: |
| |

| *Caso 08: Los hijos deciden sobre la distribución del legado* |
|---|
| La empresa: Propiedades familiares, desarrollo inmobiliario, administración de inversiones |
| La familia: 8 hermanos, tercera generación; Fundador. |
| Transferencia de la propiedad: El fundador le pidió a los hijos que ellos decidieran cómo repartir. Con el apoyo de un mediador, se armaron 4 paquetes: Propiedades no rentables (se asignó de acuerdo con los intereses particulares de cada uno y su valor relativo), Propiedades rentables (quedó como copropiedad para repartir los beneficios), Proyectos en desarrollo (quedó en copropiedad), Efectivo (se asignó en partes iguales). |
| Gobierno: Consejo de administración con miembros familiares; consejo de Accionistas Familiares. |
| Criterios seguidos: Los hijos pueden decidir mejor. Se quita al padre la presión de la responsabilidad de la decisión. |
| ¿Qué conceptos del caso pueden ser útiles para su familia?: |
| |

| Caso 09: Reorganizar la propiedad para facilitar su transferencia |
| --- |
| La empresa: Empresas de varios giros. La propiedad fue quedando distribuida entre los miembros de la familia sin un criterio rector. |
| La familia: Fundador; 4 hijos. |
| Transferencia de la propiedad: Se reorganizó la propiedad de las empresas creando una empresa holding que recibió todas las acciones. Los hermanos recibieron acciones de la holding en partes iguales. |
| Gobierno: Consejo de administración de la holding con consejeros externos; Consejo de Accionistas Familiares. |
| Criterios seguidos: Se busca que a todos los hijos les vaya igual (bien o mal). Todos son dueño de todo en partes iguales. Facilitar la distribución de dividendos. |
| ¿Qué conceptos del caso pueden ser útiles para su familia?: |
| |

| Caso 10: Dejar un porción para distribuirse al faltar los padres |
| --- |
| La empresa: Construcción; Propiedad en los fundadores, papá y mamá. |
| La familia: Fundadores, papá y mamá, ambos trabajan en la empresa; 2 hijos, 10 años de diferencia de edad, ambos trabajando ya en la empresa. |
| Transferencia de la propiedad: Se donó el 60% de la propiedad a los hijos, por partes iguales. Los fundadores se reservaron el 40% para repartirlo a su muerte de acuerdo con el interés y dedicación que le pongan los hijos a la empresa. Podrá ser en partes iguales o más a uno que a otro. |
| Gobierno: Consejo Consultivo; Consejo de Accionistas Familiares. |
| Criterio a seguir: Todos los hijos son iguales antes los padres. Se fomenta la competencia con colaboración. Se reconoce el esfuerzo a quien contribuye más. |
| ¿Qué conceptos del caso pueden ser útiles para su familia?: |
| |

| Caso 11: Los hijos emprendedores no dependen de lo que les dejen sus padres |
| --- |
| La empresa: Tiendas de Artículos Finos. 6 tiendas distribuidoras con talleres de manufactura en cada una. |
| La familia: Fundador y 3 hijos trabajando en la empresa. |

Transferencia de la propiedad: El hijo menor, al ver que sus hermanos no trabajaban de igual manera que él, propone a su padre, no de muy buena forma, que reparta el negocio. Después de muchas negativas y ya molesto por la insistencia de su hijo menor, decide repartir de la siguiente manera: Al hijo mayor le deja que escoja primero una distribuidora. Escoge la mejor. En segundo lugar le pide a su segundo hijo que escoja. Escoge la mejor disponible. Ante la sorpresa de su hijo menor, quien pensaba que sería su turno de tomar una distribuidora, nuevamente le pide a su segundo hijo que escoja otra, quien escoge la mejor disponible. Resignado, el hijo menor supone que será su turno, pero nuevamente se equivoca, el padre le pida a su primer hijo que escoja otra distribuidora. Éste toma la mejor disponible. El padre se vuelve a su hijo menor y le dice: "Las dos que quedan son tuyas. Querías que repartiera, ya lo he hecho". ¿Cómo reaccionaría el hijo menor? Con el paso de los años el hijo menor resentido y ahora exitoso, a diferencia de sus hermanos quienes ya han perdido su herencia, reconoce que su padre le hizo un favor.

Criterios seguidos: Quien es propietario decide cómo y cuándo transferir la propiedad. Es común que los padres tiendan a tratar de proteger a los más débiles o menos competentes. Los hijos emprendedores no dependen de lo que se les herede. Dar oportunidad a los menos competentes pero por su cuenta.

¿Qué conceptos del caso pueden ser útiles para su familia?:

---

*Caso 12: Difícil dejar a un hijo fuera de la empresa*

La empresa: Negocios diversificados.

La familia: Los padres, 4 hijos que trabajan en los negocios de la familia y uno más que no ha mostrado interés en la empresa y ha sido hostil con la familia.

Transferencia de la propiedad: Se reparten los negocios en proporción igual entre los 4 hijos que trabajan en la empresa. Al hijo que ha sido hostil con la familia no recibe participación en los negocios. Se le heredan algunas propiedades.

Criterios seguidos: Se deja en la empresa sólo a aquellos que pueden trabajar juntos.

¿Qué conceptos del caso pueden ser útiles para su familia?:

---

*Caso 13: Con apoyo de Seguros de Vida*

La empresa: Transportista.

La familia: Ya en segunda generación, 4 hermanos trabajando juntos en la empresa.

| |
|---|
| Transferencia de la propiedad: Los hermanos acordaron en su Protocolo Familiar que la propiedad de la empresa se debería mantener entre ellos mismos, por lo que en caso de que alguno de ellos faltara se debería pagar a su familia el valor de su participación accionaria, separando a esa rama familiar de la propiedad del negocio. Se consultó con un asesor, quien les preparó un esquema mediante el uso de seguros de vida. Los cuatro hermanos quedaron asegurados por un monto equivalente al 25% del valor de la empresa. En caso de que uno falte, se utilizará el dinero del seguro para pagar a la viuda su participación en la empresa. |
| Criterio seguido: La propiedad debe permanecer entre quienes trabajan en la empresa. Los familiares políticos no participan en la empresa. Se debe proteger a la familia del hermano que llegue a faltar. |
| ¿Qué conceptos del caso pueden ser útiles para su familia?: |
| |

| |
|---|
| *Caso 14: Juntos pero separados* |
| La empresa: Diversos negocios. |
| La familia: Los hermanos ya sin la presencia del padre. |
| Transferencia de la propiedad: El padre llama a sus hijos y le pide que se mantengan unidos por diez años, después de los cuales cada uno tendrá la libertad de separarse o continuar en la empresa familiar. Les pone como condición que en cada negocio de la familia sólo trabaje un miembro de la familia. Todos aceptan. |
| Gobierno: Consejo conformado por todos los hermanos. Los que dirigen cada negocio informan a los demás en el consejo. |
| Criterio seguido: La unidad es importante para consolidar los negocios. El estar uno solo en el negocio de la familia disminuye los conflictos. Se debe rendir cuentas del desempeño al consejo. |
| ¿Qué conceptos del caso pueden ser útiles para su familia?: |
| |

Algunos de los criterios que se siguieron en los casos anteriores se muestran en el Formato 4.02.1 siguiente. Seleccionen en forma individual aquellos que podrían ser de utilidad en el caso de su familia. Comenten entre ustedes las bondades que ven en cada uno de los criterios seleccionados.

## Formato 4.02.1. Criterios para la distribución de la propiedad

| Selecciones los criterios que pueden ser útiles en la sucesión de propiedad de su familia. | |
|---|---|
| Criterios | De utilidad para mi familia |
| 1. Verificar si todos los hijos tienen la misma dedicación por el trabajo en la empresa. | |
| 2. Cuando los hijos no pueden trabajar juntos, no es prudente dejarlos juntos. | |
| 3. La empresa estará mejor en manos de quien sabe y quiere trabajarla. | |
| 4. Asegurar que un tercero de confianza los apoye dándole participación. | |
| 5. La dirección de la empresa a quien conoce cómo manejarla. | |
| 6. Debe existir el reconocimiento de la obligación de rendir cuentas a los hermanos socios. | |
| 7. Cada uno de los hijos deberá hacer sus propios esfuerzos para crecer su negocio. | |
| 8. Los hermanos se pueden apoyar unos a otros cuando mantienen un interés minoritario en los negocios de sus hermanos. | |
| 9. Es mejor separarse en buenos términos que seguir trabajando juntos peleando. | |
| 10. Si no hay voluntad a someterse a la decisión de un tercero (consejeros) es mejor tomar cada quien su camino empresarial y continuar unidos como familia. | |
| 11. Quienes trabajan en la empresa toman las decisiones de negocio. | |
| 12. Quitar al padre la presión de la responsabilidad de la decisión dejando que los hijos decidan cómo se van a manejar. | |
| 13. Concentrar la propiedad en una sola empresa (holding) facilita la repartición. | |
| 14. Fomentar la competencia con colaboración. | |
| 15. Reconocer el esfuerzo a quien contribuye más. | |
| 16. Dar oportunidad a los menos competentes pero por su cuenta. | |
| 17. La propiedad debe permanecer entre quienes trabajan en la empresa. | |
| 18. Se debe proteger a la familia del hermano que llegue a faltar. | |
| 19. Dejar a todos por igual, a ver cómo le hacen. | |
| 20. La unidad es importante para consolidar los negocios. | |
| 21. El estar un solo familiar encargado en el negocio de la familia disminuye los conflictos. | |
| 22. No se debe dejar la carga de hermanos que no trabajan a hermanos que sí trabajan. | |
| 23. Otro criterio para tomar en cuenta: | |

## Ejercicio 4.03. Preguntas para definir criterios sobre la transferencia de propiedad

Es requisito para realizar este ejercicio que se hayan terminado los Ejercicios 4.01 y 4.02.

En este ejercicio se busca que los integrantes de las dos generaciones presentes expresen, por separado, su sentir sobre el tema de la sucesión en la propiedad de la empresa. No se debe tratar por ahora de llegar a un acuerdo final de lo que se va a hacer, lo importante es que cada miembro de la familia comparta con los demás qué es lo que desean y esperan con respecto a la propiedad de la empresa, para que quienes ostentan la propiedad actualmente, cuenten con criterios de referencia y empiecen a definir los escenarios posibles para la transferencia de la propiedad.

Para hacer esto se presentará una serie de preguntas relativas a la transferencia de la propiedad de la empresa. Se deben utilizar estas preguntas como guía, sin que se tengan que apegar exactamente a ellas, si es necesario deberán adecuarlas a las circunstancias particulares de la empresa y de la familia o tomarlas como un pretexto para hablar sobre el tema y expresar lo que se desea.

*Instrucciones*

1. Separarse por generación.
2. En cada grupo dar respuesta juntos a las preguntas planteadas, aunque sean para la otra generación. Tomar nota, en los formatos proporcionados en cada pregunta, de lo que se va expresando, aunque no se concuerde en los puntos de vista sobre el tema. Discutan ventajas y desventajas de cada una de las posturas que se vayan presentando, planteen sus temores y esperanzas con respecto a ellas. Reflexionen sobre el impacto que tendría cada respuesta que se propone, tanto en el fortalecimiento de la unidad familiar como en la continuidad de la empresa.

3. Al terminar deberán repasar a manera de resumen las respuestas que se fueron dando y se prepararán para comentarlas con la otra generación.

*Preguntas para la definición de criterios sobre la transferencia de la propiedad de la empresa*

## Formato 4.03.01. Definir de qué estamos hablando

| | | |
|---|---|---|
| Pregunta 1: ¿De qué estamos hablando? ¿Qué parte del negocio familiar vale la pena transferir a la siguiente generación? ¿Qué negocios tienen viabilidad en el futuro? | | |
| Este es el punto de partida en la definición de la transferencia de la propiedad. Se debe reflexionar sobre qué es lo que vale la pena planear para la siguiente generación. Cada una de las respuestas implica un proceso que se debe efectuar como parte del plan de sucesión. El criterio que se debe seguir es el simplificar el proceso de transición dejando a un lado lo que no vale la pena incluir. Anote sus reflexiones sobre cada una de las posibles respuestas. | | |
| a. | Es mejor vender la empresa y disponer de alguna otra forma los ingresos que se reciban por este concepto. | |
| b. | Debemos desinvertir algunos negocios que no son suficientemente rentables. | |
| c. | El negocio familiar puede trascender a las siguientes generaciones tal como está. | |
| d. | Sólo algunas sociedades pasarán a la siguiente generación. Mencione cuáles. | |

## Formato 4.03.02. El propósito por el cual transferiremos la propiedad a la siguiente generación

| | |
|---|---|
| **Pregunta 2.** ¿Cuál es el propósito o intención que tenemos al transferir la propiedad a la siguiente generación? ¿Qué queremos que ellos consideren al recibir nuestro legado? | |
| Cuando transferimos la propiedad prácticamente perdemos control de lo que suceda con ella, aun cuando tengamos algún anhelo o esperanza sobre cómo deberían nuestros sucesores manejarla. Lo más que podemos hacer al respecto es decirles cuáles son esas razones para que si ellos lo desean, les sirva de guía en la toma de decisiones sobre su legado. Reflexione sobre cuáles son esas razones, anhelos, expectativas y deseos que usted tiene al transferir la propiedad de la empresa y/o de la propiedad familiar. Estas reflexiones pueden quedar plasmadas en el Protocolo Familiar y le ayudarán usted a definir cuál es el mejor instrumento para transferir la propiedad y a crear las mejores oportunidades de que se cumpla lo que usted anhela. Recuerde, cuando se hereda sin un propósito y sin la preparación de quienes lo van a recibir puede causar más daño que beneficio. Se recomienda que para hacer esta reflexión busque un experto en transferencia de patrimonios que le ayude a pensar en las cosas que realmente debe considerar. Es importante que al menos una vez al año revise usted sus reflexiones pues las circunstancias pueden cambiar. | |

| | | |
|---|---|---|
| a. | ¿Qué lecciones, valores, historias o tradiciones desea usted que su heredero reciba junto con la herencia? | |
| b. | ¿Qué hábitos específicos o formas de pensar le han sido útiles a usted y podrían ser de utilidad a quien le hereda? | |
| c. | ¿Qué desea usted que suceda con el legado que va a transferir?<br>Cuide que no suene a una condicionante, sino más bien a un buen deseo. Por ejemplo:<br>• Deseo asegurar una educación de calidad para los miembros de mi familia que deseen adquirirla. Especifique a quiénes se refiere: hijos, nietos, otros familiares. Clarifique también qué entiende usted por una "educación de calidad".<br>• Deseo que desarrollen su habilidad de autosuficiencia.<br>• Deseo que se esfuercen por hacerlo crecer.<br>• Deseo que trabajen en favor de su familia.<br>• Deseo que fomenten la unidad familiar.<br>• Otros: | |
| d. | ¿Qué cualidades requieren mis herederos para manejar bien su herencia para que no se pierda o se desperdicie?<br>Liste habilidades, conocimientos, competencias, actitudes, etc. Que deben adquirir o desarrollar. | |
| e. | Otras consideraciones: | |

## Formato 4.03.03. Criterio a seguir en la transferencia de la propiedad

| Pregunta 3: Como miembros de la primera generación ¿Qué criterio utilizaremos para transferir la propiedad a los miembros de la siguiente generación? ¿Cuál de estos criterios asegura mejor la unión entre los miembros de la siguiente generación y la continuidad de la empresa? | |
|---|---|
| Los propietarios actuales se enfrentan al dilema de buscar un esquema que no sea percibido como "injusto" por sus familiares, lo que en ocasiones les lleva a decidir por un criterio "repartidor" que puede minar las posibilidades de éxito de la empresa en la siguiente generación. Anote sus reflexiones sobre cada una de las posibles respuestas. | |
| a. | Criterio "repartidor": universal, genérico, igualitario, todos parejos independientemente de su interés en la empresa. | |
| b. | Criterio "organizador": estratégico, específico, equitativo, quienes tienen interés, quienes pueden cuidarla, los que pueden trabajar juntos. | |

## Formato 4.03.04. Quiénes serán los sucesores

| Pregunta 4. ¿A quién y en qué proporción se distribuirá la propiedad entre los miembros de la siguiente generación? | |
|---|---|
| Se debe dar respuesta a esta pregunta tomando en cuenta el criterio que se seleccionó en la pregunta 3. Anote sus reflexiones sobre cada una de las posibles respuestas. | |
| a. | A todos los hijos e hijas | |
| b. | Sólo a los varones | |
| c. | Sólo a las mujeres | |
| d. | Sólo a alguno(s) de los hijos | |
| e. | A otras personas: | |
| f. | ¿Por partes iguales? | |
| g. | ¿En proporción diferente? | |
| h. | ¿Compensaremos de alguna forma a quienes reciben menos de propiedad de la empresa? | |
| i. | Otras consideraciones: | |

Consideren los siguientes ejemplos sobre cómo ciertas familias acordaron sobre la distribución de la propiedad de sus empresas. Es posible que la definición que den sobre su propia transferencia de propiedad pudiera quedar documentado en un acurdo de este tipo.

**Cuadro 4.03.1. Ejemplo de acuerdos sobre quiénes serán los sucesores**

---

*Ejemplo 1*

*Nosotros, los miembros de la segunda generación, expresamente reconocemos que nuestro padre, como propietario de las acciones de la empresa familiar, puede disponer de ella a su parecer y que no consideramos tener derecho alguno para heredarla de él por el simple hecho de ser sus hijos. Es nuestra aspiración que nuestro padre vea en nosotros a las personas ideales para que en el futuro demos continuidad y hagamos crecer el negocio de su propiedad. Para lograr esto, nos comprometemos a trabajar arduamente como si fuéramos los dueños legales de la empresa y a respetar este Protocolo Familiar que en este documento todos consignamos, de tal forma que a los ojos de nuestro padre nos hagamos dignos de recibir, en el momento que él lo considere conveniente, el legado que la empresa familiar representa.*

*Ejemplo 2*

*Los fundadores están de acuerdo en aplicar los siguientes criterios básicos para la transferencia de su patrimonio:*
a.   *Todos los hijos e hijas serán beneficiarios del patrimonio familiar por igual.*
b.   *A la firma del Protocolo Familiar se procederá a transferir a cada uno de los hijos un 10% de las acciones de la empresa.*
c.   *Deben de trabajar en el negocio para ser beneficiario de una partición adicional de la parte de papá y mamá.*
d.   *Se hará una compensación entre las partes según el valor de las propiedades recibidas donde se hicieron sus casas. De las rentas se tomará el equivalente a la diferencia hasta balancear el valor de lo recibido y entonces, el reparto de la renta se hará igualitario para todos los hijos e hijas.*

## Formato 4.03.05. Condiciones para la transferencia de la propiedad

| Pregunta 5. ¿Qué condiciones impondremos a la transferencia de la propiedad? | | |
|---|---|---|
| La decisión que se tome con respecto a esta pregunta debe tomar en cuenta las intenciones que definió en el Formato 4.03.02 para que la siguiente generación entienda y acepte el por qué lo hace usted así. Anote sus reflexiones sobre cada una de las posibles respuestas. | | |
| a. | ¿En qué términos se hará la entrega de las acciones? Escriba sus razones para hacerlo así. | |
| | ¿Será un regalo? | |
| | ¿Deberán pagar por ellas? ¿Cómo? | |
| | Otros términos | |
| b. | ¿Qué compromisos van con la propiedad de la empresa? | |
| | Flujo de efectivo para los papás. | |
| | Pagos o apoyo a otros hermanos/ hermanas que no reciben propiedad de la empresa. | |
| | Flujo de efectivo para familiares que no pueden valerse por sí mismo. | |
| | Otros compromisos: | |

## Cuadro 4.03.2. Ejemplos sobre condiciones en la transferencia de la propiedad

| | |
|---|---|
| 1. | *Acordamos que nuestra madre continuará recibiendo su sueldo al 100% en el momento en que ella decida retirarse parcial o totalmente de su puesto en la empresa y que su sueldo será actualizado al menos en la misma proporción y en el mismo tiempo en que los sueldos de los socios que trabajan en la empresa sean actualizados. Adicionalmente recibirá la proporción de dividendos que le corresponda de acuerdo con su participación en la propiedad de la empresa.* |
| 2. | *La forma de transferencia será mediante el testamento, por lo que los beneficios patrimoniales se recibirán plenamente hasta el fallecimiento de ambos fundadores sin perjuicio de que en vida pudieran hacerse algunas transferencias parciales.* |
| 3. | *La transferencia del patrimonio será un regalo de los fundadores.* |
| 4. | *Mientras los fundadores estén en vida, los administradores del patrimonio deberá de asegurar un beneficio del 3% del total de los ingresos para los fundadores vitaliciamente.* |

## Formato 4.03.06. Cuándo surte efectos la transferencia de propiedad

| Pregunta 6. ¿Cuándo surtirá efecto la decisión tomada? | |
|---|---|
| Es importante poner una fecha en la que ocurrirá la transmisión de la propiedad a fin de no crear falsas expectativas, permitir la preparación de los futuros propietarios y de la empresa, y para poder planear su implementación. Es necesario reflexionar detenidamente sobre las implicaciones que cada una de las respuestas puede tener para quien recibe la propiedad, para la empresa, para la familia, para su cónyuge y para usted mismo. Anote sus reflexiones sobre cada una de las posibles respuestas. Considere los ejemplos mostrados en el Cuadro 4.03.3. | |
| a. Se transferirá a nuestra muerte. | |
| b. Al momento en que se cumplan las condiciones que especificamos. Especifique cuáles son esas condiciones. | |
| c. En el momento en que nosotros veamos que es oportuno hacerlo. Clarifique qué es lo que usted espera para que un momento sea oportuno. | |
| d. Inmediatamente. | |

## Cuadro 4.03.3. Ejemplos sobre la definición de entrada en vigor de la transferencia de la propiedad

1. *La forma de transferencia será mediante el testamento, por lo que los beneficios patrimoniales se recibirán plenamente hasta el fallecimiento de ambos fundadores sin perjuicio de que en vida pudieran hacerse algunas transferencias parciales.*

2. *Nosotros, ____ y ____ aspiramos a que nuestros hijos ____ y ____ continúen en el futuro como los legítimos dueños de nuestra empresa familiar. Esta empresa ha sido nuestro medio de realización en el ámbito profesional, social y humano, así como el sustento de nuestra familia durante los años que la hemos operado. Es nuestro sueño el que esta empresa continúe en manos de la familia a través de nuestros hijos, por lo que estamos dispuestos a ceder legalmente en el futuro la propiedad del 80% de la empresa por partes iguales a nuestros dos hijos, en el momento en que nosotros: a) consideremos que ellos han probado ser dignos receptores de este nuestro legado, esto a través de su trabajo en la empresa, el respeto a los acuerdos de este Protocolo Familiar y al Código de Conducta entre Hermanos que en este documento ellos consignan, demostrando que pueden ser socios responsables aun cuando nosotros no estemos acompañándolos en esta empresa, y b) en el momento en que consideremos que contamos con una seguridad económica para el resto de nuestras vidas. Nosotros consideramos en este momento que la transferencia de acciones mencionada será a partir del año 20__ y quedará concluido en el año 20___.*

3. *Con respecto al 20% restante de las acciones, hemos decidido establecer en nuestros testamentos respectivos que al momento de nuestra muerte estas acciones pasen a ser propiedad del cónyuge que nos sobreviva. Aquel de nosotros dos que reciba de esta forma la propiedad del mencionado 20% de las acciones, sin la intervención de nuestros hijos o de persona alguna, decidirá a quién dejarlas en herencia, pudiendo ser a nuestros dos hijos por partes iguales basado seguramente en los criterios mencionados en los puntos a) y b) del párrafo anterior y en nuestro deseo de que esta empresa sea manejada profesionalmente con un proceso de toma de decisiones efectivo.*

## Formato 4.03.07. Instrumentos legales para la transferencia de propiedad

| Pregunta 7. ¿Qué instrumento legal conviene utilizar para transferir la propiedad de la empresa? | |
|---|---|
| Si tiene alguna duda sobre alguno de los instrumentos legales que tiene a su alcance, no se quede con la duda, consulte a su abogado o asesor sobre las implicaciones que cada uno de ellos puede tener en el que las cosas sucedan como ustedes desean que sucedan. | |
| a. | Testamento, para que las reciban a la muerte de los padres. | |
| b. | Crear un fideicomiso que se las entregue a nuestra muerte o para que se administren de acuerdo con ciertos lineamientos que dictaremos. Escriba sus ideas iniciales sobre las instrucciones que daría al fideicomiso. | |
| c. | Seguros de vida. | |
| d. | Cesión de derechos. | |
| e. | Convenio de compra-venta. | |
| f. | Otros esquemas o instrumentos. | |

## Formato 4.03.08. Cuándo notificar la decisión sobre transferencia de la propiedad

| Pregunta 8. ¿Cuándo debemos notificar sobre la decisión tomada? | |
|---|---|
| Por experiencia se sabe que el comunicar la decisión con anticipación pone en mayor ventaja a la empresa y a la familia que el darla a conocer al momento de la muerte del propietario. Reflexione sobre sus propias circunstancias, sobre las circunstancias de la empresa y de la misma familia para que pueda tomar la mejor decisión. Recuerde los criterios de referencia: unidad familiar y continuidad de la empresa. Usted sabe lo que tiene en casa. Es importante que considere también qué tan preparados están sus herederos para recibir su legado. | |
| a. | Se enterarán a nuestra muerte. | |
| b. | Lo comunicaremos de inmediato para que conozcan nuestras intenciones y para buscar que se fortalezca la unidad familiar y el compromiso por la empresa. | |

## Formato 4.03.09. Estructura de la propiedad ideal para la transferencia

| Pregunta 9. ¿Nos conviene mantener o cambiar la estructura de propiedad que tenemos actualmente en vista de lo que deseamos para el futuro para nosotros y para nuestras siguientes generaciones? | |
|---|---|
| Es conveniente el revisar la estructura que guarda la propiedad del legado de la familia. Podría requerirse el hacer algunas modificaciones para que se facilite la transmisión de la propiedad en los términos que usted está considerando. Pregunte a su abogado o asesor sobre las implicaciones de cada una de las opciones y sobre cómo favorece cada una de ellas al cumplimiento de sus deseos. | |
| a. | Cambiar o mantener el tipo de sociedad: SA, SAPI, Holding, otra. | |
| b. | Reestructurar las acciones/partes sociales de la empresa: Un mismo tipo de acciones VS series distintas de acciones con diferentes derechos. | |
| c. | Terrenos y otras propiedades al servicio de la empresa: Cambiarlas a que formen parte de los activos de la empresa VS mantenerlas como propiedad personal. | |
| d. | Recuperar acciones de la empresa que están en poder de otros parientes o socios. | |
| e. | Consolidar todas las acciones de la sociedad, que no esté dispersa en muchos propietarios. | |
| f. | Consolidación de sociedades. | |
| g. | Liquidación de algunas sociedades | |
| h. | Creación de holding. | |
| i. | Otro esquema: | |

## Cuadro 4.03.4. Ejemplo de acuerdo sobre la restructuración de la propiedad

| *Restructuración de la propiedad actual* |
|---|
| *Se buscará la forma de integrar las propiedades comunes de la familia bajo una estructura patrimonial que convenga al grupo familiar. Para esto, se nombrará a un responsable de buscar alternativas, analizarlas y proponerlas al grupo familiar de tal forma que la decisión sobre qué hacer y cuándo hacerlo quede tomada antes del término de este año.* |

## Formato 4.03.10. Permitir la separación o no de accionistas de la familia

| Pregunta 10. ¿Cómo procederemos para evitar un conflicto familiar si en el futuro alguno quiere separarse del grupo como propietario de la empresa, de tal forma que evitemos discusiones en caso de que surja esta circunstancia? | |
|---|---|
| Nunca es conveniente el tener a alguien como socio que no quiera serlo, independientemente de las razones que tenga para separarse. No es bueno para la familia y no es bueno para la empresa pues sus intereses pueden ser muy diferentes a los del grupo familiar y el retenerlo contra su voluntad pone en riesgo la unidad familiar. Se deberá contemplar esta alternativa independientemente de si se tiene del deseo de mantener la propiedad de la empresa en la familia. Se deberá decidir cuál camino se seguirá si algún miembro de la familia desea salirse por alguna circunstancia o necesidad. | |
| Reflexiones sobre las ventajas y desventajas de **no permitir** la salida de accionistas familiares. Escríbalas en el formato correspondiente: | |
| Ventajas | Desventajas |
|  |  |
| Reflexiones sobre las ventajas y desventajas de **sí permitir** la salida de accionistas familiares. Escríbalas en el formato correspondiente: | |
| Ventajas | Desventajas |
|  |  |

| | |
|---|---|
| Basado en sus reflexiones sobre las ventajas y desventajas de permitir la salida de accionistas familiares o no, defina su propuesta sobre cuál debe ser el acuerdo de la familia con respecto a esto. Seleccione todas las opciones que considera deben ser adoptadas por la familia para discutirlas posteriormente con ellos y tomar una decisión. | |
| a. | No permitiremos la venta de acciones por parte de los miembros de la familia. Liste sus razones por las que considera que esto es conveniente. |
| b. | Buscaremos un esquema legal que no permita la venta de las acciones. Ej. Fideicomiso u otra herramienta. |
| c. | Quien quiera retirarse para hacerse de efectivo deberá buscar otras opciones para hacerse de recursos. |
| d. | Buscaremos otros mecanismos para apoyar a quienes necesiten dinero. Plantee propuestas de cómo se podría apoyar a quien se quiere retirar por falta de dinero. Esta opción la puede seleccionar para cualquiera de las posturas de permitir la salida o no. |
| e. | Sí permitiremos la salida de quienes quieren vender sus acciones, independientemente de las razones que tenga para hacerlo. Explique por qué considera que es conveniente hacer esto. Reflexione sobre los posibles resultados de esta decisión. |
| f. | Se deberá reconocer que es derecho de los accionistas el disponer de las acciones de su propiedad, sin menoscabo de la relación familiar. |
| g. | Se debe permitir la salida de accionistas familiares con ciertas limitaciones. Proponga cuáles o de qué tipo y el por qué se debería hacer así. |
| h. | Se debe permitir la salida de accionistas familiares sin ninguna limitación. Especifique el por qué se debería hacer así. |
| i. | Otras opciones que usted considere viables para su familia: |

## Formato 4.03.10.1. Previsiones para la separación de accionistas familiares

| | |
|---|---|
| Pregunta 10.1 ¿Qué definiciones debemos tener ya establecidas sobre cómo proceder en caso de que un accionista de la empresa de la familia desee vender su participación accionaria? | |
| Seleccione los acuerdos que deben adoptarse para proceder a la separación de un accionistas de la empresa de la familia. Pude proponer acuerdos adicionales o variantes a las opciones que se presentan. | |
| a. Otorgaremos el derecho del tanto por partes iguales a los demás miembros de la familia. Los accionistas tendrán preferencia para adquirir las acciones que hayan de enajenarse por algún otro de los accionistas de la sociedad. | |
| b. Se acuerda que sólo podrán transferir (inclusive a través de fusión, disolución o cualquier otra transacción corporativa) sus intereses de las sociedades, ya sea total o parcialmente, a un tercero, mediante el consentimiento previo y por escrito de todos los accionistas, de acuerdo con las disposiciones que aquí se establezcan y se esté en cumplimiento a los estatutos de la sociedad de referencia. | |
| c. Deberemos establecer un compromiso de vender a los otros accionistas familiares solamente. | |
| d. Imponer algunas restricciones sobre a quién se pueden vender las acciones y a quién no. | |
| e. Periodo de aviso. El vendedor deberá notificar por escrito al secretario del consejo de administración, o en su caso, a cada uno de los accionistas, por lo menos con ____ días de anticipación a la fecha en que desea se efectúe la transacción para dar tiempo suficiente para valuar, fijar precio y obtener el financiamiento requerido para el pago de las acciones. Los accionistas, dentro del término de días mencionados siguientes a la recepción de la notificación de venta, deberán informar por escrito al accionista vendedor si deciden ejercitar su derecho de preferencia para comprar dichas acciones en los términos propuestos en la notificación de venta. Se entenderá que los accionistas no ejercen su derecho de preferencia en caso de que no den respuesta por escrito dentro del plazo de días calendario antes mencionado. | |
| f. El precio de venta será el precio que acuerden la partes vendedora y compradora en su momento. Si no hay acuerdo deberán seguir el procedimiento autorizado. | |
| g. El precio de venta de las acciones será el que resulte del avalúo de dos profesionistas capacitados. El Consejo de Accionistas Familiares por mayoría designará a estos peritos. El precio final se establecerá como el promedio de los avalúos siempre y cuando la diferencia no sea mayor al 20%, en caso contrario se solicitará la intervención de un tercer perito designado por unanimidad. El precio final será el promedio de los avalúos con menor diferencia entre ellos. | |

| | | |
|---|---|---|
| h. | A fin de tener un equilibrio entre una valuación conservadora que le da peso al valor actual y a los activos sólidos del negocio y otra que pondera el valor actual del futuro del negocio y de la capacidad de generar utilidades futuras, el valor de las acciones será la media de dos valuaciones efectuadas por uno de los 3 bancos de mayor capitalización en la plaza y por una firma de contadores públicos y/o consultores profesionales. | |
| i. | En caso de que alguno de los familiares no desee o no pueda adquirir las acciones que se le ofrecen, los demás familiares tendrán la primera opción de compra sobre esas acciones en partes iguales. | |
| j. | Por ningún motivo y bajo ninguna circunstancia se enajenarán acciones, activos de la empresa o partes sociales de nuestro negocio, a personas ajenas al grupo familiar, si no es por acuerdo unánime de los miembros del Consejo de Accionistas Familiares. | |
| k. | Por ningún motivo y bajo ninguna circunstancia se enajenarán acciones o partes sociales de nuestro negocio, a las siguientes personas o sociedades: _____ Especificar cuáles. | |
| l. | Constituiremos un fondo de re-compra de acciones con la aportación anual de un porcentaje cómodo de las utilidades netas del año de al menos un __%, de tal forma de que al término de ____ años tenga el capital suficiente como para comprar la participación accionaria de uno de los miembros de la familia. Este fondo sólo podrá ser utilizado bajo las reglas que aquí establecemos para los fines que hemos acordado. | |
| m. | Si alguno de nosotros desea vender sus acciones y los demás familiares no desean o no pueden comprarlas, esas acciones no podrán ser enajenadas a otras personas. | |
| n. | Si alguno de nosotros desea vender sus acciones y los demás familiares no desean o no pueden comprarlas, esas acciones podrán ser enajenadas a otras personas bajo las limitantes que aquí establecemos en cuanto a quién no vender. | |
| o. | Las acciones que se venden bajo lo establecido en este Protocolo Familiar serán pagadas de la siguiente manera a la parte vendedora: ____% de anticipo al firmar el acuerdo de compra-venta y pagos trimestrales iguales durante ____ años, con cargos por intereses de ____% sobre saldos insolutos. | |
| p. | Hostilidad por parte de uno de los accionistas. Si un accionista se siente afectado por la falta de respeto de otro de los accionistas, le notificará la decisión, apoyada por dos consejeros independientes, de adquirir su participación en las acciones de la sociedad y el accionista hostil estará obligado a realizar la venta. | |

| | | |
|---|---|---|
| q. | Derecho de Venta Forzosa (Drag-Along). En el caso en que cualquiera de los accionistas obtuviere y/o recibiere una oferta en firme para la compra de la totalidad de las acciones de la sociedad a un precio superior al valor de aportación, incluidas las primas por suscripción, realizada por cualquiera de los accionistas más un mínimo de un 40% (cuarenta por ciento) de rendimiento anual (el cálculo se realizará tomando en cuenta la capitalización del rendimiento de forma anual a partir de la fecha en que cada aportación se haya llevado a cabo y hasta e inclusive el día de cierre de la enajenación), cualquiera de los accionistas tendrá el derecho a exigir a los otros accionistas que vendan y el resto de los accionistas estará obligado a vender todas las acciones de su propiedad emitidas por la sociedad, al precio de la oferta en firme que se hubiere recibido de conformidad con lo señalado en este párrafo. | |
| r. | Derecho de Venta Conjunta (Tag-Along). En caso de que cualquier accionista desee transmitir las acciones de la sociedad de que sea titular a cualquier tercero y siempre que no se haya ejercido el derecho de preferencia para adquirir la totalidad de las acciones que se pretendan transmitir, los accionistas tendrán un derecho de venta conjunta de acciones de las que sean titulares para ser enajenadas conjuntamente con el accionista vendedor al tercero identificado en la notificación de venta. | |
| s. | Los accionistas que deseen transmitir sus acciones de acuerdo con lo convenido en el protocolo familiar podrán hacerlo hasta el ____% del capital social cada año calendario, en el entendido, sin embargo, que dicho derecho no es acumulativo, por lo que de no ejercerse en el año que corresponda, dicho derecho para el año de que se trate se extinguirá en forma automática. | |
| t. | El vendedor no podrá desarrollar por sí mismo o a través de otras personas o empresas, por un plazo mínimo de ____ años, ninguna actividad que directa o indirectamente pueda ser considerada competencia de los negocios de la familia. | |
| u. | Las acciones de la empresa no deberán ser dadas en garantía de cumplimiento de cualquier obligación personal de su propietario. Los títulos de las acciones deberán tener impresa la leyenda correspondiente. | |
| v. | Otras previsiones: | |

## Cuadro 4.03.5. Ejemplos de acuerdos sobre opciones para el caso en que un accionistas familiar decida separarse de la empresa

| | |
|---|---|
| A. | *Otorgaremos el derecho del tanto por partes iguales a los demás miembros de la familia.* |
| B. | *El vendedor deberá notificar por escrito al secretario del consejo de administración por lo menos con 120 días de anticipación a la fecha en que desea se efectúe la transacción, para dar tiempo suficiente para valuar, fijar precio y obtener el financiamiento requerido para el pago de las acciones.* |
| C. | *El precio de venta será el precio que acuerden la partes vendedora y compradora. Si no hubiera acuerdo sobre el precio, este será el que resulte del avalúo de dos profesionistas capacitados. El Consejo de Accionistas Familiares por mayoría designará a estos peritos. El precio final se establecerá como el promedio de los avalúos siempre y cuando la diferencia no sea mayor al 20%, en caso contrario se solicitará la intervención de un tercer perito designado por unanimidad. El precio final será el promedio de los avalúos con menor diferencia.* |
| D. | *A fin de tener un equilibrio entre una valuación conservadora que le da peso al valor actual y a los activos sólidos del negocio y otra que pondera el valor actual del futuro del negocio y de la capacidad de generar utilidades futuras, el valor de las acciones será la media de dos valuaciones efectuadas por uno de los 3 bancos de mayor capitalización en la plaza y por una firma de contadores públicos y/o consultores profesionales.* |
| E. | *En caso de que alguno de los familiares no desee o no pueda adquirir las acciones que se le ofrecen, los demás familiares tendrán la primera opción de compra sobre esas acciones en partes iguales.* |
| F. | *Por ningún motivo y bajo ninguna circunstancia se enajenarán acciones, activos de la empresa o partes sociales de nuestro negocio, a personas ajenas al grupo familiar, si no es por acuerdo unánime de los miembros de la Asamblea Familiar.* |
| G. | *Constituiremos un fondo de re-compra de acciones con la aportación anual de un porcentaje cómodo de las utilidades netas del año de al menos un __% de tal forma de que al término de ____ años tenga el capital suficiente como para comprar la participación accionaria de uno de los miembros de la familia. Este fondo sólo podrá ser utilizado bajo las reglas que aquí establecemos para los fines que hemos acordado.* |
| H. | *Si alguno de nosotros desea vender sus acciones y los demás familiares no desean o no pueden comprarlas, esas acciones no podrán (o sí podrán) ser enajenadas a otras personas.* |
| I. | *Las acciones que se venden bajo lo establecido en este Protocolo Familiar serán pagadas de la siguiente manera a la parte vendedora: ____% de anticipo al firmar el acuerdo de compra-venta y pagos trimestrales iguales durante ___ años, sin cargos por intereses.* |

J. *Nos comprometemos a establecer los mecanismos necesarios para que, en caso de muerte de uno de los accionistas, la empresa o los accionistas que le sobrevivan, puedan pagar en efectivo las acciones del familiar fallecido a sus herederos, de acuerdo con la valoración que se haga de las mismas al momento del pago, según lo determinen expertos peritos seleccionados por el Consejo de Accionistas Familiares. Estos mecanismos deberán estar en funcionamiento en los primeros tres meses siguientes a la firma de este Protocolo Familiar.*

K. *Derecho de Venta Forzosa (Drag-Along). En el caso en que cualquiera de los accionistas obtuviere y/o recibiere una oferta en firme para la compra de la totalidad de las acciones de la sociedad a un precio superior al valor de aportación, incluidas las primas por suscripción, realizada por cualquiera de los accionistas más un mínimo de un 40% (cuarenta por ciento) de rendimiento anual (el cálculo se realizará tomando en cuenta la capitalización del rendimiento de forma anual a partir de la fecha en que cada aportación se haya llevado a cabo y hasta e inclusive el día de cierre de la enajenación), cualquiera de los accionistas tendrá el derecho a exigir a los otros accionistas que vendan y el resto de los accionistas estará obligado a vender todas las acciones de su propiedad emitidas por la sociedad, al precio de la oferta en firme que se hubiere recibido de conformidad con lo señalado en este párrafo.*

## Formato 4.03.11. Previsión en caso de muerte de algún miembro de la generación actual

| Pregunta 11. ¿Qué sucedería con la propiedad de la empresa si muere alguno de los miembros de la Primera generación (papá o mamá)? | |
|---|---|
| Es momento de reflexionar sobre las circunstancias legales de las acciones de la empresa y su destino en caso de muerte. Establezca un compromiso personal de lo que tiene que hacer al respecto. | |
| a. | ¿Quiénes están nombrados como sus herederos de las acciones de la empresa? ¿Corresponden a la reflexión que se está haciendo en este ejercicio? | |
| b. | ¿Ya está formalizado su testamento? ¿Requiere ser actualizado? ¿Qué compromiso puede hacer sobre esto? | |
| c. | ¿Están las acciones atadas a un fideicomiso? ¿Bajo qué condiciones? ¿Son las condiciones que mejor conviene para la unión familiar y el desarrollo de la empresa?¿Deberá modificarlas? | |
| d. | Otros compromisos: | |

## Formato 4.03.12. Previsión en caso de muerte de algún miembro de la siguiente generación

| | | |
|---|---|---|
| Pregunta 12. ¿Qué pasaría si muere alguno de los miembros de la siguiente generación?<br><br>Es momento de reflexionar sobre las circunstancias legales de las acciones de la empresa y su destino en caso de muerte de un miembro de la nueva generación. Reflexionar sobre las condiciones en que queda la familia de quien muere y en el efecto que tendrá en la sociedad el cambio de accionista. Se deberá llegar a un acuerdo que propicie la unidad familiar y la continuidad de la empresa. | | |
| a. | ¿Quiénes están nombrados como sus herederos de las acciones de la empresa? ¿Corresponden a la reflexión que se está haciendo en este ejercicio? | |
| b. | ¿Se permitirá que la sociedad siga con la cuñada viuda o el cuñado viudo? | |
| c. | ¿Se deberán heredar directamente a los hijos? ¿Y si son menores de edad, quién será el tutor? ¿Crearía un conflicto esto con el cónyuge? Ver Figura 4.3.1. | |
| d. | ¿Tiene cada uno de los miembros de la siguiente generación su testamento formalmente establecido? ¿Se deberá actualizar para contemplar las circunstancias que se mencionan en este ejercicio? | |
| e. | ¿Deberemos implementar algún instrumento que permita pagar su participación en la empresa a la familia del familiar que falleció de tal forma que quede fuera de la sociedad? (Seguro, fondo, etc.) | |
| f. | Otros compromisos: | |

**Figura 4.03.1. Cómo manejarse con los yernos/nueras en caso de que falte uno de los hermanos**

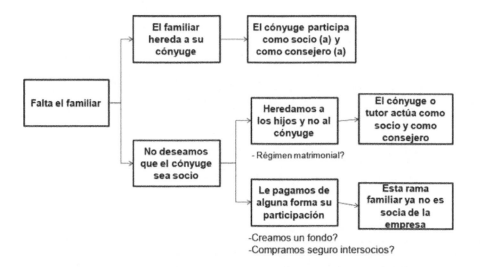

**Cuadro 4.03.6. Ejemplo de acuerdo sobre conservar la propiedad en la familia**

> *A fin de conservar la propiedad de la empresa en la familia, los miembros de la Tercera Generación estamos de acuerdo en proceder de la siguiente manera en relación con las acciones y participaciones en los negocios de la familia de las que somos propietarios actualmente y de las que heredemos de nuestros padres en el futuro:*
>
> - *Heredaremos las acciones o participaciones de los negocios a nuestros hijos directamente, no a nuestro cónyuge. Tomamos esta resolución libremente y por voluntad propia, sin estar sujetos a presión alguna para así hacerlo.*
> - *Para los menores de edad nombraremos como tutor con respecto a la administración de las acciones de la empresa, a una persona que consideremos puede trabajar con los demás socios miembros de la Familia, dando preferencia a otros miembros de la Familia o a otros tíos de nuestros hijos, siempre y cuando sean del género masculino.*

## Formato 4.03.13. Criterios con respecto al régimen matrimonial

| | | |
|---|---|---|
| Pregunta 13. ¿Qué acuerdos debemos tomar relacionados con el régimen matrimonial de los miembros de la familia dada la forma en que queremos se transfiera la propiedad a las siguientes generaciones? | | |
| Reflexionar sobre las implicaciones que el régimen matrimonial puede tener en la transferencia de la propiedad, tratado en el Ejercicio 4.01. Definir las acciones que se deben tomar al respecto. | | |
| a. | ¿Debemos mantener el régimen matrimonial que tenemos actualmente o debemos cambiarlo? | |
| b. | ¿Cómo aseguramos que si estamos casados bajo el régimen de sociedad conyugal testen en el mismo sentido con respecto a las acciones de la empresa? | |
| c. | ¿Debemos tener un acuerdo sobre el régimen matrimonial a elegir por quienes se van a casar? | |
| d. | ¿Debemos acordar otros acuerdos matrimoniales para quienes se van a casar? | |

## Formato 4.03.14. Protección de la propiedad en caso de divorcio

| | | |
|---|---|---|
| Pregunta 14. ¿Qué acuerdos debemos tomar para proteger la propiedad de la empresa en caso de divorcio de algún miembro de la familia? ¿Cómo evitamos que las acciones de la empresa se vean involucradas en el convenio patrimonial del divorcio? | | |
| Reflexionar sobre las implicaciones que un divorcio puede tener en la propiedad de la empresa. Definir las acciones que se deben tomar al respecto. | | |
| a. | Nos comprometemos a que en caso de divorcio, no permitiremos que se involucren nuestras acciones y partes propietarias de los negocios de la familia en convenio patrimonial alguno relacionado con el divorcio, ni se ofrecerán como parte de la liquidación o finiquito que se llegara a determinar. Para esto instalaremos los instrumentos legales que se acuerden en este Protocolo Familiar tendientes a impedir que esto suceda. | |
| b. | Deberá constar en la correspondientes capitulaciones matrimoniales, en los pactos económicos equivalentes o en documento público, el compromiso entre los cónyuges que garantice que en caso de ruptura del vínculo conyugal por cualquier causa, las acciones del la empresa que pertenezcan al miembro de la familia permanecerán íntegramente en plena titularidad del mismo, sin que el cónyuge de hecho pueda tener derecho alguno sobre las mismas. | |

## Cuadro 4.03.7. Ejemplo de acuerdo sobre previsiones en caso de divorcio

| |
|---|
| *Nos comprometemos a que en caso de divorcio, no permitiremos que se involucren nuestras acciones y partes propietarias de los negocios de la familia en convenio patrimonial alguno relacionado con el divorcio, ni se ofrecerán como parte de la liquidación o finiquito que se llegara a determinar. Para esto instalaremos los instrumentos legales que se acuerden en este Protocolo Familiar tendientes a impedir que esto suceda.* |

## Formato 4.03.15. Formalización de testamentos

| | | |
|---|---|---|
| Pregunta 15. ¿Tenemos todos los miembros de la familia ya formalizado un testamento? | | |
| Se deberá aquí concretar el compromiso de todos los miembros de la familia a tener formalizado su testamento ante un notario, o a actualizarlo con los acuerdos que se están tomando en este ejercicio. | | |
| a. | ¿Quiénes se deben comprometer a elaborar su testamento? | |
| b. | ¿Qué términos debemos acordar incluir en los testamentos de cada uno para que surtan en el futuro el efecto que deseamos en la transferencia de la propiedad de la empresa? | |
| c. | Definir la fecha de compromiso para contar ya con un testamento. | |
| d. | ¿Cómo sabremos cómo y dónde conseguir el testamento en caso de requerirse? ¿Debemos establecer algún responsable de guardar una copia de los testamentos? ¿En dónde se pueden guardar? | |
| e. | Si alguien modifica su testamento ¿qué compromiso tiene de avisarle al grupo familiar? | |

## Cuadro 4.03.8. Ejemplo de Acuerdo para la elaboración del testamento

| |
|---|
| *Todos los miembros de la Familia nos comprometemos a formalizar nuestro testamento y proporcionar una copia para resguardo en una caja de seguridad de acuerdo a lo estipulado en este Protocolo Familiar. Tendremos cuidado de formalizarlo adecuadamente tanto en México como en los Estados Unidos, según corresponda. La fecha límite para hacer esto es el día 31 del mes de Septiembre de este año.* |

## Formato 4.03.16. Asuntos personales que ponen en riesgo la propiedad

| | | |
|---|---|---|
| Pregunta 16. ¿A qué otros riesgos está expuesta la propiedad de la empresa de la familia? ¿Qué medidas debemos acordar para no permitir que terceros extraños a la familia pudieran llegar tener participación en la empresa familiar? | | |
| Reflexionar sobre los posibles riesgos y proponer algunas acciones que permitan proteger la propiedad. | | |
| a. | Riesgos Financieros: Consideramos muy importante que el resto de los familiares estén veraz y oportunamente enterados de los riesgos patrimoniales de cada miembro en lo particular, a fin de que acreedores de estos últimos no llegaran a tener participación y/o acceso a los negocios de la familia. En el supuesto de que estos riesgos se presenten, todos aceptamos someternos a los mecanismos de protección patrimonial que nos imponga el Consejo de Accionistas Familiares. | |
| b. | Embargos: Si por cualquier motivo se llegara a dar el embargo o aseguramiento de las acciones o parte propietaria de algún miembro de la familia respecto a los negocios relacionados en este Protocolo Familiar, el Consejo de Accionistas Familiares podrá acordar el rescate y la liberación de esos bienes y, en su caso, acordará cómo se procederá respecto al destino de estas acciones o propiedades. | |
| c. | Interdicción: Si se diera un caso de interdicción judicialmente declarada para algún miembro de la familia, mediante este acuerdo todos expresamos suplicantes a nuestros padres, cónyuges e hijos, se sirvan dar todas las facilidades para que fungiera como tutor nuestro quien acuerde el Consejo de Accionistas Familiares, hasta que alguno de los descendientes del accionistas en esta condición cumpla 25 años, momento en el cual dicho descendiente será el legal representante. | |
| d. | Alguna otra circunstancias previsible o muy particular de la familia: | |

## Cuadro 4.03.9. Ejemplos de acuerdos para previsiones en casos que ponen en riesgo la propiedad de la empresa en la familia

| |
|---|
| *Riesgos Financieros: Consideramos muy importante que el resto de los familiares estén veraz y oportunamente enterados de los riesgos patrimoniales de cada miembro en lo particular, a fin de que acreedores de estos últimos no llegaran a tener participación y/o acceso a los negocios de la familia. En el supuesto de que estos riesgos se presenten, todos aceptamos someternos a los mecanismos de protección patrimonial que nos imponga el Consejo de Accionistas Familiares.* |
| *Embargos: Si por cualquier motivo se llegara a dar el embargo o aseguramiento de las acciones o parte propietaria de algún miembro de la familia respecto a los negocios relacionados en este Protocolo Familiar, el Consejo de Accionistas Familiares podrá acordar el rescate y la liberación de esos bienes y, en su caso, acordará cómo se procederá respecto al destino de estas acciones o propiedades.* |
| *Interdicción: Si se diera un caso de interdicción judicialmente declarada para algún miembro de la familia, mediante este acuerdo todos expresamos suplicantes a nuestros padres, cónyuges e hijos, se sirvan dar todas las facilidades para que fungiera como tutor nuestro quien acuerde el Consejo de Accionistas Familiares.* |

## Formato 4.03.17. Instrumentos legales que podemos utilizar

| | | |
|---|---|---|
| Pregunta 17. ¿Qué otro instrumento podría servirnos para garantizar los acuerdos que sobre propiedad de la empresa establecemos? | | |
| Para dar respuesta a esta pregunta es necesario primero tener muy claro qué es lo que se quiere hacer para posteriormente elegir la mejor forma de hacerlo. Revisar si es necesario los instrumentos descritos en el Ejercicio 4.01 | | |
| a. | Fideicomiso | |
| b. | Convenio entre Accionistas | |
| c. | Modificar estatutos de la empresa | |
| d. | Seguros de vida, seguros hombre clave, seguros intersocios | |

**Conclusión del ejercicio 4.03**

12. Una vez que cada generación ha reflexionado sobre la respuesta que darían a cada una de las preguntas planteadas, deberán compartir la postura de cada generación con respecto a ellas. Discutan los pros, contras, sus temores, expectativas y en qué fundamentan sus propuestas. Documenten los acuerdos que pueden ir alcanzando en algunas de las preguntas y que van a ser incluidos en su Protocolo Familiar. Recuerden que no se trata de llegar a un acuerdo sobre la forma en que se transferirá la propiedad de la empresa, sino poner en forma clara la postura de cada uno de los miembros de la familia, sus anhelos y esperanzas, teniendo siempre en mente que quien decide cómo se reparte la propiedad es precisamente quien es propietario. Así que habrá que dejarle a esa persona la decisión y aceptarla.

## Ejercicio 4.04. Tomar la decisión de cómo transferir la propiedad de la empresa

Los propietarios actuales de las acciones de la empresa tomarán todas las opiniones que se han expresado y los conceptos que se han tratado en esta sesión como una referencia para decidir en forma privada y personal cómo realizarán la transferencia de la propiedad. Deberán decidir también sobre el momento adecuado para comunicarlo a los demás miembros de la familia. Para tomar estas decisiones tal vez requieran de entrevistas adicionales con sus asesores legales, contables y fiscales, así como su asesor en temas de familia empresaria, y sobre todo, mucho diálogo con su cónyuge co-propietario.

# SESIÓN 5: LA SUCESIÓN EN EL MANDO DE LA EMPRESA

El objetivo de esta sesión es establecer los lineamientos generales para decidir cómo nombrar a un nuevo líder en la empresa. Al hablar de nombrar a una nueva persona para ocupar un puesto nos obliga a tratar el tema de la salida de otra persona, que es la que dejará el puesto a ocupar. Por esta razón ambos temas serán abordados en esta sesión.

Para realizar los ejercicios de esta sesión es necesario que la familia haya ya trabajado en la definición de su Modelo de Empresa Familiar en los Ejercicios 1.04 (Misión Familiar), 1.05 (Visión Familiar) y 1.06 (Proyecto de Empresa Familiar), así como con los Ejercicios 3.03, 3.04 y 3.05 relativos a las políticas de empleo y compensación a miembros de la familia, y tenga ya redactados sus acuerdos en estos temas.

Los ejercicios que se realizarán en esta sesión son los siguientes:

Ejercicio 5.01  Reflexión sobre lo que la familia desea para el futuro
Ejercicio 5.02  Reflexión sobre sucesión para la generación actual
Ejercicio 5.03  Reflexión sobre sucesión para la siguiente generación
Ejercicio 5.04  Plan de desarrollo para candidatos a la sucesión en el mando de la empresa
Ejercicio 5.05  Verificación del Plan de Sucesión
Ejercicio 5.06  Elaboración de un Plan de Retiro

Es conveniente que cada uno de los miembros de la familia realice todos estos ejercicios en forma individual antes de la sesión grupal, tomando nota de las reflexiones, dudas y sugerencias que vayan surgiendo durante los mismos, para después compartirlos con todos los demás integrantes de la familia. Al realizar los ejercicios en forma personal se deberán llevar a cabo las investigaciones necesarias en la literatura o con expertos para conocer más sobre sucesión en las empresas y aclarar las dudas que se puedan tener. Mediante esta práctica de ejercicios individuales antes de la sesión familiar se podrá contar con más tiempo para la reflexión y se abrirá el camino para llegar a mejores decisiones conjuntas.

## Ejercicio 5.01. Reflexión sobre lo que la familia desea para el futuro

Este ejercicio consiste en revivir lo que la familia reflexionó en el Ejercicio 1.07 sobre las implicaciones que tienen para la familia, la empresa y la propiedad tanto la Misión Familiar, como la Visión Familiar y el Modelo de Empresa Familiar que diseñaron en ese entonces. En el Ejercicio 1.07 la familia definió el tipo de liderazgo que deseaba para el futuro, la forma en que tomaría las decisiones, la forma en que la familia participaría en la empresa y el tipo de familia empresaria en que querían convertirse. Todos estos conceptos ayudarán a definir el plan de sucesión en el mando de la empresa. Al terminar de repasar estos conceptos y los acuerdos que suscribieron en este sentido, deberán proseguir con el Ejercicio 5.02.

## Ejercicio 5.02. Reflexión sobre sucesión para la generación actual

Este ejercicio está dirigido a situaciones de la generación actual, sin embargo, es conveniente que la siguiente generación también participe en dar su punto de vista para que los miembros de la generación actual tengan una perspectiva más amplia sobre lo que se debe hacer. Para esto cada generación contesta por separado las preguntas y al terminar comparten sus respuestas.

Al realizar el ejercicio deberán documentarse las conclusiones a las que lleguen los miembros de la generación actual, de tal forma que se puedan plasmar en los fundamentos del Plan de Sucesión que se integrará al Protocolo Familiar. Se estarán proporcionando algunos ejemplos de las declaraciones que se pueden incluir en este documento.

## Formato 5.02.1. Por qué pensar en el retiro

| | | |
|---|---|---|
| Pregunta 1: ¿Por qué debemos pensar seriamente en nuestro retiro de las actividades de operación de la empresa? | | |
| Esta es una pregunta difícil de contestar con convencimiento, especialmente cuando el padre o la madre están en pleno uso de sus facultades, se sienten fuertes, lúcidos y muy motivados para seguir trabajando en su empresa. Se debe tener una buena razón para decidir "hacerse a un lado" y dejar el paso a la siguiente generación. Reflexione sobre las posibles respuestas, anote sus miedos, aspiraciones y expectativas relacionadas con cada respuesta. | | |
| a. | La permanencia exagerada puede afectar la forma en que tomamos decisiones y afectar la buena marcha del negocio. | |
| b. | Debemos alentar la participación de la siguiente generación. | |
| c. | Si no dejamos que la siguiente generación vaya asumiendo responsabilidades estaremos evitando su desarrollo profesional y personal. | |
| d. | No debemos privarnos de asumir nuevos retos apasionantes en nuestra vida. | |
| e. | Debemos disfrutar un merecido descanso en esta etapa de nuestras vidas. | |
| f. | Otras razones: | |

## Cuadro 5.02.1. Ejemplo de declaración de motivos para el retiro

*Como miembros de la Primera Generación estamos conscientes de la importancia de pensar seriamente en nuestro retiro de las actividades de operación de la empresa, ya que nuestra permanencia exagerada en las mismas puede afectar la forma en que tomamos decisiones y la buena marcha del negocio. Estamos dispuestos a dar este paso con los siguientes propósitos:*

- *Alentar la participación de la siguiente generación.*
- *Permitir que la siguiente generación asuma responsabilidades y se desarrolle en lo profesional y lo personal.*
- *No debemos privarnos de asumir nuevos retos apasionantes en nuestras vidas ni de disfrutar un merecido descanso en esa etapa de nuestras vidas.*

## Formato 5.02.2. Asuntos que impiden el retiro

| Pregunta 2: ¿ Qué asuntos podrían ser un impedimento para retirarse? | |
|---|---|
| Reflexione sobre las cosas que a usted le preocupan y que dificultan el que tome la decisión de retirarse. Escriba en cada uno de los asuntos que se muestran en este formato cuál es su situación actual, sus preocupaciones, y qué es lo que usted puede hacer con respecto a lo que se menciona en cada uno de ellos de tal forma que facilite la sucesión, qué es lo que le daría a usted tranquilidad, acciones que debe emprender. Existen estudios que concluyen que hay tres razones más comunes para no retirarse: (1) El temor a morirse, (2) El temor a la pobreza, y (3) El temor a perder el control[8]. Reflexione sobre cuáles podrían ser sus preocupaciones en cuanto a su retiro. Al final describa sus conclusiones sobre su reflexión acerca del retiro. | |
| a. No estoy tan viejo, todavía tengo buena salud, una mente lúcida y ganas de lograr más cosas. | |
| b. No hay un soporte económico que me dé tranquilidad. | |
| c. No sé que haría si dejo de atender mi negocio. | |

---

[8]  Bernard Kliska, Family Business Review (2003)

| | | |
|---|---|---|
| d. | Mis hijos no están trabajando bien juntos. | |
| e. | Mis hijos no están preparados para asumir responsabilidades. | |
| f. | Mis hijos no sabrían ser socios de los hermanos que no trabajan en la empresa. | |
| g. | No he decidido cómo heredar la propiedad. | |
| h. | No quiero que dejen de hacerme caso en la empresa. | |
| i. | La empresa no está bien ahora. | |
| j. | Otros miembros de la familia no podrían valerse por sí mismos, dependerían de sus hermanos en la empresa. | |
| k. | No tenemos un acuerdo sobre el rumbo que debe seguir la empresa. | |
| l. | Si dejo de hacer lo que ahora hago, me muero. El trabajo es mi vida. | |
| m. | Otras razones: | |

Mis conclusiones acerca del retiro: ¿Son superables estos impedimentos? ¿Qué debo hacer al respecto?

## Formato 5.02.3. Asuntos que facilitarían el retiro

| Pregunta 3: ¿Qué facilitaría el que se pueda retirar? | |
|---|---|
| Reflexione ahora sobre los asuntos que, si ocurren o se garantiza el que ocurran, permitirían que usted considerara el retiro como algo viable. Describa su situación actual y anote sus reflexiones, preocupaciones, temores y expectativas, así como acciones que usted puede tomar al respecto. Al final vuelva a escribir cómo van sus conclusiones con respecto a su retiro. | |
| a. Tener una tranquilidad económica para mí y para mi cónyuge. | |
| b. Tener una tranquilidad económica para otros miembros de la familia que no pueden valerse por sí mismos. | |
| c. El ver las siguientes características en nuestros hijos: | |
| i. Pueden trabajar y tomar decisiones juntos. | |
| ii. Resuelven constructivamente sus diferencias. | |
| iii. Hacen lo que se tiene que hacer sin que se les diga. | |
| iv. Asumen responsabilidad por lo que hacen. | |
| v. Están dispuestos a rendir cuentas a sus hermanos. | |
| vi. Otras características que me necesito ver en mis hijos: | |
| d. Mantenerme en el consejo para apoyar y ver cómo van las cosas. | |
| e. La operación formal de nuestro Consejo de Accionistas Familiares y/o del Consejo de Administración. | |
| f. Encontrar algo que me apasione hacer, un nuevo sentido a mi vida. | |
| g. Tener una visión para la empresa que todos compartan. | |
| h. Que los miembros de la siguiente generación compartan entre ellos y conmigo una misma visión del futuro de la empresa y de la familia. | |
| i. Tener la certeza de que quien sea elegido como sucesor esté preparado para asumir el puesto. | |

| i. | Tener la certeza de que quien sea seleccionado como sucesor cuente con el apoyo de los demás miembros de la familia, tanto de quienes trabajan en la empresa como de quienes están fuera de ella. | |
|----|-----|-----|
| j. | Contar con la certeza de que la organización está lista para el cambio. | |
| k. | Otras cosas que facilitarían mi retiro: | |

Mis conclusiones acerca del retiro: ¿Es factible concretar estos asuntos que facilitarían el que tome la decisión de retirarme? ¿Qué acciones debo emprender?

**Cuadro 5.02.2. Ejemplo de acuerdo sobre el momento adecuado para el retiro**

*El tiempo adecuado para nuestro retiro será el momento en que veamos que los siguientes asuntos han quedado resueltos satisfactoriamente:*

- *Esté definido un soporte económico que nos dé tranquilidad, de acuerdo con lo establecido en nuestro Protocolo Familiar.*
- *La empresa se encuentre sana en su operación y finanzas.*
- *Estar convencidos de que los miembros de la Segunda Generación: (1) Trabajan bien y toman decisiones juntos, (2) Resuelven constructivamente sus diferencias, (3) Están preparados para asumir las responsabilidades de la dirección de las empresas, (4) Hacen las cosas que se tienen que hacer por iniciativa propia, (5) Están dispuestos a ser evaluados en su desempeño, asumen responsabilidad por lo que hacen y aceptan rendir cuentas a sus socios hermanos y hermanas, y (5) Asumen responsablemente los compromisos que les impondremos hacia sus hermanos y hermanas que no participarán en la empresa.*
- *El Consejo de Administración esté operando formalmente y nosotros participamos con voz y voto como Presidentes vitalicios.*
- *El Consejo de Accionistas Familiares esté operando formalmente.*
- *Las Juntas del Equipo Directivo estén funcionando formalmente.*

## Formato 5.02.4. Asuntos que aseguran el bienestar económico

| Pregunta 4: ¿ Qué requiero para asegurar mi bienestar económico y el de mi familia una vez que me retire? | |
|---|---|
| Esta pregunta atiende una de las inquietudes más comunes en el retiro de la generación actual: su preocupación sobre los asuntos económicos propios, del cónyuge y/o de familiares que no pueden valerse por sí mismos. Usted tiene la autoridad ahora y puede definir las condiciones en que puede retirarse. Reflexione nuevamente sobre cómo podrían resolverse sus inquietudes económicas para tener un retiro tranquilo. En cada una de las opciones reflexione sobre cómo podría aplicarse en su caso y qué tendría que hacer para que funcione en forma obligatoria legalmente. | |
| a. | Contar con un sueldo vitalicio en la empresa. | |
| b. | Que me paguen renta por los inmuebles que ocupa la empresa. | |
| c. | Que exista un fondo a mi disposición que no dependa de los resultados de la empresa. | |
| d. | Que pidan un préstamo para que me paguen las acciones que les transferiré. | |
| e. | Otros esquemas: | |

## Cuadro 5.02.3. Ejemplo de acuerdo sobre el soporte económico para el retiro de la generación actual

| |
|---|
| *A fin de garantizar la tranquilidad económica en el retiro de los miembros de la Primera Generación, nos comprometemos a asegurar a nuestro padre un ingreso vitalicio en la empresa y a reestructurar la propiedad de ciertos activos o inmuebles utilizados para la operación de la empresa de tal forma que al menos a partir de la fecha de su retiro esas propiedades generen la obligación legal de la empresa de pagar renta a los miembros de la Primera Generación en un monto equivalente al sueldo del Director General de la empresa, más prestaciones. Nos comprometemos a implementar los mecanismos necesarios para que lo anterior se lleve a cabo sin depender de los resultados de la empresa. En caso de que nuestro padre falte, este ingreso seguirá siendo pagado a nuestra madre.* |

## Formato 5.02.5. A qué retos se enfrentará el nuevo líder

| Pregunta 5: ¿A qué retos se enfrentará quien sea designado como el nuevo líder de la empresa? | |
|---|---|
| Es necesario visualizar el futuro en el que el nuevo líder se desempeñará. Esto permitirá diseñar un acuerdo de sucesión más efectivo y un perfil del sucesor acorde con lo que la empresa y la familia necesitarán. Seguramente usted, con su conocimiento del negocio familiar, podrá dar respuesta a este interrogante. Sin embargo, es recomendable que se realice un proceso formal de planeación para determinar la posición estratégica de la empresa ante la industria, el mercado, proveedores, clientes, etc., en el que participen también otras personas que conocen el negocio y los posibles candidatos a sucesor. Para el Protocolo Familiar se deberá redactar un acuerdo con el compromiso de llevarlo a cabo formalmente en un corto plazo. En este punto deberá también reflexionar en qué se diferenciará en el futuro la organización que hasta ahora ha liderado la generación actual y sobre la Visión Familiar que diseñaron en la Sesión 1. | |
| a. Liste los retos que usted identifica con respecto a la empresa. | |
| b. Liste los retos que usted identifica con respecto a la familia. | |
| c. Liste los retos que usted identifica con respecto a la propiedad de los negocios familiares y el patrimonio familiar. | |
| d. Otros retos importantes que usted identifica: | |

## Formato 5.02.6. Cualidades requeridas en el sucesor para enfrentar los retos

| Pregunta 6: ¿Qué atributos, habilidades, cualidades y competencias se requerirán en el mando de la empresa para poder enfrentar los retos que se nos van a presentar? | |
|---|---|
| Reflexione sobre el perfil del líder que requiere su empresa en la siguiente generación. No lo haga pensando en los miembros de la familia para evitar que se incline a describir a uno de ellos. Debe tener usted muy claro cuáles son los retos a que se va a enfrentar para poder determinar qué tipo de persona se va a requerir. Recuerde que el objetivo del Plan de Sucesión es aumentar las posibilidades de continuidad de su empresa familiar. Con esto en mente, describa las cualidades de la persona que podría ser la adecuada para la sucesión en el mando de la empresa. Debe realizar este análisis aún cuando usted anticipe que dejará esta decisión al consejo de administración, ya que le permitirá sensibilizarse sobre lo que se le demandará al nuevo líder de la empresa. De ser necesario asesórese con expertos en esta materia. | |
| a. | Atributos que debe tener el sucesor: Experiencia, habilidades, resultados obtenidos, etc. | |
| b. | Cualidades personales: Integridad, trabajo en equipo, emprendedor, racionales, analíticos, relaciones familiares constructivas, etc. | |
| c. | Conocimientos: Preparación, profesión, especializaciones, etc. | |
| d. | Otras características requeridas: | |

## Formato 5.02.7. Quiénes pueden aspirar a ser sucesores

| | |
|---|---|
| Pregunta 7: ¿Quiénes pueden aspirar a ocupar el puesto de liderazgo en la empresa? | |
| Antes de contestar esta pregunta revise nuevamente el Ejercicio 1.06 para que su respuesta sea congruente con el proyecto de empresa familiar que se diseñó. Indique claramente quiénes pueden ser candidatos a suceder en el liderazgo de la empresa. El mencionar quiénes no pueden ser candidatos también puede ser una buena opción y muchas veces da mayor claridad. Para cada una de las opciones que se presentan anote sus reflexiones sobre sus implicaciones y su viabilidad y sobre las condiciones que se deben dar para que funcione. | |
| a. Cualquier miembro de la familia que cumpla con los requisitos que se establezcan en este Plan de Sucesión. | |
| b. Funcionarios de la empresa que cumplan con los requisitos que se establezcan en este Plan de Sucesión. | |
| c. Cualquier persona externa a la familia y a la organización que cumpla con los requisitos que se establezcan en este Plan de Sucesión. | |
| d. Otros grupos o personas: | |

## Formato 5.02.8. Cómo preparar la empresa para la sucesión

| Pregunta 8: ¿Qué cambios se requieren hacer en la organización para que esté lista para una sucesión en el mando de la empresa? | |
|---|---|
| El fundador ha sido hasta ahora quien integra, controla y mueve a la organización, con una estructura simple y con directivos que han sido formados a su manera de ser, por lo que ahora, ante la sucesión, el proyecto a que se aspira, definido en el Ejercicio 1.06, cobra gran relevancia. Reflexione sobre el Proyecto de Empresa Familiar que diseñaron en el ejercicio mencionado y defina, para cada uno de los elementos que se mencionan, la situación actual, la situación deseada y qué cambios se tienen que hacer en la organización para que ese proyecto se haga efectivo y cuente con la capacidad de apoyar una transición exitosa en el mando de la empresa. Especifique quién será responsable de concretar las acciones necesarias y cuándo lo debe hacer. Apóyese para esta definición en la lista de verificación del plan de sucesión en el Formato 5.05.1. | |
| Elementos de empresa a considerar en el plan de sucesión | Describa la situación actual, la situación deseada y cambios requeridos para lograrlo. |
| a. | Profesionalización de procesos. | |
| b. | Profesionalización de estructura organizacional: responsabilidades, funciones, autoridad, selección de personal. | |
| c. | Profesionalización del recurso humano: desarrollo del personal para llenar el perfil del puesto. | |
| d. | Profesionalización de evaluación de desempeño, rendición de cuentas, sistemas de compensación competitivos. | |
| e. | Orientación de la organización a resultados: visión clara del rumbo que se lleva, plan estratégico claro con objetivos, metas e indicadores, asignación de recursos. | |
| f. | Asuntos corporativos legales en orden: Estatutos, poderes, documentos legales y corporativos, etc. | |
| g. | Tener operando formalmente y en forma efectiva el Consejo de Administración. | |
| h. | Tener operando formalmente y en forma efectiva el Comité de Dirección con sus reuniones de evaluación y seguimiento. | |
| i. | Otros asuntos que se deben poner en orden para que la organización esté preparada para la sucesión en el mando de la empresa. | |

## Formato 5.02.9. Quién debe tomar la decisión sobre el liderazgo en la empresa

| | | |
|---|---|---|
| Pregunta 9: ¿ Quién evaluará si los candidatos que se presenten cumplen con el perfil requerido y tomará la decisión para designar quien dirija la empresa? Reflexione sobre quién tendrá la calidad moral de seleccionar al sucesor y la fuerza necesaria para sostener la decisión y para asegurar el compromiso de todos de otorgar su apoyo a quien sea designado. La imparcialidad, la objetividad y el conocimiento de la empresa y su ambiente, son atributos que debe tener quien tome la decisión. | | |
| a. | Los miembros de esta generación decidiremos quién será el director de la empresa. | |
| b | El Consejo de Administración decide quién será el director de la empresa. Posiblemente crear un comité especialmente para esto. | |
| c. | Dejaremos que los hermanos voten entre ellos. | |
| d. | De alguna otra manera: | |

## Cuadro 5.02.4. Ejemplo de acuerdo sobre quién decide quién es el sucesor

| |
|---|
| *Será el Consejo de Administración quien decida los puestos que cada uno de los miembros de la Segunda Generación asumirán. Este consejo tendrá la facultad de hacer el nombramiento y de removerlos en caso de considerarlo necesario. Será facultad del Consejo de Administración el crear los mecanismos necesarios para definir el perfil del Director General, sus funciones, autoridad y responsabilidad, y de evaluar a los candidatos para tomar la decisión de quién será nombrado para ocupar el cargo.* |

## Formato 5.02.10. Compromisos con la siguiente generación

| Pregunta 10: ¿A qué nos podemos comprometer con la siguiente generación sobre nuestro retiro?<br><br>Es conveniente que los miembros de la siguiente generación sepan qué esperar sobre el retiro de la generación actual, lo que les permitirá hacer su propios planes sobre su carrera en la empresa de la familia. Sea específico en sus respuestas de tal forma que quede claro cuándo y bajo qué condiciones podrá ocurrir su retiro, ya sea mediante un fecha o mediante el cumplimiento de algunos requisitos. | |
|---|---|
| a. | Retirarnos al llegar a la edad de: | |
| b. | Retirarnos en un plazo no mayor a: | |
| c. | Retirarnos al satisfacer las inquietudes que planteamos. Especificar cuáles. | |
| d. | Acompañarlos en sus procesos de dirección en todo lo que necesiten. Especifique cómo lo hará sin inmiscuirse en la operación diaria. | |
| e. | Dejarlos que tomen ciertas decisiones, y ayudarlos a corregir cuando se equivoquen. Defina cuáles decisiones se reservará y hasta cuándo las delegará. | |
| f. | Llevarlos con clientes y proveedores clave. Reflexione quiénes son. | |
| g. | Relacionarlos con contactos clave. Reflexione cuáles son. | |
| h. | Mostrarles confianza en lo que hacen. Especifique cómo lo demostrará. | |
| i. | Aceptar que manejen las cosas de una forma diferente a la que usted lo hace. Piense en las implicaciones para usted y para ellos. | |
| j. | Estar disponibles siempre que nos necesiten. Especifique cómo lo hará. | |
| k. | Otros compromisos hacia la siguiente generación: | |

## Cuadro 5.02.5. Ejemplo de acuerdo sobre el apoyo a dar a la siguiente generación

> *Establecemos un periodo de 5 años a partir de la firma de este convenio para hacer una evaluación de las condiciones para el retiro. Durante este tiempo nos comprometemos a acompañarlos en sus procesos de dirección en todo lo que necesiten, dejarlos que tomen ciertas decisiones y ayudarlos a corregir cuando se equivoquen, relacionarlos con nuestros contactos clave, mostrarles confianza en lo que hacen, aceptar que manejen las cosas de una forma diferente a la que nosotros lo hacemos y estar disponibles para ellos siempre que nos necesiten en caso de considerarlo conveniente.*
>
> *A fin de apoyar a los miembros de la Segunda Generación en su preparación para asumir el liderazgo de la empresa a nuestro retiro, nos comprometemos a desarrollar criterios de evaluación que permitan asegurar que trabajen en los puntos críticos de su preparación y puedan recibir periódicamente retroalimentación positiva y constructiva sobre el progreso que van teniendo.*

## Formato 5.02.11. Qué sigue después del retiro

| Pregunta 11: ¿A qué actividades nuevas me dedicaré que representen un nuevo reto en mi vida y me apasione el realizarlas? | |
|---|---|
| Aunque en el Ejercicio 5.06 se trabajará en la elaboración de un Plan de Retiro, haga sus reflexiones iniciales sobre lo que podría ser su futuro después de retirarse. Cuáles serían sus anhelos con respecto a cada uno de los siguientes asuntos y qué tiene usted que hacer para hacer realidad sus deseos. | |
| a.   Con respecto a mí mismo. | |
| b.   Con respecto a mi familia (Cónyuge, hijos). | |
| c.   Mi patrimonio personal, mis asuntos legales y financieros. | |
| d.   El legado familiar, asuntos legales y fiscales. | |
| e.   En la comunidad. | |
| f.   En la empresa. | |
| g.   Espiritualidad, religiosidad. | |
| h.   Desarrollo personal. | |
| i.   Esparcimiento, ocio. | |
| j.   Nuevos retos empresariales. | |
| k.   Otras actividades o asuntos: | |

## Ejercicio 5.03. Reflexión sobre sucesión para la siguiente generación

Este ejercicio está dirigido a situaciones de la siguiente generación, sin embargo, se podría considerar el que la generación actual también participe en dar su punto de vista para que los miembros de la siguiente generación tengan una perspectiva más amplia sobre lo que deben hacer. Para decidir si participan o no, se debe dejar que la decisión de invitarlos la tomen libremente los miembros de la siguiente generación.

Al dar respuesta a las preguntas deberán irse documentando las conclusiones que se puedan alcanzar de tal forma que se puedan incluir en el Protocolo Familiar como testimonio del por qué la siguiente generación estaría de acuerdo en tomar la estafeta que porta la generación actual.

## Formato 5.03.1. Cómo trabajará la siguiente generación antes del retiro de la generación actual

| | | |
|---|---|---|
| **Pregunta 1:** ¿Cómo trabajaremos juntos mientras no ocurra el retiro de los miembros de la generación que actualmente están al mando de la empresa? | | |
| Reflexionen sobre los compromisos que pueden asumir como grupo generacional que den tranquilidad a los miembros de la generación actual en cuanto la decisión de ustedes para prepararse para el relevo en el mando de la empresa. | | |
| a. | Respetaremos los acuerdos del Protocolo Familiar y nuestro Código de Conducta Familiar. | |
| b. | Nos pondremos de acuerdo entre nosotros antes de requerir la intervención de la generación actual. | |
| c. | Nos presentaremos siempre como una unidad ante la generación actual. | |
| d. | Cumpliremos las funciones que se nos encomienden y apoyaremos a los otros para que cumplan las suyas. | |
| e. | Nos prepararemos para ser buenos socios. | |
| f. | Nos prepararemos para asumir mayores responsabilidades. | |
| g. | Respetaremos las funciones de los otros. | |
| h. | Promoveremos iniciativas emprendedoras para hacer crecer nuestro patrimonio. | |
| i. | Canalizaremos nuestras propuestas con respecto a la empresa a través de los canales adecuados. | |
| j. | Estaremos dispuestos a informar y rendir cuentas de nuestro desempeño en la empresa. | |
| k. | Nos prepararemos para ser personas capaces en el puesto que se nos encomiende desempeñar, desarrollaremos las competencias necesarias para ser funcionarios efectivos y para ejercer el liderazgo en lo que hacemos. | |
| l. | Compartiremos metas comunes, valores y mismos niveles de compromiso. | |
| m. | Mantendremos relaciones sólidas entre nosotros. Demostraremos habilidad en procesar y resolver constructivamente las diferencias que surjan entre nosotros. | |
| n. | Otras acciones: | |

## Cuadro 5.03.1. Ejemplo de acuerdo sobre el comportamiento de la siguiente generación

Como miembros de la Tercera Generación, establecemos el compromiso de trabajar de acuerdo con los siguientes lineamientos mientras no ocurra el retiro de la primera y la segunda generación:

- Respetaremos los acuerdos del Protocolo Familiar y de nuestro Código de Conducta Familiar.
- Nos pondremos de acuerdo entre nosotros antes de requerir la intervención de la Segunda Generación en asuntos de la empresa.
- Nos presentaremos siempre como una unidad ante la Primera Generación.
- Cumpliremos las funciones que se nos encomienden y apoyaremos a los otros para que cumplan las suyas.
- Nos prepararemos para ser buenos socios.
- Nos prepararemos para asumir mayores responsabilidades.
- Respetaremos las funciones de los otros.
- Propondremos iniciativas emprendedoras para hacer crecer nuestro patrimonio.

Para asumir el tipo de liderazgo que deseamos para la empresa y asegurar que sea exitoso, nos comprometemos a apegarnos y comportarnos de acuerdo con los siguientes criterios:

- Nos prepararemos para ser personas capaces en el puesto que se nos encomiende desempeñar, desarrollaremos las competencias necesarias para ser funcionarios efectivos y para ejercer el liderazgo en lo que hacemos.
- Compartiremos metas comunes, valores y mismos niveles de compromiso.
- Mantendremos relaciones sólidas entre nosotros. Demostraremos habilidad en procesar y resolver constructivamente las diferencias que surjan entre nosotros.

## Formato 5.03.2. Condiciones de la siguiente generación para dar continuidad a la empresa de la familia

| | |
|---|---|
| Pregunta 2: ¿Qué condiciones se deben dar para que los miembros de la siguiente generación estén dispuestos a asumir la dirección operativa de la empresa en forma completa, sin la necesidad de la participación diaria de sus padres? | |
| De la misma manera que en la Sesión 1 tomaron la decisión de continuar unidos y establecieron las condiciones que se tenían que dar para poder hacerlo, ahora deberán reflexionar si están dispuestos a asumir el liderazgo de la empresa en el rol que les corresponda desempeñar, incluyendo el puesto de la dirección general. Asimismo, deberán reflexionar sobre las condiciones que consideran se deben dar o qué es lo que requieren para estar dispuestos a participar activamente en un proceso de sucesión generacional en el mando de la empresa. | |
| a. Que esté vigente nuestro Protocolo Familiar. | |
| b. Que los miembros de la generación actual arreglen los asuntos que le corresponde a ellos arreglar. Especificar cuáles. | |
| c. Que estén bien claras las reglas del juego en la sucesión del mando de la empresa. Describa específicamente qué es lo que debe quedar claro. | |
| d. Que los miembros de la generación actual estén realmente dispuestos a retirarse. | |
| e. Que la visión de lo que se quiere para el futuro de la empresa sea compartida entre los miembros de ambas generaciones. | |
| f. Tener la certeza de que quien sea seleccionado como sucesor cuente con el apoyo de los demás miembros de la familia, tanto de quienes trabajan en la empresa como de quienes están fuera de ella. | |
| g. Otros requisitos: | |
| h. Si se cumplen las condiciones y requisitos mencionados ¿Estarían dispuestos a asumir el liderazgo de la empresa? Listen sus conclusiones sobre su disposición a participar en el proceso de sucesión en el mando de la empresa. Ver ejemplo de acuerdo en el Cuadro 5.03.2. | |

## Cuadro 5.03.2. Ejemplo de acuerdo sobre condiciones para participar en el proceso de sucesión

> *En preparación para asumir las responsabilidades que nos asigne el Consejo de Administración al retirarse nuestros padres de la operación de la empresa, nos comprometemos a trabajar para que en el momento que eso suceda los siguientes asuntos estén plenamente establecidos:*
>
> - *Que nuestras funciones individuales estén bien definidas.*
> - *Que la compensación por nuestro trabajo sea remunerada de acuerdo con el mercado y nuestro desempeño, independiente de los beneficios que recibimos por ser de la familia propietaria.*
> - *La operación formal de nuestro Consejo de Administración.*
> - *La operación formal de nuestro Consejo de Accionistas Familiares.*
> - *La operación formal de nuestro Consejo Directivo (juntas de operación).*

## Formato 5.03.3. Tipo de liderazgo deseado por los miembros de la siguiente generación

| | |
|---|---|
| Pregunta 3: ¿Qué tipo de liderazgo deseamos para la empresa una vez que se retire la generación actual? | |
| Al contestar esta pregunta deberán reflexionar en las razones por las cuales se da esa respuesta. No se debe buscar una salida fácil que pueda ser contraproducente para la empresa y para la familia. Esta pregunta debería contestarse pensando más en las necesidades de la empresa que en las circunstancias de la familia o de algunos de sus integrantes. Si existen algunas circunstancias en la familia que ameriten ser consideradas para este cuestionamiento, deberán ser planteadas y discutidas por la familia. | |
| a. Un liderazgo único a cargo de un miembro de la siguiente generación. | |
| b. Un liderazgo único a cargo de un externo a la familia. | |
| c. Un liderazgo compartido entre miembros de la siguiente generación. Consideren las condiciones que se muestran en el Formato 5.03.4. | |
| d. Buscaremos la persona más capaz, independientemente de que sea o no miembro de la familia. | |
| e. Cada una de las empresas de la familia tendrá un solo líder que opere en forma independiente de los demás y rendirá cuentas al consejo de administración. | |
| f. Circunstancias especiales en la empresa o en la familia que deben ser consideradas: | |
| g. Otro tipo de liderazgo: | |

## Cuadro 5.03.3. Ejemplos de acuerdos sobre el modelo de liderazgo en la siguiente generación

*Ejemplo 1*

*El modelo de liderazgo que tendremos en nuestra empresa es de un liderazgo único, representado por el Director General de la Empresa, quien reporta al Consejo de Administración. El Director General de la empresa preferentemente y en caso de igualdad de circunstancias, será un miembro de la familia, aunque en caso necesario podrá ser un externo no relacionado con la familia.*

*Ejemplo 2*

*El modelo de liderazgo que deseamos para la empresa cuando la Tercera Generación esté al mando de ella es un modelo de liderazgo compartido, el cual estructuraremos bajo los siguientes criterios:*
* *Además de áreas generales de liderazgo, cada uno tendrá áreas específicas de responsabilidad, como unidades de negocio o empresas independientes.*
* *Serán responsables de su desempeño ante el Consejo de Administración, al que eventualmente se invitará a miembros externos no familiares que apoyen al equipo, les de nuevas perspectivas y les ayude a resolver diferencias.*
* *Se definirá en qué asuntos se requiere una decisión de consejo, una decisión conjunta entre los miembros de la Tercera Generación y en qué pueden decidir por ellos mismos de manera individual.*

*Ejemplo 3*

*En el modelo de liderazgo que seguiremos para las empresas en la siguiente generación deberá estar un solo miembro de la familia en cada una de ellas, quien rendirá cuentas al consejo de administración conformado por los demás hermanos y primos.*

## Formato 5.03.4. Condiciones para que funcione un liderazgo compartido

| | |
|---|---|
| Pregunta 4: ¿Qué acuerdos debe haber entre quienes comparten el liderazgo y en la familia para que realmente sea un esquema efectivo en la organización? | |
| Los liderazgos compartidos son difíciles de mantener si no se cumple con ciertos requisitos básicos para la relación entre los codirectores y si las circunstancias no ameritan que exista un liderazgo compartido. Reflexionen sobre los requisitos que deben imponer para poder optar por un liderazgo de este tipo. Piense en las circunstancias actuales para validar si lo que se requiere es factible en el futuro. | |
| a. Cada uno deberá ser muy capaz y competente en el área que le corresponda. | |
| b. Tener metas comunes, valores compatibles y mismos niveles de compromiso. | |
| c. Cada uno deberá tener áreas específicas de responsabilidad. Reflexione sobre cuáles áreas de la empresa podrían estar con cada uno de ellos. | |
| d. Tener relaciones sólidas entre ellos. Demostrar habilidad para procesar y resolver constructivamente sus diferencias. Considerarse como uno solo ante la organización. | |
| e. Un consejo de administración con miembros externos no familiares que apoyen al equipo y que resuelvan en caso de puntos de vista divergentes entre los directores. | |
| f. Tomar las decisiones importantes juntos. Definir en qué se requiere una decisión conjunta y en qué pueden decidir por ellos mismos. | |
| g. Estar dispuestos a aceptar la decisión del consejo de administración en caso de diferencia entre los directores. | |
| h. Otros requisitos: | |

## Cuadro 5.03.4. Ejemplo de acuerdo para que funcione un liderazgo compartido

| |
|---|
| *Para asumir el tipo de liderazgo compartido que deseamos para la empresa y para asegurar que sea exitoso, nos comprometemos a apegarnos a y comportarnos de acuerdo con, los siguientes criterios:*<br>• *Nos capacitaremos para ser la persona idónea para el puesto que se nos encomiende desempeñar, desarrollaremos las competencias necesarias para ser funcionarios efectivos y para ejercer el liderazgo en lo que hacemos.*<br>• *Compartiremos metas comunes, valores y niveles de compromiso.*<br>• *Mantendremos relaciones sólidas entre nosotros. Demostraremos habilidad en procesar y resolver constructivamente las diferencias que surjan entre nosotros.*<br>• *En caso de diferencia nos someteremos a la decisión del Consejo de Administración.* |

## Formato 5.03.5. Quién debe tomar la decisión sobre el sucesor

| | |
|---|---|
| Pregunta 5: ¿Quién evaluará a los candidatos que se presenten y tomará la decisión sobre quién será el sucesor en el mando de la empresa? | |
| Reflexione sobre quién tendrá la calidad moral de seleccionar al sucesor y la fuerza necesaria para sostener la decisión y para asegurar el compromiso de todos de otorgar su apoyo a quien sea designado. La imparcialidad, la objetividad, la fuerza legal y el conocimiento de la empresa y su ambiente, son atributos que debe tener quien tome la decisión. | |
| a. Los miembros de la generación actual decidirán quién será el director de la empresa. | |
| b El Consejo de Administración decide quién será el director de la empresa. Posiblemente creando un comité especialmente para esto. | |
| c. Nosotros votamos por quien pueda ser de nosotros. | |
| d. De alguna otra manera: | |

## Cuadro 5.03.5. Ejemplo de Acuerdo sobre quién designa al sucesor

| |
|---|
| *Será el Consejo de Administración quien proponga el candidato ideal para ocupar la Dirección General de la empresa y el Consejo de Accionistas Familiares dará la aprobación final.* <br> *El Consejo de Administración designará y/o contratará a un organismo externo o nombrará a un Comité del Consejo de Administración, el que evaluará a los candidatos y la medida en que cumplen con los requisitos que demanda el puesto, y hará recomendaciones al Consejo de Accionistas Familiares para la selección final de la persona a ocupar el cargo.* <br> *El Consejo de Accionistas Familiares escuchará la recomendación y tomará la decisión de acuerdo con los procedimientos establecidos para este consejo.* <br> *Toda persona que ocupe este puesto estará sujeto a evaluación de desempeño, que será turnada al Consejo de Administración y al Consejo de Accionistas Familiares con la periodicidad que estos indiquen.* |

## Formato 5.03.6 Retos que enfrentará el nuevo líder

| |
|---|
| Pregunta 6: ¿A qué retos se enfrentará quien sea designado como el nuevo líder de la empresa? |
| Es necesario visualizar el futuro en el que el nuevo líder se desempeñará. Esto permitirá diseñar un acuerdo de sucesión más efectivo y un perfil del sucesor acorde con lo que la empresa y la familia necesitarán. Es recomendable que se realice un proceso formal de planeación para determinar la posición estratégica de la empresa ante la industria, el mercado, proveedores, clientes, etc., en el que participen también otras personas que conocen el negocio y especialmente quienes pueden ser candidatos a sucesor. Se deberá redactar un acuerdo con el compromiso de llevarlo a cabo formalmente en el corto plazo. En este punto deberán también reflexionar en qué se diferenciará en el futuro la organización que hasta ahora ha liderado la generación actual y sobre la Visión Familiar que diseñaron en la Sesión 1. Deben realizar este análisis aún cuando se anticipe que se dejará esta decisión al consejo de administración, ya que les permitirá sensibilizarse sobre lo que se le demandará al nuevo líder de la empresa. |

| | | |
|---|---|---|
| a. | Liste los retos que usted identifica con respecto a la empresa. | |
| b. | Liste los retos que usted identifica con respecto a la familia. | |
| c. | Liste los retos que usted identifica con respecto a la propiedad de los negocios familiares y el patrimonio familiar. | |
| d. | Otros retos importantes que usted identifica: | |

## Formato 5.03.7. Cualidades requeridas para enfrentar los retos

| | |
|---|---|
| Pregunta 7: ¿Qué atributos, habilidades, cualidades y competencias se requerirán en el mando de la empresa para poder enfrentar los retos que se nos van a presentar? | |
| Reflexionen sobre el perfil del líder que requiere su empresa en la siguiente generación. No lo hagan pensando en los miembros de la familia para evitar que se inclinen a describir a uno de sus ellos. Deben tener muy claro cuáles son esos retos a que se va a enfrentar para poder determinar qué tipo de líder se va a requerir. Recuerden que el objetivo del Plan de Sucesión es aumentar las posibilidades de continuidad de su empresa familiar. | |
| a. Atributos: Experiencia, habilidades, resultados obtenidos, etc. | |
| b. Cualidades personales: Integridad, trabajo en equipo, emprendedor, racionales, analíticos, relaciones familiares constructivas, etc. | |
| c. Conocimientos: Preparación, profesión, especializaciones, etc. | |
| d. Otros requisitos: | |

## Cuadro 5.03.6. Ejemplo de acuerdo sobre retos que enfrentará el sucesor

| |
|---|
| *La decisión sobre las cualidades que deberá tener cualquier candidato a sucesor en el liderazgo de la empresa deberá estar sustentada en los retos que deberá enfrentar en la empresa, en la familia y en la propiedad. Nos comprometemos a iniciar, a la firma de nuestro protocolo familiar, un proceso de planeación que determine la posición estratégica de la empresa y los retos que la organización enfrentará en el futuro, lo que será tomado como base para definir el perfil del Director General que se requerirá para hacer realidad la visión de la empresa.* |

**Formato 5.03.8. Sobre la preparación de los miembros de la siguiente generación para poder ser candidatos a la sucesión**

| | | |
|---|---|---|
| Pregunta 8: ¿Cómo podrán los miembros de la siguiente generación desarrollar las habilidades, competencias y conocimientos requeridos para aspirar a ser candidatos a sucesores en el liderazgo de la empresa? | | |
| Reflexionen sobre cada uno de las propuestas presentadas, definiendo quiénes serán los responsables de definir los criterios bajo los cuales se deberán ejecutar, quiénes deberán participar en estos procesos y cómo será financiado el costo de cada uno de estos. Estas respuestas deberán estar fundamentadas en los retos que va a enfrentar la empresa y en el perfil del candidato que se haya definido con antelación. | | |
| a. | Evaluar las habilidades y competencias con que cuentan cada uno de ellos para determinar fortalezas y áreas de desarrollo. | |
| b. | Elaborar un plan de capacitación basados en las habilidades, competencias y conocimientos que son requeridos en el puesto. | |
| c. | Elaborar un Plan de desarrollo de habilidades en la empresa o fuera de ella mediante experiencias y asignación de responsabilidades. | |
| d. | Participar en un programa de mentores, asignando un mentor externo a cada uno de los miembros de la familia, o un programa de mentores internos empleados de la empresa. | |
| e. | Otras opciones para el desarrollo de los miembros de la familia: | |

**Terminación del Ejercicio 5.03.**

Una vez que cada generación ha reflexionado sobre la respuesta que darían a cada una de las preguntas planteadas, deberán compartir sus posturas con respecto a ellas, acordar la forma en que las manejarán y redactar los acuerdos a que lleguen tendientes a establecer claramente las bases para el plan de sucesión.

## Ejercicio 5.04. Plan de desarrollo para candidatos a la sucesión en el mando de la empresa

El plan de desarrollo para los candidatos a sucesores en el liderazgo de la empresa deberá ser diseñado de acuerdo con las circunstancias de la empresa, de la familia y de los individuos, tomando en cuenta los retos que cada una de estas instancias enfrentará al futuro y las habilidades, competencias, experiencias y conocimientos que actualmente se tienen. Si bien, tomando en cuenta los elementos mencionados, no es posible utilizar un machote para un plan de desarrollo de los miembros de la familia, en este ejercicio se proporciona una guía para elaborarlo, por lo que se deberá trabajar en este considerando cada uno sus propias circunstancias. En este ejercicio la familia diseñará un plan de desarrollo general seleccionando lo que le puede ser útil, sin olvidar que el contenido aquí mostrado no debe ser tomado como que esto es "todo lo que hay que hacer".

De acuerdo con un estudio realizado sobre los roles que desempeña un candidato a la sucesión en el mando de la empresa[9], en la empresa familiar aquéllos que aspiran a ocupar el puesto de liderazgo de la empresa deben desempeñar diversos roles que les permitan no sólo desarrollar las habilidades y competencias que se requieren para ese puesto, sino también el demostrar que pueden ser tomados en cuenta. Los roles que deben desempeñar tanto en la etapa previa a la elección del sucesor, que los autores llaman "Etapa I: Formación, Desarrollo y Acreditación de Candidatos", como en la etapa inmediata posterior a la elección, que los autores llaman "Etapa II: Etapa de Gestión del Sucesor Designado", se muestran en el siguiente cuadro:

**Cuadro 5.04.1 Los roles del candidato a sucesor en la empresa familia**

| |
|---|
| 1. Rol de Emprendedor |
| 2. Rol de Aprendiz |
| 3. Rol de Candidato |
| 4. Rol de Vinculador |
| 5. Rol de Creador de Oportunidades |
| 6. Rol de Líder |

---

[9]  Álvarez, M.E. (2011), "Lecciones para empresarios familiares"; Monterrey, pp 57-85

El diseño del plan de desarrollo se realizará en torno a definir las tareas necesarias para desempeñar cabalmente cada uno de estos roles. Elabore su plan de aprendizaje enfocándose a satisfacer necesidades de la empresa y en el desarrollo de habilidades y competencias que requerirá como sucesor, basado en estos roles.

Para cada una de las actividades que usted seleccione en los siguientes formatos, desarrolle el plan de aprendizaje antes de iniciarlas, que incluya:

a. Objetivos. Qué espera lograr al realizar este actividad. La razón por la cual debe realizar esta actividad.
b. Tareas a desarrollar. Especifique claramente las tareas concretas que va a desarrollar bajo esta actividad.
c. Responsabilidades a asumir. Defina con la persona apropiada de qué va a ser responsable y de qué va a rendir cuentas.
d. Logros que debe obtener. Defina los indicadores que le confirmarán si ha obtenido el aprendizaje que desea adquirir.
e. Tiempo de estadía. Defina el periodo de tiempo que dedicará a la actividad que desarrollará. Asegúrese de asignar el tiempo suficiente para el aprendizaje y el logro de los objetivos.
f. A quién va a reportar.
g. Con qué recursos va contar.

Planee apoyarse en un consultor que tenga experiencia en planes de desarrollo de sucesores. Es importante que no haga cada cosa en forma independiente y sin un idea clara del por qué hacerlo, cada actividad debe formar parte de un plan de desarrollo completo.

Para elaborar su plan de desarrollo siga los siguientes formatos.

## Formato 5.04.1 Rol 1: Desarrollo de la capacidad emprendedora

| | Rol 1: ¿Cómo desarrollar la habilidad de ser emprendedor? | |
|---|---|---|
| | La primera cualidad, habilidad y competencia que se busca en un sucesor de empresa es el ser emprendedor. Reflexione sobre cómo puede desarrollar o consolidar esta cualidad para poder desempeñar este rol adecuadamente. Trate de llegar lo más lejos en la definición de lo que se va a hacer en cada uno de las propuestas siguientes: qué actividades, cuándo lo hará, cómo participará, costo, etc. Es posible que tenga que hacer algunas investigaciones previas antes de concluir su plan de desarrollo. Considere que el ser emprendedor no está limitado al iniciar nuevos negocios, sino a emprender nuevos proyectos, ya sea por su cuenta o para la empresa misma. | |
| a. | Desarrollo de la habilidad mediante preparación académica. Especifique objetivos de cada actividad, tareas a realizar, responsabilidades a asumir, logros a obtener, duración de la actividad, fecha de inicio, costo. | |
| | i. Tomar cursos innovación y desarrollo de la creatividad. | |
| | ii. Tomar cursos relativos a planes de negocios y valuación de proyectos. | |
| | iii. Tomar cursos de negociación, de debates, oratoria, comunicación. | |
| | iv. Otros cursos, especialidades, carreras, máster, etc. | |
| b. | Desarrollo de la habilidad mediante la práctica. Especifique objetivos de cada actividad, tareas a realizar, responsabilidades a asumir, logros a obtener, duración de la actividad, fecha de inicio, costo. | |
| | i. Iniciar un negocio propio y tener éxito en él. Inscribirse en una incubadora de negocios, recibir asesoría para echar a volar un negocio, conseguir por uno mismo el financiamiento. | |
| | ii. Demostrar que se tiene la capacidad de satisfacer por uno mismo sus necesidades. | |
| | iii. Encargarse en la empresa de un proyecto importante, particularmente difícil y llevarlo a un fin exitoso. | |
| | iv. Otra opción para desarrollar la habilidad de ser emprendedor: | |

## Formato 5.04.2. Rol 2: Ser un Aprendiz

| Rol 2: ¿Qué es lo que debo aprender para ser buen candidato? | |
|---|---|
| La preparación es un atributo que se busca en los candidatos a sucesores, pero especialmente es el deseo de aprender lo que hará la diferencia. Hay que demostrar que se tienen deseos de aprender y que se tiene la iniciativa necesaria para aprender lo que se necesita saber. | |
| a. Desempeñar el rol de aprendiz en las áreas clave del negocio, en lo que representa el alma de la empresa. Para cada área elabore su plan de aprendizaje. Seguir un programa de mentoría con cada responsable de área. | |
| b. Participar activamente en el proceso de elaboración del plan estratégico de la empresa. | |
| c. Acompañar al líder actual de la empresa en situaciones clave del negocio bajo un plan de aprendizaje establecido con anticipación. | |
| d. Participar en juntas de operación de la empresa bajo un rol bien definido. | |
| e- Participar en juntas de Consejo de Administración de la empresa bajo un rol bien definido. | |
| f. Establecer un plan de mentoría con personas clave en la organización: Miembros del consejo, el fundador, el director general, etc. Consultar cómo elaborar un plan de mentoría. | |
| g. Trabajar por un periodo suficientemente largo en una empresa no relacionada con la familia, con un plan definido de desarrollo. | |
| h. Someterme a diversos instrumentos de evaluación que determinen fortalezas y áreas que requieren desarrollo. Seguir el plan de desarrollo que se derive de esta evaluación. | |
| i. Determinar las competencias que son clave para mi desarrollo profesional y establecer un plan para desarrollarlas. | |

## Formato 5.04.3. Rol 3: Ser un buen candidato

| Rol 3: ¿Cómo puedo convertirme en un buen candidato a sucesor? | |
|---|---|
| Para desempeñar este rol adecuadamente puede usted hacer un paralelismo con los candidatos honestos a puestos políticos ¿Cómo venden su imagen para ser percibidos como buenos candidatos? Reflexione sobre cada uno de los siguientes puntos y defina en cada uno de ellos las acciones concretas que le ayudarán a desempeñar este rol de la mejor manera. | |
| a. | Mostrar interés en ocupar el puesto de director: ¿Quién o quiénes evalúan, qué cualidades tengo para ofrecer, cuáles son los tiempos correctos? No esperar a ser descubierto. | |
| b. | Entrar en una competencia sana. Un interés genuino en respetar a los demás candidatos será altamente evaluado por quienes toman la decisión ¿Qué reglas debo autoimponerme o qué conductas debo seguir para mostrar respeto a los demás? | |
| c. | Seguir metodología de selección del candidato y cumplir con los requisitos definidos para su preparación. Si no existe, promover que se haga. Saber jugar de acuerdo con las reglas. | |
| d. | Comprender los deseos, anhelos y necesidades de cada uno de los jugadores en la empresa familiar, especialmente los accionistas, los consejeros y los miembros de la familia. Mostrar un interés genuino por sus preocupaciones. | |
| e. | Demostrar que se entiende el negocio. Nadie querrá a un candidato que no sabe en qué es lo que se mete y que no hace propuestas tanto bien sustentadas como ambiciosas. | |
| f. | Conocer cómo soy percibido por los demás y tomar acciones para mejorar la imagen. Existen instrumentos que pueden permitir conocer esto. Pida al personal de recursos humanos de su empresa que le realicen estos estudios. | |
| g. | Estar dispuesto a respetar la decisión final. Exprese su intención de hacerlo y demuestre que desea lo mejor para la empresa. | |
| h. | ¿Cuáles son mis cualidades y cómo puedo mostrar que son útiles a la empresa? Definir qué instrumentos de evaluación de habilidades y competencias se pueden utilizar para el autoconocimiento y desarrollo personal y profesional, y reflexionar cómo pueden ser útiles para la empresa. | |
| i. | Otras acciones | |

## Formato 5.04.4. Rol 4: Ser Vinculador

| Rol 4: ¿Cómo puedo desarrollar mi capacidad de ser un vínculo entre todos los jugadores en la empresa familiar? | |
|---|---|
| La habilidad para establecer relaciones sanas y productivas con los diferentes actores en la empresa y en la familia y el demostrar que puede manejar los conflictos será una cualidad altamente valorada por quienes tomarán la decisión sobre la sucesión. Reflexione sobre cómo es actualmente su relación con cada uno de los siguientes participantes, defina cómo sería una relación sana y productiva con cada uno de ellos y concrete acciones para llegar a establecer esa nueva relación. Reflexione también sobre cómo puede manejar en forma inteligente la influencia que cada uno de ellos tratará de ejercer sobre usted y los conflictos que pueden surgir con algunos de ellos. | |
| a. Con los accionistas de la empresa. | |
| b. Con el patriarca de la empresa y de la familia. | |
| c. Con los demás candidatos a sucesor. | |
| d. Con los posibles herederos de la propiedad de la empresa. | |
| e. Con los miembros del consejo de administración. | |
| f. Con los directivos de la empresa y con los demás empleados. | |
| g. Con los demás miembros de la familia, especialmente con quienes tienen más ascendencia en la familia. | |
| h. Con los más desprotegidos en la familia. | |
| i. Con otros actores clave en la empresa y en la familia, como patriarcas retirados y personas de gran influencia familiar. | |
| j. Con los clientes. | |
| k. Con los proveedores. | |
| l. Con otros actores clave fuera de la empresa, como acreedores, gobierno, comunidad, financiadores, cámaras empresariales, empresarios, etc. | |

## Formato 5.04.5. Rol 5: Ser un Creador de Oportunidades para todos

| Rol 5: ¿Cómo puedo crear oportunidades para todos los involucrados en la empresa de la familia? | |
|---|---|
| El demostrar que su deseo de ser sucesor no sólo obedece a sus propios intereses, sino que favorece también a los intereses de la familia, de la empresa y de los propietarios, será otra cualidad que será tomada en cuenta para tomar la decisión sobre la sucesión en el mando de la empresa. Reflexione sobre lo que puede usted hacer para crear oportunidades de crecimiento y desarrollo para todos y cada uno de los integrantes de estos grupos y elabore un plan para ejecutar esas acciones. | |
| a. | Crear oportunidades para el crecimiento y desarrollo de las siguientes generaciones. | |
| b. | Crear oportunidades para formar una familia más fuerte y unida. | |
| c. | Crear oportunidades para el crecimiento de la empresa y el desarrollo de su personal. | |
| c. | Crear oportunidades para acrecentar el patrimonio de los accionistas. | |

## Formato 5.04.6. Rol 6: Ser Líder

| Rol 6: ¿Cómo puedo desarrollar mi capacidad de liderazgo? | |
|---|---|
| Estamos hablando de la sucesión en el mando de la empresa. Es un puesto de liderazgo que quien lo ocupe no puede esperarse a ser elegido para desarrollar esa competencia o habilidad. Si se espera, nunca será seleccionado. Se deberá elaborar un plan para desarrollar ese liderazgo desde ahora. Considere cada una las opciones que se muestran a continuación y defina cómo podría aplicarlas en su caso. | |
| a. Tomar cursos de desarrollo de liderazgo, especialmente los que se enfocan en la práctica y utilizan técnicas vivenciales. | |
| b. Participar en talleres o clubes de oratoria y debates. | |
| c. Tomar un proyecto en la empresa que representen un reto importante y en el que se tenga que manejar un equipo. | |
| d. Crear en la empresa proyectos emprendedores o de innovación y liderar la búsqueda de su aprobación y desarrollo. | |
| e. Iniciar o participar activamente en organizaciones sociales, comunitarias, de beneficio social, políticas o empresariales, buscando puestos de liderazgo. | |
| f. Conocer las cualidades personales que se tienen y que pueden apoyar en el desarrollo de la capacidad de liderazgo. | |
| g. Coordinar la operación de la Asamblea Familiar. | |
| h. Participar en talleres de presentaciones efectivas y ponerlas en práctica constante. | |
| i. Otras actividades. | |

Una vez que se tenga diseñado el plan de desarrollo, se deberá validar con personas clave en la familia y/o en la organización, especialmente con aquellos involucrados en el proceso de sucesión, haciendo los ajustes necesarios para ponerlo en marcha inmediatamente.

## Ejercicio 5.05. Verificación del Plan de Sucesión

Un Plan de Sucesión debe prever todo lo que ha de estar instalado y en operación en cada uno de los ámbitos de la empresa familiar: en la familia, en la empresa y en la propiedad, incluyendo en cada uno de ellos la creación del órgano de gobierno que corresponde, de tal forma que, al realizarse el cambio generacional, se asegure la continuidad del desarrollo de la empresa y se fortalezca la unión y compromiso de todos los miembros de la familia.

El Protocolo Familiar es la herramienta para que la familia empresaria defina y acuerde todo lo que tiene que hacer para lograr una transición exitosa. En este ejercicio la familia verificará que asuntos ya tiene previstos, cuáles les falta concretar y las acciones que deben emprender para concluirlos. Para esto deberán trabajar en el Formato 5.05.1 indicando el estado actual de cada uno de los asuntos del Plan de Sucesión y el avance que se lleva para alcanzar el estado deseado. Al terminar, la familia deberá definir las acciones requeridas para llevar todas esos asuntos al 100% del estado deseado.

## Formato 5.05.1. Lista de Verificación del Plan de Sucesión

| Asuntos que se deben resolver para la sucesión | Describir Estado Actual | % Avance a Estado Deseado | Acciones para concluir |
|---|---|---|---|
| En la Familia | | | |
| F-01. Liderazgo bien definido: La Asamblea Familiar constituida y en operación formal. | | | |
| F-02. Compromiso de todos los miembros de la familia hacia el éxito de la empresa formalmente establecido y personalmente asumido. | | | |
| F-03. Plan de Vida para cada uno de los miembros de la familia bien definido y en ejecución. | | | |
| F-04. Una Política de beneficios para miembros de la familia en funcionamiento. | | | |
| F-05. Un Código de Conducta Familiar aceptado por todos. | | | |
| F-06. Una Misión Familiar clara y aceptada por todos los miembros de la familia. | | | |
| F-07. Una Visión Familiar clara y poderosa compartida por los miembros de las diferentes generaciones. | | | |
| F-08. Un Proyecto de empresa familiar diseñado y aceptado por todos. | | | |
| F-09. Declaración de valores que fundamente la relación familiar y su quehacer empresarial, con la que todos los miembros de la familia se identifiquen y los defina como familia por su estilo de vida congruente con ellos. | | | |
| F-10. Una firme intensión en todos los miembros de la familia en mantenerse unidos en el proyecto empresarial que comparten. | | | |
| F-11. Un plan de desarrollo personal y profesional de cada uno de los miembros de la familia aceptado y en operación. | | | |
| F-12. Un plan de promoción de la unidad familiar en operación. | | | |

| | | | | |
|---|---|---|---|---|
| F-13. | Políticas de la relación de la familia claras y en funcionamiento. | | | |
| F-14. | Política de desarrollo del espíritu emprendedor en los miembros de la siguiente generación de la familia. | | | |
| F-15. | Plan de retiro para los miembros de la familia que lideran la empresa. | | | |
| F-16. | Políticas de apoyo a familiares en crisis. | | | |
| F-17. | Acuerdos sobre la forma en que se solucionarán las controversias en la familia. | | | |
| F-18. | Un plan efectivo de comunicación a la familia | | | |
| Asuntos que se deben resolver para la sucesión | | Describir Estado Actual | % Avance a Estado Deseado | Acciones para concluir |
| En la Empresa | | | | |
| E-01. | Plan de profesionalización de la empresa terminado e implementado o en proceso de implementación. | | | |
| E-02. | Plan estratégico en funcionamiento, que defina los retos a que se enfrentará la empresa y cómo los va a enfrentar. | | | |
| E-03. | Consejo de Administración profesional en funcionamiento. | | | |
| E-04. | Asamblea de Accionistas formalmente funcionando. | | | |
| E-05. | Consejeros miembros de la familia bien preparados. | | | |
| E-06. | Política de empleo a familiares. | | | |
| E-07. | Política de compensación a familiares. | | | |
| E-08. | Definición de funciones, responsabilidades y autoridad de quienes trabajan en la empresa. | | | |
| E-09. | Una Misión clara aceptada por todos quienes laboran en la empresa. | | | |
| E-10. | Una Visión de empresa clara y contundente que inspira a todos los que trabajan en la empresa. | | | |
| E-11. | Un plan de carrera establecido para cada miembro de la familia que trabaja en la empresa que incluya el desarrollo de competencias necesarias para desempeñar en forma efectiva los puestos que ocupen. | | | |

| | | | | |
|---|---|---|---|---|
| E-12. | Un Código de Ética vigente en el empresa. | | | |
| E-13. | Un equipo de dirección comprometido con la empresa y trabajando eficientemente. | | | |
| E-14. | Políticas y procedimientos de sucesión en cada uno de los puestos clave de la empresa que detallen quién toma la decisión en cada caso. | | | |
| E-15. | Documentos corporativos, legales, administrativos en orden y bajo control. | | | |
| E-16. | Plan de evaluación de desempeño para miembros de la familia. | | | |
| E-17. | Acuerdos sobre la forma en que se solucionarán las controversias en la empresa. | | | |
| E-18. | El sistema de control interno para la salvaguarda de los activos y para la efectividad y eficiencia de las operaciones. | | | |
| E-19. | La auditoría interna como herramienta para monitorear la operación profesional de la empresa. | | | |
| E-20. | Tecnología de Información como apoyo a la operación profesional del negocio adecuada para la empresa. | | | |
| E-21. | Definición de la estructura organizacional que responda a las demandas del plan estratégico. | | | |
| E-22. | Documentación de procesos de la empresa como base de un sistema de calidad. | | | |
| E-23. | Se cuenta con las herramientas y tecnologías necesarias para que todos puedan realizar su trabajo. | | | |
| E-24. | Una definición clara de las competencias que la empresa requerirá en sus hombres clave para enfrentar los retos del futuro. | | | |
| E-25. | Un formato de liderazgo en la empresa aceptado por los miembros de la siguiente generación y la definición de cómo se elegirá quien ocupará el puesto. | | | |
| E-26. | Un plan de desarrollo de los candidatos a sucesores para que desarrollen sus habilidades y competencias. | | | |
| E-27. | Una definición clara de los requisitos que se deben cumplir para aspirar a ocupar el puesto de liderazgo de la empresa. | | | |

| | | Describir Estado Actual | % Avance a Estado Deseado | Acciones para concluir |
|---|---|---|---|---|
| E-28. | Un plan efectivo de involucramiento de los ejecutivos clave que asegure su apoyo al sucesor | | | |
| E-29. | Un plan efectivo de comunicación a la organización | | | |
| Asuntos que se deben resolver para la sucesión | | Describir Estado Actual | % Avance a Estado Deseado | Acciones para concluir |
| En la Propiedad de la empresa y propiedad común | | | | |
| P-01. | Todas la propiedades en orden legal en cuanto a su estructura propietaria o societaria. Lo que es de la empresa en la empresa, lo que es de la familia donde corresponde. | | | |
| P-02. | Testamento de todos los miembros de la familia formalizado respetando los acuerdos del Protocolo Familiar. | | | |
| P-03. | Formalización legal de los acuerdos del protocolo familiar relacionados con la administración y propiedad de la empresa. | | | |
| P-04. | Un Consejo de Accionistas Familiares formalmente operando con validez legal en sus decisiones. | | | |
| P-05. | Todos los propietarios están conscientes de sus derechos y obligaciones como accionistas. | | | |
| P-06. | Una política de dividendos bien definida que tome en cuenta las circunstancias de la empresa y las aspiraciones de la familia. | | | |
| P-07. | Acuerdos familiares claros sobre la transferencia de la propiedad de la empresa a sus propios herederos. | | | |
| P-08. | Acuerdos sobre la forma en que se solucionarán las controversias sobre la propiedad. | | | |
| P-09. | Instrumentos legales para la protección y transferencia de la propiedad formalmente establecidos. | | | |
| P-10. | Plan de transferencia de la propiedad de la empresa con fuerza legal que defina la forma en que se entregará la propiedad de la empresa a la siguiente generación. | | | |

| | | | | |
|---|---|---|---|---|
| P-11. | Plan de transferencia de la propiedad del patrimonio familiar con fuerza legal que defina la forma en que se entregará el patrimonio familiar a la siguiente generación. | | | |
| P-12. | Una estrategia efectiva para la salida voluntaria de accionistas consensuada y con efecto legal. | | | |
| P-13. | Un plan efectivo de comunicación a los accionistas | | | |

# Ejercicio 5.06. Elaboración de un Plan de Retiro

El objetivo de este ejercicio es desarrollar un plan para emprender una nueva etapa en la vida llena de nuevos retos y satisfacciones, retirándose de la operación diaria de la empresa. Se recomienda que para realizar este ejercicio se busque estar tranquilo y sin interrupciones. Se estará trabajando en un aspecto muy importante de la vida, lo que amerita asignarle el tiempo y los recursos necesarios. Sería ideal si tiene usted la oportunidad de retirarse a un lugar en que esté solo por al menos un día completo.

Los pasos que se seguirán para elaborar el Plan de Retiro son los siguientes:

Paso 1:  Determinar los aspectos de vida que son más relevantes para la nueva etapa de retiro.
En este paso se identificarán los valores, pasiones y dones que definen a la persona en esta etapa de su vida. Entre las preguntas a contestar están:

- ¿Qué es realmente importante en mi vida?
- ¿Qué asuntos deben quedar arreglados antes de mi retiro?
- ¿De qué asuntos deberé ocuparme después de mi retiro?
- ¿Cuál es la situación actual de los aspectos relevantes para mi nueva vida?

Paso 2:   Determinar los objetivos personales para los aspectos de vida más relevantes que se definan en el Paso 1.

En este paso se identificarán los sueños y anhelos de la persona para cada uno de los aspectos más relevantes en su vida. Entre las preguntas a contestar están:

- ¿Qué quiero lograr en esta etapa de mi vida para cada una de las cosas que tienen relevancia para mi?
- ¿Cómo debo dejar los asuntos que quedarán atrás después de mi retiro?

Paso 3:   Definición de un plan de acción para hacer realidad los sueños y anhelos que se tienen para los aspectos de vida más relevantes.

En este paso se diseñarán las acciones que se deberán seguir, estableciendo fechas y compromisos para realizarlas. Entre las preguntas a contestar están:

- ¿Qué debo hacer para poner en orden los asuntos que quedarán atrás?
- ¿Cómo debe ser la transición entre la etapa actual y la futura?
- ¿Qué debo hacer para lograr los nuevos objetivos en mi vida?

Paso 4:   Elaborar un cronograma trimestral para visualizar el plan de trabajo que se tiene por delante y determinar la fecha de retiro.

Instrucciones:

Llenar los formatos siguientes de acuerdo con las instrucciones que se dan en cada uno de ellos.

En este paso usted identificará los valores, pasiones y dones que lo definen como persona en esta etapa de su vida. Deberá reflexionar sobre las cosas que realmente son valiosas para usted. En el siguiente cuadro seleccione los aspectos de vida en los que considera deberá trabajar en esta nueva etapa y defina cuáles son las preguntas clave que usted debe resolver para cada uno de ellos.

## Formato 5.06.1. ¿Qué es realmente importante en mi vida?

Reflexione sobre cada uno de los siguientes aspectos de vida que podrían ser de relevancia para usted. Para los que usted considera importantes conteste las preguntas clave que se plantean. Si hay algún aspecto importante para usted que no esté en la lista, deberá agregarlo al final, junto con las preguntas clave que se deben resolver.

Aspectos de Vida relevantes para mi retiro

**A. Yo mismo: Mi Salud**

Para poder cumplir con los objetivos que se establecen para esta nueva etapa de la vida, se requiere buscar el bienestar físico para poder trabajar en los otros aspectos de vida relevantes. El retiro representa una buena oportunidad de atender la salud.

Preguntas Clave:

1. ¿Qué estoy haciendo para cuidar mi cuerpo?

2. ¿Qué necesito hacer para incrementar mi fortaleza, flexibilidad y capacidad física?

3. ¿Qué programas médicos o de salud debo seguir?

4. ¿Qué hábitos que afectan mi salud debo abandonar?

5. ¿A qué especialista médico deberé consultar para elaborar mi plan de cuidado de la salud?

6. Otra pregunta clave:

| |
|---|
| **B. La Familia: Mi esposa(o) / Mis hijos** <br> La familia generalmente representa un aspecto importante en la vida de las personas, pero al abandonar las actividades laborales tradicionales se podría requerir replantear las relaciones familiares. |
| Preguntas clave: |
| 1. ¿Qué tanto y de qué manera valoro las relaciones familiares? |
| |
| 2. ¿Cómo puedo dedicar tiempo y espacio para las personas que son importantes en mi vida? ¿Estoy contento con lo que hago en este sentido o necesito hacer algunos cambios? |
| |
| 3. ¿Existen algunos asuntos familiares no resueltos a los que debo dar mi atención? |
| |
| 4. ¿Cuál debe ser mi papel como padre, madre, abuelo o abuela, o con otros miembros de mi familia a los que podría apoyar o guiar? |
| |
| 5. ¿Cómo debo incluir a mi esposa o esposo en mi plan de retiro? |
| |
| 6. ¿Requiero renovar la relación con mi esposa o esposo o mejorar nuestra comunicación? |
| |
| 7. ¿Qué puedo hacer en lo personal para que mi familia sea feliz? |
| |
| 8. ¿En qué debe consistir mi legado familiar? |
| |
| 9. Otra Pregunta clave a considerar: |
| |

**C. Mi Patrimonio personal: Asuntos legales y financieros.**

La planeación de las finanzas personales es un aspecto importante para prepararse para el retiro. Al tener una visión clara de la vida que se quiere tener se debe trabajar este aspecto para asegurarse que se tendrán los recursos necesarios para cumplir los objetivos definidos.

Preguntas clave:

1. ¿Qué aspectos legales del patrimonio personal debo poner en orden para tener una vida tranquila?

2. ¿Con qué ingresos contaré en mi retiro para apoyar la realización del plan que se está elaborando? ¿Qué seguridad tengo de que contaré con ellos?

3. Otra Pregunta clave a considerar:

**D. El legado para mi familia: Asuntos legales y financieros.**

El tener las cosas en orden para asegurar la transferencia del legado familiar de acuerdo con sus deseos es importante para disfrutar esta nueva etapa de la vida.

Preguntas clave:

1. ¿Qué aspectos legales del patrimonio familiar debo poner en orden para tener una vida tranquila?

2. ¿Coincidimos mi cónyuge y yo sobre la forma en que transferiremos el legado familiar?

3. ¿Cómo aseguro que se transferirá el legado familiar de acuerdo con mis deseos?

4. Otra Pregunta clave a considerar:

**E. La Comunidad.**
Buscar oportunidades para contribuir a la sociedad y para hacer de este mundo un mejor lugar para las siguientes generaciones, puede ser una buena alternativa en el retiro.

Preguntas clave:

1. ¿En qué forma el servicio a la comunidad me ofrecería un nuevo significado y realización en mi vida?




2. ¿Cómo podría regresar a la comunidad algo de lo que ella recibí?




3. ¿Qué necesidades existen en la comunidad en las que yo podría ser de especial ayuda?




4. ¿Qué asuntos de la sociedad son de especial interés para mi?




5. ¿Cómo podría dejar un legado a la comunidad a través de mi contribución personal de mi tiempo y/o dinero?




6. Otra pregunta clave a considerar:




**F. La Empresa.**
El retiro del líder de la empresa debe representar una oportunidad para la misma y no un riesgo. Para lograr esto de deberán dejar bien definidos los asuntos que aseguren la continuidad y crecimiento de la empresa de la familia.

Preguntas clave:

1. ¿Seguirá la propiedad accionaria en la familia o se venderá para financiar el retiro?




2. En caso de continuar la propiedad en la familia ¿Quién dirigirá la empresa al retirarme? ¿Un miembro de la familia o un externo? ¿Cómo apoyaremos para que el nuevo líder tenga éxito? ¿Tenemos ya un plan de sucesión?

3. ¿Debemos desarrollar un Protocolo Familiar o actualizarlo a las nuevas circunstancia del retiro? ¿Contempla una definición clara para la relación familiar con la empresa después del retiro?



4. ¿Seguiré desempeñando algún rol en la empresa como consejero o asesor?



5. Otra pregunta clave a considerar:



**G. Espiritualidad / Religiosidad.**

Es posible que ante el retiro este aspecto de vida pueda tomar mayor relevancia al tomar mayor conciencia de las cosas que realmente tienen importancia en la vida. Algunas personas encuentran respuesta en la espiritualidad o en la religiosidad. Es una buena opción para contemplar mayores cuestionamientos sobre el verdadero significado de la vida.

Preguntas clave:

1. ¿Qué estoy haciendo para alimentar mi espíritu, para vivir en paz conmigo mismo y con Dios?



2. ¿Cómo cuido mi salud emocional?



3. ¿Cómo puedo desarrollar un estilo de vida mejor balanceado en todos los aspectos?



4. ¿Qué me inspira? ¿Cómo puedo incorporar esas cosas en mi vida?



5. Otra pregunta clave a considerar:

**H. Desarrollo Personal.**

La curiosidad o el deseo de aprender podría impulsar una nueva oportunidad de crecimiento personal en esta etapa de la vida. El estudio, talleres, lectura o experimentación podrían despertar nuevas habilidades.

Preguntas clave:

1. ¿Me interesa mantenerme al día en este mundo que cambia rápidamente? ¿Cómo puedo hacerlo?

2. ¿Qué despierta mi curiosidad? ¿Qué he deseado aprender?

3. ¿Cómo puedo estimular mi mente y mi creatividad?

4. ¿Qué cursos, diplomados, talleres o lecciones de arte o música me gustaría tomar?

5. ¿Qué podría hacer para dedicar tiempo a leer o a escribir?

6. Otra pregunta clave a considerar:

**I. Esparcimiento.**

Este aspecto de la vida es generalmente poco atendido durante la etapa de desarrollo y crecimiento de la familia y de la empresa. Con el retiro surge una nueva oportunidad para atenderlo y tener una vida más balanceada.

Preguntas clave:

1. ¿Qué actividades realizaré sólo por diversión?

2. ¿Qué puede ofrecerme retos y emociones en mi vida?

| |
|---|
| 3. ¿En qué actividades constructivas pierdo el sentido del tiempo y me olvido de todo? |
| |
| 4. ¿Qué intereses, talentos o hobbies me gustaría retomar? |
| |
| 5. ¿Qué mundos o culturas, cercanos o lejanos, me gustaría explorar? |
| |
| 6. ¿Me gustaría unirme a algún club o equipo que realice actividades que son de mi interés? |
| |
| 7. Otras pregunta clave a considerar: |
| |

**J. Nuevos retos Empresariales.**

El retiro de la ocupación actual puede ser una buena oportunidad para iniciar nuevas aventuras empresariales tomando ventaja del espíritu emprendedor con que se cuenta y con la experiencia empresarial adquirida, al mismo tiempo que se permite que el liderazgo de la nueva generación de la familia se desarrolle dando continuidad al negocio actual.

| |
|---|
| Preguntas clave: |
| 1. ¿Qué oportunidades de negocio fuera de la empresa de la familia veo que me interesa desarrollar? |
| |
| 2. ¿Lo haré yo mismo o podré servir de mentor para jóvenes emprendedores, ya sean familiares o no? |
| |
| 3. Otra pregunta clave a considerar: |
| |

| **K. Otro aspecto relevante en mi vida (describirlo):** |
|---|
| |
| Preguntas Clave que debo resolver sobre este aspecto: |
| Pregunta 1. |
| Respuesta: |
| Pregunta 2. |
| Respuesta: |
| Pregunta 3. |
| Respuesta: |

Ha trabajado con los asuntos de vida que le han parecido relevantes en esta nueva etapa de su vida. Deberá ahora enfocarse a trabajar en aquellos que tienen la mayor importancia para usted. Seleccione, de los aspectos de vida en que trabajó en el Formato 5.06.1, los 5 más importantes y anótelos en el Formato 5.06.2 siguiente.

## Formato 5.06.2. Los 5 Aspectos de Vida más relevantes

| Anote los 5 aspectos de vida más importantes para usted, seleccionándolos del Formato 5.06.1. Escríbalos en orden de importancia. Haga una descripción del por qué es asunto importante para usted ||
|---|---|
| Prioridad | Descripción |
| 1. | |
| Describa el por qué es importante para usted este aspecto de vida: ||
| 2. | |
| Describa el por qué es importante para usted este aspecto de vida: ||
| 3. | |
| Describa el por qué es importante para usted este aspecto de vida: ||
| 4. | |
| Describa el por qué es importante para usted este aspecto de vida: ||
| 5. | |
| Describa el por qué es importante para usted este aspecto de vida: ||

Ahora que tiene claro qué asuntos son los realmente importantes en su vida personal y por qué, deberá proceder a definir qué es lo que quiere lograr en cada uno de ellos y diseñar el curso de acción para lograr ese objetivo.

Para cada uno de los aspectos relevantes en su vida, elabore el siguiente formato. Concéntrese en las primeras cinco prioridades. Si desea también trabajar en las prioridades 6 en adelante llene un formato adicional para cada una de ellas. Revise la respuesta que dio a las preguntas clave en el Formato 5.06.1 y tómelas en cuenta para definir qué es lo que quiere lograr.

El formato sigue el siguiente esquema:

1. Descripción del aspecto de vida
2. Establecer cuál es la situación actual
3. Establecer los objetivos que se quieren lograr con respecto a cada aspecto de vida
4. Definir para cada objetivo si es un requisito para poder retirarse o si podrá trabajar en su cumplimiento ya en el retiro
5. Definir las actividades clave para lograr los objetivos que se buscan
6. Definir los indicadores para saber si se ha cumplido el objetivo
7. Definir la fecha en que se deberá concluir cada actividad

Al terminar de elaborar este formato se hará un cronograma que permita una mejor visualización del plan de trabajo en el tiempo y determinar así la fecha de retiro.

## Formato 5.06.3. Plan de trabajo para cada aspecto de vida relevante

| Para cada uno de los aspectos relevantes en su vida descritos en el Formato 5.06.2, elabore el siguiente formato. | |
|---|---|
| Prioridad<br><br>1 | Descripción del aspecto de vida en el que va a trabajar: |
| Describa cuál es la situación actual de este aspecto de vida. En dónde se encuentra ahora, el punto del cual se partirá: | |
| Describa cuáles son los objetivos que quiere alcanzar en este aspecto de vida. Establezca una fecha en la que se va a proponer alcanzar cada uno de ellos. Ponga objetivos muy concretos y establezca para cada uno de ellos el indicador que le confirmará que lo ha cumplido. | |
| Objetivo 1.1: | |
| Cómo sabré que ya se alcanzó el objetivo. Cuál es el indicador de éxito: | |
| Fecha o periodo de tiempo en que deberé alcanzar el objetivo: | |
| Defina si el cumplimiento de este objetivo es una condición para retirarse y por qué, o si podrá retirarse y trabajar en su cumplimiento ya en el retiro: | |

Describa las actividades clave que tendrá que realizar para alcanzar el objetivo 1 que se ha propuesto. Defina las fechas en que deberá concluir cada actividad.

| Actividades clave | Fecha a terminarla |
|---|---|
| 1.1.1. | |
| 1.1.2. | |
| 1.1.3. | |
| 1.1.4. | |
| 1.1.5. | |

Objetivo 1.2:

Cómo sabré que ya se alcanzó el objetivo. Cuál es el indicador de éxito:

Fecha o periodo de tiempo en que deberé alcanzar el objetivo:

Defina si el cumplimiento de este objetivo es una condición para retirarse y por qué, o si podrá retirarse y trabajar en su cumplimiento ya en el retiro:

Describa las actividades clave que tendrá que realizar para alcanzar este objetivo 2 que se ha propuesto. Defina las fechas en que deberá concluir cada actividad.

| Actividades clave | Fecha a terminarla |
|---|---|
| 1.2.1. | |
| 1.2.2. | |
| 1.2.3. | |
| 1.2.4. | |
| 1.2.5. | |

Objetivo 1.3:

| Cómo sabré que ya se alcanzó el objetivo. Cuál es el indicador de éxito: | |
|---|---|

| Fecha o periodo de tiempo en que deberé alcanzar el objetivo: | |
|---|---|

| Defina si el cumplimiento de este objetivo es una condición para retirarse y por qué, o si podrá retirarse y trabajar en su cumplimiento ya en el retiro: | |
|---|---|

Describa las actividades clave que tendrá que realizar para alcanzar este objetivo 3 que se ha propuesto. Defina las fechas en que deberá concluir cada actividad.

| Actividades clave | Fecha a terminarla |
|---|---|
| 1.3.1. | |
| 1.3.2. | |
| 1.3.3. | |
| 1.3.4. | |
| 1.3.5. | |

| Objetivo 1.4: | |
|---|---|

| Cómo sabré que ya se alcanzó el objetivo. Cuál es el indicador de éxito: | |
|---|---|

| Fecha o periodo de tiempo en que deberé alcanzar el objetivo: | |
|---|---|

| Defina si el cumplimiento de este objetivo es una condición para retirarse y por qué, o si podrá retirarse y trabajar en su cumplimiento ya en el retiro: | |
|---|---|

Describa las actividades clave que tendrá que realizar para alcanzar este objetivo 4 que se ha propuesto. Defina las fechas en que deberá concluir cada actividad.

| Actividades clave | Fecha a terminarla |
|---|---|
| 1.4.1. | |
| 1.4.2. | |
| 1.4.3. | |
| 1.4.4. | |
| 1.4.5. | |

Objetivo 1.5:

Cómo sabré que ya se alcanzó el objetivo. Cuál es el indicador de éxito:

Fecha o periodo de tiempo en que deberé alcanzar el objetivo:

Defina si el cumplimiento de este objetivo es una condición para retirarse y por qué, o si podrá retirarse y trabajar en su cumplimiento ya en el retiro:

Describa las actividades clave que tendrá que realizar para alcanzar este objetivo 5 que se ha propuesto. Defina las fechas en que deberá concluir cada actividad.

| Actividades Clave | Fecha a terminarla |
|---|---|
| 1.5.1. | |
| 1.5.2. | |
| 1.5.3. | |
| 1.5.4. | |
| 1.5.5. | |

| Prioridad 2 | Descripción del aspecto de vida en el que va a trabajar: |
|---|---|

Describa cuál es la situación actual de este aspecto de vida. En dónde se encuentra ahora, el punto del cual se partirá:

Describa cuáles son los objetivos que quiere alcanzar en este aspecto de vida. Establezca una fecha en la que se va a proponer alcanzar cada uno de ellos. Ponga objetivos muy concretos y establezca para cada uno de ellos el indicador que le confirmará que lo ha cumplido.

Objetivo 2.1:

Cómo sabré que ya se alcanzó el objetivo. Cuál es el indicador de éxito:

Fecha o periodo de tiempo en que deberé alcanzar el objetivo:

Defina si el cumplimiento de este objetivo es una condición para retirarse y por qué, o si podrá retirarse y trabajar en su cumplimiento ya en el retiro:

Describa las actividades clave que tendrá que realizar para alcanzar el objetivo 1 que se ha propuesto. Defina las fechas en que deberá concluir cada actividad.

| Actividades clave | | Fecha a terminarla |
|---|---|---|
| 2.1.1. | | |
| 2.1.2. | | |
| 2.1.3. | | |

| | | |
|---|---|---|
| 2.1.4. | | |
| 2.1.5. | | |

Objetivo 2.2:

Cómo sabré que ya se alcanzó el objetivo. Cuál es el indicador de éxito:

Fecha o periodo de tiempo en que deberé alcanzar el objetivo:

Defina si el cumplimiento de este objetivo es una condición para retirarse y por qué, o si podrá retirarse y trabajar en su cumplimiento ya en el retiro:

Describa las actividades clave que tendrá que realizar para alcanzar este objetivo 2 que se ha propuesto. Defina las fechas en que deberá concluir cada actividad.

| Actividades clave | Fecha a terminarla |
|---|---|
| 2.2.1. | |
| 2.2.2. | |
| 2.2.3. | |
| 2.2.4. | |
| 2.2.5. | |

Objetivo 2.3:

Cómo sabré que ya se alcanzó el objetivo. Cuál es el indicador de éxito:

Fecha o periodo de tiempo en que deberé alcanzar el objetivo:

Defina si el cumplimiento de este objetivo es una condición para retirarse y por qué, o si podrá retirarse y trabajar en su cumplimiento ya en el retiro:

Describa las actividades clave que tendrá que realizar para alcanzar este objetivo 3 que se ha propuesto. Defina las fechas en que deberá concluir cada actividad.

| Actividades clave | Fecha a terminarla |
|---|---|
| 2.3.1. | |
| 2.3.2. | |
| 2.3.3. | |
| 2.3.4. | |
| 2.3.5. | |

Objetivo 2.4:

Cómo sabré que ya se alcanzó el objetivo. Cuál es el indicador de éxito:

Fecha o periodo de tiempo en que deberé alcanzar el objetivo:

Defina si el cumplimiento de este objetivo es una condición para retirarse y por qué, o si podrá retirarse y trabajar en su cumplimiento ya en el retiro:

Describa las actividades clave que tendrá que realizar para alcanzar este objetivo 4 que se ha propuesto. Defina las fechas en que deberá concluir cada actividad.

| Actividades clave | Fecha a terminarla |
|---|---|
| 2.4.1. | |
| 2.4.2. | |
| 2.4.3. | |

| | |
|---|---|
| 2.4.4. | |
| 2.4.5. | |

| Objetivo 2.5: |
|---|
| |

| Cómo sabré que ya se alcanzó el objetivo. Cuál es el indicador de éxito: |
|---|
| |

| Fecha o periodo de tiempo en que deberé alcanzar el objetivo: |
|---|
| |

| Defina si el cumplimiento de este objetivo es una condición para retirarse y por qué, o si podrá retirarse y trabajar en su cumplimiento ya en el retiro: |
|---|
| |

| Describa las actividades clave que tendrá que realizar para alcanzar este objetivo 5 que se ha propuesto. Defina las fechas en que deberá concluir cada actividad. | |
|---|---|
| Actividades Clave | Fecha a terminarla |
| 2.4.1. | |
| 2.4.2. | |
| 2.4.3. | |
| 2.4.4. | |
| 2.4.5. | |

| Prioridad<br><br>3 | Descripción del aspecto de vida en el que va a trabajar: |
|---|---|

| Describa cuál es la situación actual de este aspecto de vida. En dónde se encuentra ahora, el punto del cual se partirá: |
|---|
| |

| Describa cuáles son los objetivos que quiere alcanzar en este aspecto de vida. Establezca una fecha en la que se va a proponer alcanzar cada uno de ellos. Ponga objetivos muy concretos y establezca para cada uno de ellos el indicador que le confirmará que lo ha cumplido. |
|---|
| Objetivo 3.1: |

| Cómo sabré que ya se alcanzó el objetivo. Cuál es el indicador de éxito: |
|---|
| |

| Fecha o periodo de tiempo en que deberé alcanzar el objetivo: |
|---|
| |

| Defina si el cumplimiento de este objetivo es una condición para retirarse y por qué, o si podrá retirarse y trabajar en su cumplimiento ya en el retiro: |
|---|
| |

| Describa las actividades clave que tendrá que realizar para alcanzar el objetivo 1 que se ha propuesto. Defina las fechas en que deberá concluir cada actividad. | |
|---|---|
| Actividades clave | Fecha a terminarla |
| 3.1.1. | |
| 3.1.2. | |

| 3.1.3. | | |
|---|---|---|
| 3.1.4. | | |
| 3.1.5. | | |

| Objetivo 3.2: |
|---|
| |

| Cómo sabré que ya se alcanzó el objetivo. Cuál es el indicador de éxito: |
|---|
| |

| Fecha o periodo de tiempo en que deberé alcanzar el objetivo: |
|---|
| |

| Defina si el cumplimiento de este objetivo es una condición para retirarse y por qué, o si podrá retirarse y trabajar en su cumplimiento ya en el retiro: |
|---|
| |

Describa las actividades clave que tendrá que realizar para alcanzar este objetivo 2 que se ha propuesto. Defina las fechas en que deberá concluir cada actividad.

| Actividades clave | Fecha a terminarla |
|---|---|
| 3.2.1. | |
| 3.2.2. | |
| 3.2.3. | |
| 3.2.4. | |
| 3.2.5. | |

| Objetivo 3.3: |
|---|
| |

| Cómo sabré que ya se alcanzó el objetivo. Cuál es el indicador de éxito: |
|---|
| |

Fecha o periodo de tiempo en que deberé alcanzar el objetivo:

Defina si el cumplimiento de este objetivo es una condición para retirarse y por qué, o si podrá retirarse y trabajar en su cumplimiento ya en el retiro:

Describa las actividades clave que tendrá que realizar para alcanzar este objetivo 3 que se ha propuesto. Defina las fechas en que deberá concluir cada actividad.

| Actividades clave | | Fecha a terminarla |
|---|---|---|
| 3.3.1. | | |
| 3.3.2. | | |
| 3.3.3. | | |
| 3.3.4. | | |
| 3.3.5. | | |

Objetivo 3.4:

Cómo sabré que ya se alcanzó el objetivo. Cuál es el indicador de éxito:

Fecha o periodo de tiempo en que deberé alcanzar el objetivo:

Defina si el cumplimiento de este objetivo es una condición para retirarse y por qué, o si podrá retirarse y trabajar en su cumplimiento ya en el retiro:

Describa las actividades clave que tendrá que realizar para alcanzar este objetivo 4 que se ha propuesto. Defina las fechas en que deberá concluir cada actividad.

| Actividades clave | Fecha a terminarla |
|---|---|
| 3.4.1. | |
| 3.4.2. | |
| 3.4.3. | |
| 3.4.4. | |
| 3.4.5. | |

Objetivo 3.5:

Cómo sabré que ya se alcanzó el objetivo. Cuál es el indicador de éxito:

Fecha o periodo de tiempo en que deberé alcanzar el objetivo:

Defina si el cumplimiento de este objetivo es una condición para retirarse y por qué, o si podrá retirarse y trabajar en su cumplimiento ya en el retiro:

Describa las actividades clave que tendrá que realizar para alcanzar este objetivo 5 que se ha propuesto. Defina las fechas en que deberá concluir cada actividad.

| Actividades Clave | Fecha a terminarla |
|---|---|
| 3.5.1. | |
| 3.5.2. | |
| 3.5.3. | |
| 3.5.4. | |
| 3.5.5. | |

| Prioridad 4 | Descripción del aspecto de vida en el que va a trabajar: |
|---|---|
| Describa cuál es la situación actual de este aspecto de vida. En dónde se encuentra ahora, el punto del cual se partirá: ||
| Describa cuáles son los objetivos que quiere alcanzar en este aspecto de vida. Establezca una fecha en la que se va a proponer alcanzar cada uno de ellos. Ponga objetivos muy concretos y establezca para cada uno de ellos el indicador que le confirmará que lo ha cumplido. ||
| Objetivo 4.1: ||
| Cómo sabré que ya se alcanzó el objetivo. Cuál es el indicador de éxito: ||
| Fecha o periodo de tiempo en que deberé alcanzar el objetivo: ||
| Defina si el cumplimiento de este objetivo es una condición para retirarse y por qué, o si podrá retirarse y trabajar en su cumplimiento ya en el retiro: ||
| Describa las actividades clave que tendrá que realizar para alcanzar el objetivo 1 que se ha propuesto. Defina las fechas en que deberá concluir cada actividad. ||

| Actividades clave | Fecha a terminarla |
|---|---|
| 4.1.1. | |
| 4.1.2. | |

| | | |
|---|---|---|
| 4.1.3. | | |
| 4.1.4. | | |
| 4.1.5. | | |

| Objetivo 4.2: |
|---|
| |

| Cómo sabré que ya se alcanzó el objetivo. Cuál es el indicador de éxito: |
|---|
| |

| Fecha o periodo de tiempo en que deberé alcanzar el objetivo: |
|---|
| |

| Defina si el cumplimiento de este objetivo es una condición para retirarse y por qué, o si podrá retirarse y trabajar en su cumplimiento ya en el retiro: |
|---|
| |

Describa las actividades clave que tendrá que realizar para alcanzar este objetivo 2 que se ha propuesto. Defina las fechas en que deberá concluir cada actividad.

| Actividades clave | Fecha a terminarla |
|---|---|
| 4.2.1. | |
| 4.2.2. | |
| 4.2.3. | |
| 4.2.4. | |
| 4.2.5. | |

| Objetivo 4.3: |
|---|
| |

| Cómo sabré que ya se alcanzó el objetivo. Cuál es el indicador de éxito: |
|---|
| |

| | |
|---|---|
| Fecha o periodo de tiempo en que deberé alcanzar el objetivo: | |
| Defina si el cumplimiento de este objetivo es una condición para retirarse y por qué, o si podrá retirarse y trabajar en su cumplimiento ya en el retiro: | |
| Describa las actividades clave que tendrá que realizar para alcanzar este objetivo 3 que se ha propuesto. Defina las fechas en que deberá concluir cada actividad. | |
| Actividades clave | Fecha a terminarla |
| 4.3.1. | |
| 4.3.2. | |
| 4.3.3. | |
| 4.3.4. | |
| 4.3.5. | |
| Objetivo 4.4: | |
| Cómo sabré que ya se alcanzó el objetivo. Cuál es el indicador de éxito: | |
| Fecha o periodo de tiempo en que deberé alcanzar el objetivo: | |
| Defina si el cumplimiento de este objetivo es una condición para retirarse y por qué, o si podrá retirarse y trabajar en su cumplimiento ya en el retiro: | |
| Describa las actividades clave que tendrá que realizar para alcanzar este objetivo 4 que se ha propuesto. Defina las fechas en que deberá concluir cada actividad. | |

| Actividades clave | Fecha a terminarla |
|---|---|
| 4.4.1. | |
| 4.4.2. | |
| 4.4.3. | |
| 4.4.4. | |
| 4.4.5. | |

Objetivo 4.5:

Cómo sabré que ya se alcanzó el objetivo. Cuál es el indicador de éxito:

Fecha o periodo de tiempo en que deberé alcanzar el objetivo:

Defina si el cumplimiento de este objetivo es una condición para retirarse y por qué, o si podrá retirarse y trabajar en su cumplimiento ya en el retiro:

Describa las actividades clave que tendrá que realizar para alcanzar este objetivo 5 que se ha propuesto. Defina las fechas en que deberá concluir cada actividad.

| Actividades Clave | Fecha a terminarla |
|---|---|
| 4.5.1. | |
| 4.5.2. | |
| 4.5.3. | |
| 4.5.4. | |
| 4.5.5. | |

| Prioridad<br><br>5 | Descripción del aspecto de vida en el que va a trabajar: |
|---|---|

| Describa cuál es la situación actual de este aspecto de vida. En dónde se encuentra ahora, el punto del cual se partirá: |
|---|
|  |

| Describa cuáles son los objetivos que quiere alcanzar en este aspecto de vida. Establezca una fecha en la que se va a proponer alcanzar cada uno de ellos. Ponga objetivos muy concretos y establezca para cada uno de ellos el indicador que le confirmará que lo ha cumplido. |
|---|
| Objetivo 5.1: |

| Cómo sabré que ya se alcanzó el objetivo. Cuál es el indicador de éxito: |
|---|
|  |

| Fecha o periodo de tiempo en que deberé alcanzar el objetivo: |
|---|
|  |

| Defina si el cumplimiento de este objetivo es una condición para retirarse y por qué, o si podrá retirarse y trabajar en su cumplimiento ya en el retiro: |
|---|
|  |

| Describa las actividades clave que tendrá que realizar para alcanzar el objetivo 1 que se ha propuesto. Defina las fechas en que deberá concluir cada actividad. ||
|---|---|
| Actividades clave | Fecha a terminarla |
| 5.1.1. |  |
| 5.1.2. |  |

| 5.1.3. | | |
|---|---|---|
| 5.1.4. | | |
| 5.1.5. | | |

| Objetivo 5.2: |
|---|
| |

| Cómo sabré que ya se alcanzó el objetivo. Cuál es el indicador de éxito: |
|---|
| |

| Fecha o periodo de tiempo en que deberé alcanzar el objetivo: |
|---|
| |

| Defina si el cumplimiento de este objetivo es una condición para retirarse y por qué, o si podrá retirarse y trabajar en su cumplimiento ya en el retiro: |
|---|
| |

| Describa las actividades clave que tendrá que realizar para alcanzar este objetivo 2 que se ha propuesto. Defina las fechas en que deberá concluir cada actividad. | |
|---|---|
| Actividades clave | Fecha a terminarla |
| 5.2.1. | |
| 5.2.2. | |
| 5.2.3. | |
| 5.2.4. | |
| 5.2.5. | |

| Objetivo 5.3: |
|---|
| |

| Cómo sabré que ya se alcanzó el objetivo. Cuál es el indicador de éxito: |
|---|
| |

MAURICIO EDUARDO ÁLVAREZ MARTÍNEZ
JESÚS RENÉ DE LEÓN RODRÍGUEZ

| | |
|---|---|
| **Fecha o periodo de tiempo en que deberé alcanzar el objetivo:** | |
| **Defina si el cumplimiento de este objetivo es una condición para retirarse y por qué, o si podrá retirarse y trabajar en su cumplimiento ya en el retiro:** | |

Describa las actividades clave que tendrá que realizar para alcanzar este objetivo 3 que se ha propuesto. Defina las fechas en que deberá concluir cada actividad.

| Actividades clave | Fecha a terminarla |
|---|---|
| 5.3.1. | |
| 5.3.2. | |
| 5.3.3. | |
| 5.3.4. | |
| 5.3.5. | |

| |
|---|
| Objetivo 5.4: |
| Cómo sabré que ya se alcanzó el objetivo. Cuál es el indicador de éxito: |
| Fecha o periodo de tiempo en que deberé alcanzar el objetivo: |
| Defina si el cumplimiento de este objetivo es una condición para retirarse y por qué, o si podrá retirarse y trabajar en su cumplimiento ya en el retiro: |
| Describa las actividades clave que tendrá que realizar para alcanzar este objetivo 4 que se ha propuesto. Defina las fechas en que deberá concluir cada actividad. |

| Actividades clave | Fecha a terminarla |
|---|---|
| 5.4.1. | |
| 5.4.2. | |
| 5.4.3. | |
| 5.4.4. | |
| 5.4.5. | |

| Objetivo 5.5: |
|---|

| Cómo sabré que ya se alcanzó el objetivo. Cuál es el indicador de éxito: |
|---|

| Fecha o periodo de tiempo en que deberé alcanzar el objetivo: |
|---|

| Defina si el cumplimiento de este objetivo es una condición para retirarse y por qué, o si podrá retirarse y trabajar en su cumplimiento ya en el retiro: |
|---|

Describa las actividades clave que tendrá que realizar para alcanzar este objetivo 5 que se ha propuesto. Defina las fechas en que deberá concluir cada actividad.

| Actividades Clave | Fecha a terminarla |
|---|---|
| 5.5.1. | |
| 5.5.2. | |
| 5.5.3. | |
| 5.5.4. | |
| 5.5.5. | |

| | |
|---|---|
| Si desea agregar más asuntos prioritarios para suplan de retiro, utilice el siguiente formato, escribiendo en los espacios subrayados el número de prioridad que corresponda. | |
| Prioridad _____ | Descripción del aspecto de vida en el que va a trabajar: |
| Describa el por qué es importante para usted este aspecto de vida: | |
| Describa cuál es la situación actual de este aspecto de vida. En dónde se encuentra ahora, el punto del cual se partirá: | |
| Describa cuáles son los objetivos que quiere alcanzar en este aspecto de vida. Establezca una fecha en la que se va a proponer alcanzar cada uno de ellos. Ponga objetivos muy concretos y establezca para cada uno de ellos el indicador que le confirmará que lo ha cumplido. | |
| Objetivo __.1: | |
| Cómo sabré que ya se alcanzó el objetivo. Cuál es el indicador de éxito: | |
| Fecha o periodo de tiempo en que deberé alcanzar el objetivo: | |

| Defina si el cumplimiento de este objetivo es una condición para retirarse y por qué, o si podrá retirarse y trabajar en su cumplimiento ya en el retiro: | |
|---|---|
| Describa las actividades clave que tendrá que realizar para alcanzar el objetivo 1 que se ha propuesto. Defina las fechas en que deberá concluir cada actividad. | |
| Actividades clave | Fecha a terminarla |
| __.1.1. | |
| __.1.2. | |
| __.1.3. | |
| __.1.4. | |
| __.1.5. | |
| Objetivo __.2: | |
| Cómo sabré que ya se alcanzó el objetivo. Cuál es el indicador de éxito: | |
| Fecha o periodo de tiempo en que deberé alcanzar el objetivo: | |
| Defina si el cumplimiento de este objetivo es una condición para retirarse y por qué, o si podrá retirarse y trabajar en su cumplimiento ya en el retiro: | |
| Describa las actividades clave que tendrá que realizar para alcanzar este objetivo 2 que se ha propuesto. Defina las fechas en que deberá concluir cada actividad. | |
| Actividades clave | Fecha a terminarla |
| __.2.1. | |
| __.2.2. | |
| __.2.3. | |

| | | |
|---|---|---|
| __.2.4. | | |
| __.2.5. | | |

| Objetivo __.3: |
|---|
| |

| Cómo sabré que ya se alcanzó el objetivo. Cuál es el indicador de éxito: |
|---|
| |

| Fecha o periodo de tiempo en que deberé alcanzar el objetivo: |
|---|
| |

| Defina si el cumplimiento de este objetivo es una condición para retirarse y por qué, o si podrá retirarse y trabajar en su cumplimiento ya en el retiro: |
|---|
| |

Describa las actividades clave que tendrá que realizar para alcanzar este objetivo 3 que se ha propuesto. Defina las fechas en que deberá concluir cada actividad.

| Actividades clave | Fecha a terminarla |
|---|---|
| __.3.1. | |
| __.3.2. | |
| __.3.3. | |
| __.3.4. | |
| __.3.5. | |

| Objetivo __.4: |
|---|
| |

| Cómo sabré que ya se alcanzó el objetivo. Cuál es el indicador de éxito: |
|---|
| |

| Fecha o periodo de tiempo en que deberé alcanzar el objetivo: |
|---|
| |

Defina si el cumplimiento de este objetivo es una condición para retirarse y por qué, o si podrá retirarse y trabajar en su cumplimiento ya en el retiro:

Describe las actividades clave que tendrá que realizar para alcanzar este objetivo 4 que se ha propuesto. Defina las fechas en que deberá concluir cada actividad.

| Actividades clave | Fecha a terminarla |
|---|---|
| __.4.1. | |
| __.4.2. | |
| __.4.3. | |
| __.4.4. | |
| __.4.5. | |

Objetivo __.5:

Cómo sabré que ya se alcanzó el objetivo. Cuál es el indicador de éxito:

Fecha o periodo de tiempo en que deberé alcanzar el objetivo:

Defina si el cumplimiento de este objetivo es una condición para retirarse y por qué, o si podrá retirarse y trabajar en su cumplimiento ya en el retiro:

Describe las actividades clave que tendrá que realizar para alcanzar este objetivo 5 que se ha propuesto. Defina las fechas en que deberá concluir cada actividad.

| Actividades Clave | Fecha a terminarla |
|---|---|
| __.5.1. | |
| __.5.2. | |
| __.5.3. | |
| __.5.4. | |
| __.5.5. | |

Se cuenta ahora ya para cada aspecto de vida los objetivos que se quieren alcanzar y qué es lo que se va a hacer para alcanzarlos, además de las fechas en que se deben lograr. A fin de facilitar el seguimiento de las actividades y para determinar la fecha de su retiro, se recomienda que elabore un cronograma de las actividades para los siguientes meses y años basado en las fechas que ya definió. Utilice el Formato 5.06.4, llenando con la información del Formato 5.06.3.

## Formato 5.06.4. Cronograma para el Plan de Retiro

Escriba el número de actividad (ver Formato 5.06.3) y marque el trimestre en que deberá estar trabajando en esa actividad, desde el inicio hasta que se complete. Utilice color rojo para actividades de objetivos que requieren terminarse antes de su retiro y un color verde para actividades de objetivos en que puede trabajar después del retiro. El número de actividad se forma con el número de prioridad, con el número de objetivo de esa prioridad y con el número de actividad. El formato cubre sólo 5 años y el número de actividades que usted requiera podría ser muy grande, si requiere más años, modifíquelo a sus necesidades. La fecha de retiro será cuando se cumpla la última actividad de color rojo.

| Actividad (Prioridad, Objetivo, Actividad) | Año 1: | | | | Año 2: | | | | Año 3: | | | | Año 4: | | | | Año 5: | | | |
|---|---|---|---|---|---|---|---|---|---|---|---|---|---|---|---|---|---|---|---|---|
| | I | II | III | IV | I | II | III | IV | I | II | III | IV | I | II | III | IV | I | II | III | IV |
| | | | | | | | | | | | | | | | | | | | | |
| | | | | | | | | | | | | | | | | | | | | |
| | | | | | | | | | | | | | | | | | | | | |
| | | | | | | | | | | | | | | | | | | | | |
| | | | | | | | | | | | | | | | | | | | | |
| | | | | | | | | | | | | | | | | | | | | |
| | | | | | | | | | | | | | | | | | | | | |
| | | | | | | | | | | | | | | | | | | | | |
| | | | | | | | | | | | | | | | | | | | | |
| | | | | | | | | | | | | | | | | | | | | |
| | | | | | | | | | | | | | | | | | | | | |
| | | | | | | | | | | | | | | | | | | | | |
| | | | | | | | | | | | | | | | | | | | | |
| | | | | | | | | | | | | | | | | | | | | |
| | | | | | | | | | | | | | | | | | | | | |
| | | | | | | | | | | | | | | | | | | | | |
| | | | | | | | | | | | | | | | | | | | | |
| | | | | | | | | | | | | | | | | | | | | |
| | | | | | | | | | | | | | | | | | | | | |
| | | | | | | | | | | | | | | | | | | | | |
| | | | | | | | | | | | | | | | | | | | | |
| | | | | | | | | | | | | | | | | | | | | |

# SESIÓN 6: OTROS ACUERDOS SOBRE LA RELACIÓN DE LA FAMILIA CON LA EMPRESA

En las sesiones anteriores la familia ha acordado ya sobre aspectos básicos que darán continuidad a la empresa de su propiedad, pero no es suficiente. La buena marcha de la empresa requiere que la familia se comporte de una manera que favorezca el rumbo del negocio, por lo que en esta sesión se tratarán todos aquellos asuntos que no encajaron en las sesiones anteriores pero que al no estar definidos pueden afectar de alguna forma la relación entre los miembros de la familia y su empresa. Cada familia tendrá que definir esos asuntos que por sus circunstancias particulares es necesario que se les de claridad.

Los ejercicios a realizar en esta sesión ayudarán a la familia a definir cómo van a manejar esos asuntos para que no representen un riesgo de conflicto y para mantener el orden necesario para trabajar en paz. Los asuntos que comúnmente requieren de una definición en cuanto al comportamiento de la familia se tratarán en los siguientes ejercicios:

Ejercicio 6.01.   Uso personal de los bienes de la empresa
Ejercicio 6.02.   Uso de bienes comunes de la familia
Ejercicio 6.03.   Negocios personales de los miembros de la familia
Ejercicio 6.04.   Participación comunitaria de los miembros de la familia
Ejercicio 6.05.   Formación de los miembros de la familia
Ejercicio 6.06.   Prevención para casos de crisis personales o familiares
Ejercicio 6.07.   Promoción del espíritu emprendedor en los jóvenes de la familia

Ejercicio 6.08.  Acciones altruistas de la familia
Ejercicio 6.09.  Solución de controversias
Ejercicio 6.10.  Modificaciones al Protocolo Familiar
Ejercicio 6.11.  La autonomía de cada familia
Ejercicio 6.12.  La confidencialidad del Protocolo Familiar

Algunos temas podrían no aplicar a su familia, por lo que se deberá decidir si es necesario tener un acuerdo con respecto a ellos.

Para cada uno de los ejercicios que se van a realizar es importante que se cubran los siguientes aspectos antes de definir la política correspondiente:

1. Definir qué pretendemos lograr con reglamentar el asunto que estamos tratando, esto es, cuáles son los objetivos del reglamento que se va a instalar.
2. Definir quién o quiénes estarán sujetos o se beneficiarán de la política que se acuerda.
3. Definir quién tendrá la última palabra en caso de que se requiera una evaluación subjetiva, una decisión definitiva para resolver un asunto que no haya sido previsto o para fijar el rumbo a seguir en caso de que haya discrepancia en la interpretación del reglamento.

Para hacer esto, en cada política que se establezca se deberá recurrir a la elaboración de los formatos que corresponden a estos tres aspectos, según se vaya indicando.

## Ejercicio 6.01. Uso personal de los bienes de la empresa

En este ejercicio la familia deberá dar respuesta a las siguientes preguntas:

1. ¿Estamos dispuestos a no utilizar recursos de la empresa por el hecho de ser accionistas, recursos que no pueden utilizar los accionistas que no trabajan en la empresa?

2. ¿Podemos disponer de alguna manera de los recursos, bienes o personal de la empresa?
3. Si lo permitimos ¿Bajo que condiciones se permitiría? ¿Cómo evitaremos abusos? ¿Cómo evitaremos conflictos por su utilización? ¿Cómo evitaremos que esto dañe a la empresa?

Algunos ejemplos de uso personal de bienes de la empresa son los siguientes:

1. Utilizar un vehículo de la empresa para actividades personales
2. Pedir a un chofer empleado de la empresa que vaya por los hijos a la escuela
3. Solicitar a un empleado de mantenimiento que repare un desperfecto en la casa de un miembro de la familia
4. Pedir al contador de la empresa que lleve la contabilidad de un negocio personal de un miembro de la familia, o su contabilidad personal, o presentar sus declaraciones fiscales
5. Utilizar un local, instalación o terreno del negocio familiar para actividades de un negocio propio o personales sin pagar renta por ello
6. Utilizar el avión de la empresa para viajes personales

La mejor práctica en estos casos es no permitir ningún tipo de uso de bienes o recursos de la empresa para asuntos personales. Si la familia opta por permitir este tipo de situaciones, deberá discutir las implicaciones que esto podría tener en la empresa y en la familia y documentar adecuadamente las condiciones bajo las cuales se permitirá. El ejercicio se iniciará reflexionando precisamente sobre las razones que la familia tiene para establecer una política sobre este tema.

*Instrucciones*

1. Qué ha sucedido y cuál es la situación actual. Hacer un análisis de lo que ha sucedido en el pasado con respecto uso personal de bienes de la empresa, sin ánimos de juzgar, sino con el objetivo de tomar conciencia de lo que puede suceder en el futuro si se continúa sin tomar un acuerdo al respecto. Cada miembro de la familia da sus puntos de vista sobre esto.

Describan cuál es la situación actual. Verifiquen si persiste la situación. Posteriormente, describan las consecuencias de regular o no regular la situación que se está tratando.

2. Elaborar los formatos 6.01.1, 6.01.2 y 6.01.3 para esta política, describiendo las razones que tienen para adoptar una política de este tipo, a quiénes aplicará y quién será el órgano designado para resolver cualquier controversia sobre este asunto.

3. Diseñar la política familiar. De la lista mostrada en el formato 6.01.4, seleccionar individualmente los elementos de la política que consideran pueden aplicarse a la familia. Se pueden agregar propuestas adicionales. Al terminar, compartir la propuesta con los demás miembros de la familia, discutir las alternativas de acción que pueden favorecer el que se logre el futuro deseado, describir ventajas y desventajas de cada alternativa y acordar cuáles aplicarán.

4. Redactar el acuerdo final.

## Formato 6.01.1. Objetivos de nuestra política sobre uso personal de bienes de la empresa

| ¿Cuáles son los objetivos de la política familiar que estamos diseñando? ¿Qué es lo que deseamos para el futuro con respecto a este asunto? | |
|---|---|
| De la lista siguiente seleccionar individualmente aquellos objetivos que usted considera pueden aplicarse a la política que se está diseñando. Se pueden agregar propuestas adicionales. Al terminar, compartir la propuesta con los demás miembros de la familia y acordar cuáles aplicarán. | |
| 1. | Evitar malos entendidos que nos lleven a situaciones de conflicto por falta de una definición. | |
| 2. | Evitar el quebranto de nuestra empresa o poner en riesgo nuestro patrimonio. | |
| 3. | Facilitar el control de la propiedad de nuestro negocio. | |
| 4. | Fomentar la libertad con responsabilidad en los miembros de la familia. | |
| 5. | Establecer una clara diferencia entre nuestros derechos y obligaciones como miembros de la familia, como empleados y como propietarios. | |
| 6. | Poner el ejemplo de responsabilidad y respeto entre los colaboradores en nuestra empresa. | |
| 7. | | |

## Formato 6.01.2. A quiénes aplica la política familiar sobre uso personal de bienes de la empresa

| ¿A quién aplicará esta política familiar? | |
|---|---|
| De la lista siguiente seleccionar individualmente aquellas personas o grupos de personas que usted considera deben estar sujetas a esta política familiar. Se pueden agregar propuestas adicionales. Especifique claramente a quién se está refiriendo, si es necesario hágalo con nombre y apellido. Al terminar comparta su propuesta con los demás miembros de la familia y acuerden cuáles aplicarán. | |
| 1. Todos los miembros de la familia dueños de acciones, que sean empleados de tiempo completo en la empresa (accionistas que son empleados en la empresa). | |
| 2. Todos los miembros de la familia, que no tengan acciones, que sean empleados de tiempo completo en la empresa (todos los miembros de la familia que no tienen acciones y están empleados en la empresa, por ejemplo, esposa, hijos y otros parientes que desempeñan un puesto en la empresa). | |
| 3. Todos los miembros de la familia que tienen acciones pero no trabajan en la empresa (Accionistas que no trabajan en la empresa). | |
| 4. Todos los miembros de la familia que no tienen acciones y no trabajan en la empresa (todos los miembros de la familia que no tienen acciones y tampoco trabajan en la empresa, por ejemplo, esposa, hijos y otros parientes que nos tienen un puesto en la empresa). | |
| 5. Familiares que no trabajan de tiempo completo en la empresa, tales como consejeros, asesores, practicantes, entre otros. | |
| 6. Otros familiares: | |

## Formato 6.01.3 Vigilancia del cumplimiento de la política

| ¿Quién tendrá la última palabra sobre este asunto? ¿Quién vigilará que se cumplan con los acuerdos de nuestra política? | |
|---|---|
| De la lista siguiente seleccionar individualmente los criterios que deben aplicarse para vigilar el cumplimiento de la política que acabamos de diseñar. Se pueden agregar propuestas adicionales. Al terminar comparta su propuesta con los demás miembros de la familia y acuerden cuáles aplicarán. | |
| 1. El cumplimiento de esta política se deja al compromiso moral de todos quienes suscribimos este Protocolo Familiar. | |
| 2. En todo lo relativo a esta política prevalecerá el criterio del Consejo de Accionistas Familiares. Cuando exista un incumplimiento a los acuerdos a juicio de este, se reunirá y definirá el procedimiento a seguir para llamar al cumplimiento, y en su caso, sancionar. | |
| 3. El Consejo de Administración es el órgano designado para resolver sobre los asuntos relacionados con esta política y quien tomará la decisión sobre si se cumple o no con los criterios aquí establecidos. | |
| 4. Aplicaremos sanciones económicas para quienes no cumplan con sus funciones o con los acuerdos que tomemos. Definir cuáles: | |
| 5. Asignaremos la función de seguimiento a los acuerdos a un tercero, quién tendrá la atribución de llamarnos al cumplimiento, reportando a todos los demás familiares. | |

## Formato 6.01.4 Política de uso personal de bienes de la empresa

| | | |
|---|---|---|
| De la lista siguiente seleccionar individualmente las políticas que usted considera pueden aplicarse a la familia. Puede modificarlas, agregar propuestas adicionales o proponer una acción diferente en cada caso mencionado. Al terminar comparta su propuesta con los demás miembros de la familia y acuerden cuáles aplicarán. | | |
| 1. | A fin de evitar conflictos entre los familiares y carga financiera y de costos a la empresa, no se permitirá por ninguna razón el uso personal de los bienes que sean propiedad de nuestra empresa, tales como instalaciones, vehículos, maquinaria, herramientas, etc. | |
| 2. | El uso de los recursos y/o bienes de la empresa será permitido para los miembros de la familia directa siempre y cuando cubran el costo que genere su uso. La forma en que calcularemos el costo a pagar será similar a la cotización que pudiéramos presentar a un cliente de nuestra empresa con las mismas condiciones de pago que ofreceríamos en el mercado. | |
| 3. | El uso personal que cada uno haga de los bienes como instalaciones, vehículos, maquinaria, herramientas, etc., que sean propiedad de nuestra empresa, está permitido para los miembros de la familia sin costo alguno y estarán sujetos únicamente a su buen juicio de no afectar la operación de la empresa. | |
| 4. | Para hacer uso personal de bienes de la empresa se requerirá la autorización previa de la persona responsable de ese bien en la empresa. | |
| 5. | Todo miembro de la familia que reciba un servicio personal por parte del personal de la empresa deberá pagar por ese servicio. Si es después de horas de trabajo quien recibe el servicio deberá además cubrir el sueldo extra correspondiente. | |
| 6. | Todo miembro de la familia que utilice para asuntos o negocios personales algún terreno o instalación de la familia o de la empresa deberá pagar la renta correspondiente de acuerdo con criterios de mercado. | |
| 7. | Todos los miembros de la familia deberán cumplir con las políticas que tenga establecidas la empresa sobre el uso de los bienes de la empresa, a excepción de lo que aquí se autoriza. | |

# Ejercicio 6.02. Uso de bienes comunes de la familia

La tragedia de los comunes es un dilema planteado por Garrett Hardin en 1968, en el que relata una situación en la cual varias personas, motivadas sólo por el interés personal y actuando independiente pero racionalmente, terminan por destruir un recurso compartido limitado (el común), aunque a ninguno de ellos, ya sea como individuos o en conjunto, les convenga que tal destrucción suceda. Hardin utiliza esa situación para analizar la relación entre libertad y responsabilidad. Se recomienda que los miembros de la familia conozcan el ejemplo utilizado por Hardin y discuta qué es lo que puede aprender de él.

Las familias que comparten un bien común se enfrentan a este dilema. Puede ser la casa de campo, el avión de la empresa o de la familia o el departamento para vacacionar, o cualquier otro bien cuya propiedad y uso comparten. El actuar por el interés personal inevitablemente llevará a que la familia caiga en la tragedia que Hardin describe: la destrucción del bien común y/o la destrucción de la armonía familiar.

¿Cómo escapar del dilema en el que individuos actuando racionalmente en su propio interés pueden en última instancia destruir un recurso compartido y limitado, incluso cuando es evidente que esto no beneficia a nadie de ellos en el largo plazo?

Para escapar de este dilema se deberá buscar un balance entre libertad y responsabilidad. La mejor forma de hacerlo es especificar claramente y por escrito las expectativas que se tiene sobre la conducta de los miembros de la familia para que sus prácticas de uso de lo común no terminen por destruirlo o por causar conflictos que destruyen la unidad familiar y finalmente terminan afectando la empresa. Estas expectativas se pueden establecer en forma conjunta en un reglamento de uso del bien común.

Sin bien cada familia tiene circunstancias únicas, se podrá considerar el incluir en el reglamento algunos de los conceptos siguientes:

1. Descripción del bien de que se trata.
2. Quiénes pueden utilizar el bien común.
3. Cuándo se puede utilizar el bien común. Calendario de uso.
4. Condiciones previas para su uso.
5. Condiciones que aplican durante su uso.
6. Condiciones a cumplir posteriormente al uso del bien común.

7. Cómo se cubren los costos relativos al uso y mantenimiento del bien común.
8. Quién es responsable de coordinar el uso del bien común. Compensación que debe recibir.
9. Reconocimientos para quienes cumplen el reglamento.
10. Sanciones para quienes no cumplen el reglamento.

*Instrucciones*

1. Hacer juntos un análisis de lo que ha sucedido en el pasado con respecto al uso de bienes comunes de la familia, sin ánimos de juzgar, sino con el objetivo de tomar conciencia de lo que puede suceder en el futuro si se continúa sin tomar un acuerdo al respecto. De cuál bien se trata, qué condiciones de la familia o de la empresa eran relevantes para su uso, qué uso se le dio, si fue un problema o conflicto para la empresa o para la familia y por qué.
2. Describan cuál es la situación actual. Verifiquen si persiste la situación del pasado.
3. Describan qué se desea para el futuro. Describan las consecuencias de regular o no regular la situación que se está tratando. Elaboren los formatos 6.02.1, 6.02.2, y 6.02.3 para esta política.
4. Discutir las alternativas de acción que pueden favorecer el que se logre el futuro deseado. Cada miembro de la familia deberá llenar individualmente sus propuestas en el formato 6.02.4 que se muestra a continuación.
5. Compartir sus propuestas y discutir ventajas y desventajas de cada una de ellas.
6. Acordar el reglamento que aplicará para el uso de cada uno de los bienes comunes de la familia.

## Formato 6.02.1. Objetivos de nuestra Política familiar sobre el uso de bienes comunes

| | | |
|---|---|---|
| ¿Cuáles son los objetivos de la política familiar que estamos diseñando? ¿Qué es lo que deseamos para el futuro con respecto a este asunto? | | |
| De la lista siguiente seleccionar individualmente aquellos objetivos que usted considera pueden aplicarse a la política que se está diseñando. Se pueden agregar propuestas adicionales. Al terminar, comparta la propuesta con los demás miembros de la familia y acuerden cuáles aplicarán. | | |
| 1. | Preservar la unión familiar evitando malos entendidos que nos lleven a situaciones de conflicto por falta de una definición. | |
| 2. | Evitar poner en riesgo nuestro patrimonio. | |
| 3. | Facilitar el control de la propiedad común de familia. | |
| 4. | Fomentar la libertad con responsabilidad en los miembros de la familia. | |
| 5. | Establecer una clara diferencia entre nuestros derechos y obligaciones como miembros de la familia, como empleados y como propietarios. | |
| 6. | Promover la responsabilidad y respeto entre los miembros de la familia. | |
| 7. | | |

## Formato 6.02.2. A quiénes aplica la Política familiar sobre el uso de bienes comunes

| | ¿A quién aplicará esta política familiar? | |
|---|---|---|
| | De la lista siguiente seleccionar individualmente aquellas personas o grupos de personas que usted considera deben estar sujetas a esta política familiar. Se pueden agregar propuestas adicionales. Especifique claramente a quién se está refiriendo, si es necesario hágalo con nombre y apellido. Al terminar comparta su propuesta con los demás miembros de la familia y acuerden cuáles aplicarán. | |
| 1. | Todos los miembros de la familia dueños de acciones, que sean empleados de tiempo completo en la empresa (accionistas que son empleados en la empresa). | |
| 2. | Todos los miembros de la familia, que no tengan acciones, que sean empleados de tiempo completo en la empresa (todos los miembros de la familia que no tienen acciones y están empleados en la empresa, por ejemplo, esposa, hijos y otros parientes que desempeñan un puesto en la empresa). | |
| 3. | Todos los miembros de la familia que tienen acciones pero no trabajan en la empresa (Accionistas que no trabajan en la empresa). | |
| 4. | Todos los miembros de la familia que no tienen acciones y no trabajan en la empresa (todos los miembros de la familia que no tienen acciones y tampoco trabajan en la empresa, por ejemplo, esposa, hijos y otros parientes que nos tienen un puesto en la empresa). | |
| 5. | Familiares que no trabajan de tiempo completo en la empresa, tales como consejeros, asesores, practicantes, entre otros. | |

## Formato 6.02.3 Vigilancia del cumplimiento de la política sobre uso de bienes comunes

| | |
|---|---|
| ¿Quién tendrá la última palabra sobre este asunto? ¿Quién vigilará que se cumplan con los acuerdos de nuestra política? | |
| De la lista siguiente seleccionar individualmente los criterios que deben aplicarse para vigilar el cumplimiento de la política que acabamos de diseñar. Se pueden agregar propuestas adicionales. Al terminar comparta su propuesta con los demás miembros de la familia y acuerden cuáles aplicarán. | |
| 1. El cumplimiento de esta política se deja al compromiso moral de todos quienes suscribimos este Protocolo Familiar. | |
| 2. Cuando exista un incumplimiento a los acuerdos a juicio del Consejo de Accionistas Familiares, éste se reunirá y definirá el procedimiento a seguir para llamar al cumplimiento. | |
| 3. En todo lo relativo a esta política prevalecerá el criterio del Consejo de Accionistas Familiares. | |
| 4. El Consejo de Administración es el órgano designado para resolver sobre los asuntos relacionados con esta política y quien tomará la decisión sobre si se cumple o no con los criterios aquí establecidos. | |
| 5. Aplicaremos sanciones económicas para quienes no cumplan con sus funciones o con los acuerdos que tomemos. Definir cuáles: | |
| 6. Asignaremos la función de seguimiento a los acuerdos a un tercero, quién tendrá la atribución de llamarnos al cumplimiento, reportando a todos los demás hermanos. | |
| 7. Otras regulaciones: | |

## Formato 6.02.4. Elementos para la política familiar sobre el uso de bienes comunes

| Detalle su propuesta sobre cuáles deben ser los criterios que deben formar parte de la política familiar sobre uso de bienes comunes. ||
|---|---|
| Concepto | Mi propuesta |
| 1. Bienes cuyo uso por parte de la familia debe estar sujeto a esta política. Listarlos. | |
| 2. Quiénes pueden utilizar el bien común. | |
| 3. Cuándo se puede utilizar el bien común. Calendario de uso. | |
| 4. Condiciones previas para su uso. | |
| 5. Condiciones que aplican durante su uso. | |
| 6. Condiciones a cumplir posteriormente al uso. | |
| 7. Cómo se cubren los costos relativos al uso y mantenimiento del bien. | |
| 8. Quién es responsable de coordinar el uso del bien común. Compensación que debe recibir. | |
| 9. Reconocimientos para quienes cumplen el reglamento. | |
| 10. Sanciones para quienes no cumplen con el reglamento. | |
| 11. Otras propuestas sobre el uso del bien común. | |

# Ejercicio 6.03. Negocios personales de miembros de la familia

El objetivo de este ejercicio es redactar una política de la familia con respecto a tener o no negocios personales. Para esto se reflexionará sobre las implicaciones y complicaciones en que se puede meter la familia si no se regula el desarrollar negocios personales a costa de la empresa familiar y definir los criterios bajo los cuales se normará el establecimiento y administración de negocios personales por parte de miembros de la familia. Se buscará dar respuesta a las siguientes preguntas:

1. ¿Cuáles serán los objetivos de nuestra política sobre negocios personales? ¿Qué criterios debemos tomar en cuenta para diseñar nuestra política sobre negocios familiares? Formato 6.03.1.
2. ¿A quién aplicará esta política familiar sobre negocios personales? Formato 6.03.2.
3. ¿Podrán los miembros de la familia contar con participación accionaria en negocios que no son propiedad de la familia, esto es, pueden tener un negocio personal? Formato 6.03.2.
4. ¿Quién vigilará que se cumplan con los acuerdos de nuestra política? Formato 6.03.3.
5. ¿Pondremos alguna restricción en cuanto a las características de los negocios personales y su relación con la empresa de la familia? Formato 6.03.4.
6. ¿Podrán los familiares que trabajan en la empresa de la familia utilizar para su negocio personal el tiempo de su trabajo? Formato 6.03.5.
7. ¿Qué tipo de relación con la empresa de la familia permitiremos que tengan los negocios personales? Formato 6.03.6.

*Instrucciones*

1. Para diseñar la política familiar sobre negocios familiares se iniciará describiendo qué quiere la familia para el futuro y las consecuencias de regular o no regular los negocios personales de los miembros de la familia. Utilizar el Formato 6.03.1.

2. Definir a quiénes aplica esta política sobre negocios personales. Utilizar para esto el Formatos 6.03.2.
3. Definir quién será el organismo encargado de vigilar la observancia de esta política o quien tomará la decisión final sobre asuntos relacionados con la interpretación y aplicación de esta política. Utilizar para esto el Formatos 6.03.3.
4. Una vez que se tiene claro qué es lo que se desea, se trabajará en diseñar la política dando respuesta a las preguntas que se presentan en los Formatos 6.03.4 al 6.04.7. La familia discutirá los ejemplos planteados y acordará sobre cómo proceder sobre el tema que se plantea, redactando el acuerdo final.

**Formato 6.03.1. Criterios para diseñar de nuestra política de negocios personales**

| ¿Qué criterios debemos tomar en cuenta para diseñar nuestra política sobre negocios familiares? | |
|---|---|
| De la lista siguiente seleccionar individualmente aquellos criterios que usted considera deben tomarse en cuenta para diseñar la política de negocios familiares. Se pueden agregar propuestas adicionales. Al terminar, compartir la propuesta con los demás miembros de la familia y acordar cuáles aplicarán. | |
| 1. | Debemos ver a la empresa como algo que queremos preservar |
| 2. | Preservar la unión familiar |
| 3. | Fomentar los valores en que creemos |
| 4. | Mantener el interés y el compromiso en el negocio familiar |
| 5. | Evitar conflictos por no tener un marco de referencia |
| 6. | Saber qué se puede y qué no |
| 7. | Salvaguardar el bienestar de la empresa |
| 8. | Salvaguardar el bienestar de la familia |
| 9. | Impulsar el espíritu emprendedor en la generación actual |
| 10. | Impulsar el espíritu emprendedor en la siguiente generación |
| 11. | Fomentar el trabajar para uno mismo |
| 12. | Fomentar la independencia económica de los miembros de la familia fuera de la empresa actual |
| 13. | Formar los empresarios de la siguiente generación |
| 14. | No podemos limitar a los miembros de la siguiente generación |
| 15. | Las reglas pueden ser diferentes para la siguiente generación |
| 16. | Tener criterios únicos para determinar si existe interferencia del negocio personal con las responsabilidades como empleados |
| 17. | Debe ser bien visto por la familia el ser independiente económicamente |
| 18. | No es necesario que actuemos en grupo en todas las circunstancias |
| 19. | Ampliar posibilidades de negocio para la familia |

## Formato 6.03.2. A quiénes aplica la Política familiar sobre negocios personales

| ¿A quién aplicará esta política familiar? | |
|---|---|
| De la lista siguiente seleccionar individualmente aquellas personas o grupos de personas que usted considera deben estar sujetas a esta política familiar. Se pueden agregar propuestas adicionales. Especifique claramente a quién se está refiriendo, si es necesario hágalo con nombre y apellido. Al terminar comparta su propuesta con los demás miembros de la familia y acuerden cuáles aplicarán. | |
| 1. Todos los miembros de la familia dueños de acciones, que sean empleados de tiempo completo en la empresa (accionistas que son empleados en la empresa). | |
| 2. Todos los miembros de la familia, que no tengan acciones, que sean empleados de tiempo completo en la empresa (todos los miembros de la familia que no tienen acciones y están empleados en la empresa, por ejemplo, esposa, hijos y otros parientes que desempeñan un puesto en la empresa). | |
| 3. Todos los miembros de la familia que tienen acciones pero no trabajan en la empresa (Accionistas que no trabajan en la empresa). | |
| 4. Todos los miembros de la familia que no tienen acciones y no trabajan en la empresa (todos los miembros de la familia que no tienen acciones y tampoco trabajan en la empresa, por ejemplo, esposa, hijos y otros parientes que nos tienen un puesto en la empresa). | |
| 5. Familiares que no trabajan de tiempo completo en la empresa, tales como consejeros, asesores, practicantes, entre otros. | |

## Formato 6.03.3. Vigilancia del cumplimiento de la política sobre negocios personales

| | | |
|---|---|---|
| ¿Quién tendrá la última palabra sobre este asunto? ¿Quién vigilará que se cumplan con los acuerdos de nuestra política? | | |
| De la lista siguiente seleccionar individualmente los criterios que deben aplicarse para vigilar el cumplimiento de la política que acabamos de diseñar. Se pueden agregar propuestas adicionales. Al terminar comparta su propuesta con los demás miembros de la familia y acuerden cuáles aplicarán. | | |
| 1. | El cumplimiento de esta política se deja al compromiso moral de todos quienes suscribimos este Protocolo Familiar. | |
| 2. | Cuando exista un incumplimiento a los acuerdos a juicio del Consejo de Accionistas Familiares, éste se reunirá y definirá el procedimiento a seguir para llamar al cumplimiento. | |
| 3. | En todo lo relativo a esta política de negocios personales prevalecerá el criterio del Consejo de Accionistas Familiares. | |
| 4. | El Consejo de Administración es el órgano designado para resolver sobre los asuntos relacionados con esta política y quien tomará la decisión sobre si se cumple o no con los criterios aquí establecidos. | |
| 5. | Aplicaremos sanciones económicas para quienes no cumplan con sus funciones o con los acuerdos que tomemos. Definir cuáles: | |
| 6. | Asignaremos la función de seguimiento a los acuerdos a un tercero, quién tendrá la atribución de llamarnos al cumplimiento, reportando a todos los demás hermanos. | |

## Formato 6.03.4. Definición sobre permitir o no negocios personales

| | | |
|---|---|---|
| ¿Podrán los miembros de la familia contar con participación accionaria en negocios que no son propiedad de la familia, esto es, pueden tener un negocio personal? | | |
| De la lista siguiente seleccionar individualmente aquellas respuestas a la pregunta que usted quiere proponer al grupo familiar. Se pueden agregar propuestas adicionales. Al terminar, compartir la propuesta con los demás miembros de la familia y acordar cuáles aplicarán. | | |
| 1. | Para familiares no empleados de la empresa sí se permitirá que desarrollen negocios personales. | |
| 2. | Para miembros de la familia que son empleados de la empresa no se permitirá que desarrollen negocios personales. | |
| 3. | Podrá haber algunos giros que no tengan restricción para los miembros de la familia, trabajen o no en la empresa. Proponer cuáles. Ejemplo: Bienes Raíces. | |
| 4. | Para poder tener un negocio personal, los miembros de la familia que trabajan en la empresa deberán dejar su puesto en la empresa. | |
| 5. | Quienes trabajan en la empresa podrán tener cualquier tipo de negocio, y continuar en la empresa si cumplen con las condiciones que se establecen en esta política. | |
| 6. | Todo miembro de la familia que trabaje en la empresa que tenga o desee iniciar un negocio personal deberá manifestar ante el Consejo de Accionistas Familiares su compromiso de cumplir con los lineamientos que se establecen en esta política. | |
| 7. | Todo miembro de la familia que trabaje en la empresa que esté interesado en emprender un negocio personal deberá informar al Consejo de Accionistas Familiares su intención de hacerlo y esperar su aprobación para poder iniciarlo. | |
| 8. | Los negocios relacionados con inversiones personales en bolsa y otros tipos de inversiones financieras personales no están sujetas a esta política. | |
| 9. | Los miembros de la familia que trabajen en la empresa podrán tener negocios personales siempre y cuando cumplan con lo establecido en esta política. | |

## Formato 6.03.5. Restricciones para establecer negocios personales

| | |
|---|---|
| ¿Pondremos alguna restricción en cuanto a las características de negocio personal que pueden tener los miembros de la familia? | |
| De la lista siguiente seleccionar individualmente aquellas características que usted propondrá deben cumplir los negocios personales de miembros de la familia. Se pueden agregar propuestas adicionales. Al terminar, compartir la propuesta con los demás miembros de la familia y acordar cuáles aplicarán. | |
| 1. | Todos los negocios que sean emprendidos por miembros de la familia, sean funcionarios de la empresa o no, deberán ser congruentes con los valores de la familia y de la empresa, y además deberán de promover estos valores. | |
| 2. | No deberán estar en conflicto con la misión de la empresa de la familia. | |
| 3. | Los negocios personales no podrán tener relación alguna con la empresa de la familia. | |
| 4. | Los negocios personales no podrán ser en el mismo giro de nuestra empresa | |
| 5. | No se permitirá a los miembros de la familia el realizar negocios personales en las instalaciones de la empresa. | |
| 6. | Se permitirá la realización de negocios personales en las instalaciones de la empresa solamente con autorización del Consejo de Accionistas Familiares, siempre y cuando se retribuya bajo criterios comerciales a la empresa por el uso de sus recursos o bienes. | |
| 7. | Para hacer uso del apellido de la familia y las marcas, los emblemas y cualquier otro elemento distintivo de nuestras empresas, en negocios propios relacionados o no con los giros de las empresas a que se refiere este Protocolo Familiar, se requiere la aprobación del Consejo de Accionistas Familiares. Igual en el caso de que estos negocios nuevos fueran propiedad de nuestros cónyuges o hijos. | |
| 8. | Las marcas y elementos distintivos de la empresa de la familia serán registrados como propiedad de la misma empresa. Su uso será exclusivo para los fines que autorice el consejo de administración. | |
| 9. | El uso de marcas y emblemas de la empresa por parte de miembros de la familia para negocios personales, está prohibido y sujeto a los derechos de propiedad intelectual de la empresa familiar. | |
| 10. | El uso del apellido de la familia en negocios personales queda a discreción de los miembros de la familia. El Consejo de Accionistas Familiares hace un llamado a cuidar la imagen de la familia reflejada en los negocios personales que lleven el apellido de la familia. | |
| 11. | Las adquisiciones que realicen las empresas de la familia en negocios personales de miembros de la familia no deben representar para estos más de un ____% de sus ventas. | |

## Formato 6.03.6. Uso del tiempo laboral en negocios personales

| | | |
|---|---|---|
| ¿Podrán los familiares que trabajan en la empresa de la familia utilizar para su negocio personal el tiempo de su trabajo? | | |
| De la lista siguiente seleccionar individualmente los criterios que deben aplicarse para el uso de tiempo laboral en negocios personales. Se pueden agregar propuestas adicionales. Al terminar, compartir la propuesta con los demás miembros de la familia y acordar cuáles aplicarán. | | |
| 1. | Los miembros de la familia que son empleados en los negocios de la familia no podrán emprender negocios personales que los distraigan mentalmente de sus funciones en la empresa. | |
| 2. | Se asume el compromiso de no dedicar tiempo a negocios personales en perjuicio del negocio de la familia si el accionista además es empleado de nuestra empresa. | |
| 3. | Para tener un negocio personal será necesario contar con la aprobación del Consejo de Accionistas Familiares, el que se otorgará siempre y cuando esta actividad pueda ser realizada fuera de los tiempos laborales que nuestra empresa exige, a criterio del mismo consejo. | |
| 4. | Se busca evitar que se generen en otros miembros de la familia percepciones equivocadas sobre el uso del tiempo personal de un familiar que cuenta con un negocio personal. Con este fin, será el Consejo de Accionistas Familiares quien determine a su juicio el cumplimiento de esta política y defina lo que significa "tiempo personal". | |
| 5. | Los miembros de la familia que son empleados en los negocios de la familia no podrán emprender negocios personales que afecten su desempeño en sus funciones. | |
| 6. | Será el Consejo de Accionistas Familiares quien decida sobre el posible impacto que un negocio familiar pueda estar teniendo en el desempeño del empleado familiar. | |
| 7. | Se puede tener participación accionaria en otras empresas no relacionadas con la familia si esto no requiere de una inversión de tiempo considerable. | |
| 8. | Se puede participar en negocios personales como consejeros si esto no requiere de una inversión de tiempo considerable, a juicio de _____ (Especificar de acuerdo con lo establecido en el Formato 6.3.1) | |
| 9. | Cada miembro de la familia empleado en la empresa de la familia que tenga un negocio familiar podrá dedicarle tiempo laboral de acuerdo con su propio criterio. | |
| 10. | Otras regulaciones: | |

## Formato 6.03.7. Relación de los negocios personales con la empresa de la familia

| | | |
|---|---|---|
| ¿Qué tipo de relación con la empresa de la familia permitiremos que tengan los negocios personales? | | |
| De la lista siguiente seleccionar individualmente los criterios que deben aplicarse para la relación de los negocios personales con la empresa de la familia. Se pueden agregar propuestas adicionales. Al terminar, compartir la propuesta con los demás miembros de la familia y acordar cuáles aplicarán. | | |
| 1. | Los negocios personales de cualquier miembro de la familia no deberán tener relación alguna con la empresa de la familia. | |
| 2. | No se permitirá el tener negocios personales que estén en competencia directa o indirecta con la empresa de la familia. | |
| 3. | No se permitirá a ningún miembro de la familia el ser proveedor de los negocios de la familia, bajo ninguna circunstancia. | |
| 4. | No se permitirá a ningún miembro de la familia el actuar como distribuidor de los negocios de la familia, bajo ninguna circunstancia. | |
| 5. | No se permitirá a ningún miembro de la familia el ser proveedor de los negocios de la familia, bajo ninguna circunstancia. | |
| 6. | Las adquisiciones de bienes y servicios que haga nuestra empresa, se harán preferentemente de negocios propiedad de familiares nuestros, siempre que las condiciones de oferta y calidad sean por lo menos iguales a las de otros proveedores y se sujetarán a las políticas de abastecimiento de nuestra empresa. | |
| 7. | Las adquisiciones de bienes y servicios que hagan miembros de la familia directa a nuestra empresa, serán bajo las mismas condiciones de precio y plazo que se ofrece a clientes preferenciales, y se sujetarán a las políticas de crédito y cobranza de nuestra empresa. | |
| 8. | No tendremos ninguna consideración comercial especial para cualquier familiar o persona afín a los miembros de la familia. | |
| 9. | | |

## Ejercicio 6.04. Participación comunitaria de los miembros de la familia

La participación de los miembros de la familia en actividades comunitarias puede llegar a representar una fuente de malos entendidos y posibles conflictos. Pueden ser muy variadas las instancias en que miembros de la familia pueden querer participar o a las que son invitados a participar. Entre las más comunes son la participación en organismos empresariales o cámaras, en organismos con actividades comunitarias no gubernamentales, puestos o comisiones de gobierno y actividades de política partidista.

Son diversas las razones por las cuales las personas podrían estar interesadas en participar en este tipo de actividades. En la empresa familiar el enfoque puede ser variado. Algunos favorecerían esta participación argumentando el desarrollo personal de los miembros de la familia, otros el bien de la familia en general y otros el beneficio que podría traer a la empresa de la familia.

La participación en este tipo de actividades suelen requerir una atención muy especial y demanda tiempo de quien participa en ellas, si es que se quieren atender adecuadamente. Pero no sólo es tiempo el recurso que consumen, en muchas ocasiones se les dedica recursos de la familia o de la empresa, lo que representa la fuente de conflicto potencial.

Para evitar este tipo de conflictos, la familia deberá nuevamente ponerse de acuerdo para decidir cómo se van a manejar este tipo de actividades, qué se vale y qué no, y qué se espera de los miembros de la familia con respecto a su dedicación y al uso de lo recursos de la familia o de la empresa.

1. Para diseñar esta política familiar sobre participación comunitaria de los miembros de la familia, se iniciará con la elaboración de los formatos 6.04.1, 6.04.2 y 6.04.3.
2. Una vez que se tienen definidos los objetivos de esta política familiar, se procederá a definir su contenido

contestando individualmente cada una de las preguntas mostradas en el Formato 6.04.04. Una vez que se tienen las propuestas individuales, se compartirán entre todos los miembros de la familia para acordar una respuesta común.

**Formato 6.04.1. Objetivos de nuestra política familiar sobre la participación comunitaria de miembros de la familia**

| ¿Cuáles son los objetivos de la política familiar que estamos diseñando? ¿Qué es lo que deseamos para el futuro con respecto a este asunto? | | |
|---|---|---|
| De la lista siguiente seleccionar individualmente aquellos objetivos que usted considera pueden aplicarse a la política. Se pueden agregar propuestas adicionales. Al terminar, compartir la propuesta con los demás miembros de la familia y acordar cuáles aplicarán. | | |
| 1. | Evitar malos entendidos que nos lleven a situaciones de conflicto por falta de una definición. | |
| 2. | Evitar la pérdida del espíritu emprendedor en la familia. | |
| 3. | No permitir que se descuide el negocio principal de la familia por asuntos no relacionados con nuestra Misión y Visión familiar. | |
| 4. | Aprovechar las oportunidades que surjan para que miembros de la familia puedan servir a la comunidad. | |
| 5. | Apoyar las actividades altruistas de la familia. | |
| 6. | Evitar el quebranto de nuestra empresa o poner en riesgo nuestro patrimonio. | |
| 7. | Promover acciones que favorezcan a nuestra empresa y a nuestra familia. | |
| 8. | Promover el desarrollo de liderazgo en los miembros de la familia. | |
| 9. | Promover acciones que beneficien a la comunidad en la que trabajamos. | |
| 10. | Cuidar la imagen y buen nombre de la familia y de nuestras empresas. | |
| 11. | Otras consideraciones: | |

## Formato 6.04.2. A quiénes aplica la política familiar sobre la participación comunitaria de miembros de la familia

| ¿A quién aplicará esta política familiar? | |
|---|---|
| De la lista siguiente seleccionar individualmente aquellas personas o grupos de personas que usted considera deben estar sujetas a esta política familiar. Se pueden agregar propuestas adicionales. Especifique claramente a quién se está refiriendo, si es necesario hágalo con nombre y apellido. Al terminar comparta su propuesta con los demás miembros de la familia y acuerden cuáles aplicarán. | |
| 1. Todos los miembros de la familia dueños de acciones, que sean empleados de tiempo completo en la empresa (accionistas que son empleados en la empresa). | |
| 2. Todos los miembros de la familia, que no tengan acciones, que sean empleados de tiempo completo en la empresa (todos los miembros de la familia que no tienen acciones y están empleados en la empresa, por ejemplo, esposa, hijos y otros parientes que desempeñan un puesto en la empresa). | |
| 3. Todos los miembros de la familia que tienen acciones pero no trabajan en la empresa (Accionistas que no trabajan en la empresa). | |
| 4. Todos los miembros de la familia que no tienen acciones y no trabajan en la empresa (todos los miembros de la familia que no tienen acciones y tampoco trabajan en la empresa, por ejemplo, esposa, hijos y otros parientes que nos tienen un puesto en la empresa). | |
| 5. Familiares que no trabajan de tiempo completo en la empresa, tales como consejeros, asesores, practicantes, entre otros. | |

**Formato 6.04.3. Vigilancia del cumplimiento de la política familiar sobre la participación comunitaria de miembros de la familia**

| | | |
|---|---|---|
| ¿Quién tendrá la última palabra sobre este asunto? ¿Quién vigilará que se cumplan con los acuerdos de nuestra política? | | |
| De la lista siguiente seleccionar individualmente los criterios que deben aplicarse para vigilar el cumplimiento de la política que acabamos de diseñar. Se pueden agregar propuestas adicionales. Al terminar comparta su propuesta con los demás miembros de la familia y acuerden cuáles aplicarán. | | |
| 1. | El cumplimiento de esta política se deja al compromiso moral de todos quienes suscribimos este Protocolo Familiar. | |
| 2. | Cuando exista un incumplimiento a los acuerdos a juicio del Consejo de Accionistas Familiares, éste se reunirá y definirá el procedimiento a seguir para llamar al cumplimiento. | |
| 3. | En todo lo relativo a esta política prevalecerá el criterio del Consejo de Accionistas Familiares. | |
| 4. | El Consejo de Administración es el órgano designado para resolver sobre los asuntos relacionados con esta política y quien tomará la decisión sobre si se cumple o no con los criterios aquí establecidos. | |
| 5. | Aplicaremos sanciones económicas para quienes no cumplan con sus funciones o con los acuerdos que tomemos. Definir cuáles: | |
| 6. | Asignaremos la función de seguimiento a los acuerdos a un tercero, quién tendrá la atribución de llamarnos al cumplimiento, reportando a todos los demás hermanos. | |

## Formato 6.04.4. Política sobre participación comunitaria de los miembros de la familia

| Dar respuesta individualmente a las preguntas siguientes. Al terminar, comparta su propuesta con los demás miembros de la familia para acordar cuáles aplicarán para la política familiar sobre participación comunitaria. | |
|---|---|
| 1. | ¿En qué tipo de actividades comunitarias aplica esta política? Definir qué tipo de actividades estarán reguladas por esta política. | |
| 2. | ¿Se requiere aprobación previa para aspirar a tener participación en actividades de la comunidad? ¿De quién? Definir si cada miembro de la familia puede decidir por sí mismo participar en estas actividades, o si se requerirá la aprobación de alguna instancia de gobierno familiar o de gobierno de empresa. Es posible que el criterio sea diferente dependiendo del tipo de actividad de que se trate. También puede ser diferente el criterio dependiendo si se trabaja en la empresa o no. | |
| 3. | ¿Cuáles pueden ser razones válidas por las que se podría autorizar la participación de los miembros de la familia en actividades comunitarias? Reflexionar bajo qué circunstancias le conviene a la empresa o a la familia el autorizar una participación en actividades comunitarias. Pude ser diferentes dependiendo del tipo de participación de que se trate, como actividades partidistas VS actividades en cámaras empresariales. | |
| 4. | ¿Cómo se le apoyará si se aprueba su participación? La respuesta a esta pregunta pude incluir el no apoyar de manera alguna, el permitir el uso de tiempo personal durante horas de trabajo en la empresa de la familia, el apoyar con recursos de la empresa o el apoyar con recursos de la familia. Se podría requerir una definición por cada tipo de actividad, esto es, en algunas actividades se apoyaría de cierta forma y en otras de otra manera. | |
| 5. | Si se trabaja en la empresa ¿Se podrá mantener en su puesto? ¿Bajo qué condiciones? ¿Qué medidas se tomarán para que no afecte su función en la empresa? Esta pregunta requiere una reflexión con detenimiento. Es común que los malos entendidos o percepciones equivocadas de lo que hace o deja de hacer un miembro de la familia en lo que le corresponde a sus responsabilidades en la empresa, pueden causar conflicto. Es más común autorizar el uso de tiempo que corresponde a la empresa cuando se habla de actividades que benefician a la empresa. Cuando no se tiene un beneficio para la empresa surgen los cuestionamiento y es cuando la familia debe tener muy bien fundamentada su decisión. | |
| 6. | Si no se trabaja en la empresa ¿qué condiciones deberán aplicar? Se podría pensar en las repercusiones que puede tener para la empresa o para la familia misma el solo hecho de que una persona relacionada con la familia propietaria, aunque no trabaje en la empresa, esté involucrada en ciertas actividades en la comunidad. | |
| 7. | No se permite hacer propaganda política dentro de las instalaciones de la empresa. | |
| 8. | ¿Qué otras consideraciones debemos prever? | |

## Ejercicio 6.05. Formación de los miembros de la familia

La formación de los miembros de la familia debe ser visto como una de las mejores inversiones que puede hacer la familia empresaria, por lo que esto requiere de una cuidadosa planeación y puede demandar importantes recursos. El desarrollo de una política de formación aplicable a los miembros de la familia empresaria sería muy sencilla si la familia cumple con al menos uno de los siguientes requisitos:

a. Todos los miembros de la familia tienen los mismos intereses.
b. Todos los miembros de la familia tienen las mismas capacidades.
c. Todos los miembros de la familia tienen las mismas aspiraciones.
d. Todas las ramas familiares tienen el mismo número de integrantes.
e. Todos los miembros de la familia tienen la misma edad.
f. La empresa no tiene recursos limitados.

Es precisamente porque es muy difícil que en la familia se cumpla con estos requisitos que se complica el tener una política uniforme sobre la capacitación de los miembros de la familia y la alternativa es diseñar una política específica para las circunstancias de la familia, de sus integrantes y de la empresa. La política puede ir desde el decidir que la educación de los miembros de la familia corresponde a los padres y que para quienes trabajan en la empresa se estará sujeto a las políticas sobre capacitación que tenga la empresa, hasta dedicar los fondos necesarios para que el pago de escuelas desde pre-escolar, educación primaria, educación media y educación superior, además de maestrías y doctorados, quede cubierto para todos los miembros de la familia. Aun cuando la empresa o la familia estén en condiciones de cubrir todos los gastos de educación, será necesario el establecer algunos lineamientos que aseguren el buen uso de los recursos asignados con este fin y eviten los cuestionamientos sobre el uso de éstos por diferencias naturales en las características de la familia o de sus integrantes, tales como número de miembros o la capacidad para acceder a ciertos programas que unos miembros de la familia podrían tener y otros no.

En este ejercicio la familia dará respuesta a los siguientes interrogantes:

1. ¿Se deberá apoyar la formación y capacitación de miembros de la familia?
2. ¿En qué consistirá el apoyo a proporcionar?
3. ¿Bajo qué condiciones se podrá otorgar este apoyo? ¿Qué pedirá la empresa y/o la familia en retribución al apoyo proporcionado?
4. ¿Cómo mediremos el impacto económico que esta política puede tener en la empresa?

*Instrucciones*

1. Para iniciar el diseño de la política sobre formación de los miembros de la familia se deberán elaborar los formatos 6.05.1, 6.05.2 y 6.05.3.
2. Una vez que se han llenado los primeros tres formatos y todos están de acuerdo en una versión final, se procederá a contestar las preguntas que se presentan en los formatos siguientes. Se hará en forma individual y después lo compartirán al grupo. Para cada pregunta se deberá documentar el acuerdo alcanzado.

## Formato 6.05.1. Criterios para diseñar de nuestra política sobre formación de los miembros de la familia

| | | |
|---|---|---|
| ¿Qué criterios debemos tomar en cuenta para diseñar nuestra política sobre negocios familiares? | | |
| De la lista siguiente seleccionar individualmente aquellos criterios que usted considera deben tomarse en cuenta para diseñar la política de negocios familiares. Se pueden agregar propuestas adicionales. Al terminar, compartir la propuesta con los demás miembros de la familia y acordar cuáles aplicarán. | | |
| 1. | Debemos promover el desarrollo personal y profesional de los miembros de la familia. | |
| 2. | Preservar la unión familiar. | |
| 3. | Fomentar los valores en que creemos. | |
| 4. | Mantener el interés y el compromiso en el negocio familiar. | |
| 5. | Evitar conflictos por no tener un marco de referencia. | |
| 6. | Impulsar el espíritu empresarial en los miembros de la familia. | |
| 7. | Fomentar la independencia laboral y económica de los miembros de la familia fuera de la empresa actual. | |
| 8. | Formar los empresarios de la siguiente generación, a los sucesores en el mando y en la propiedad de la empresa. | |
| 9. | Formar individuos responsables capaces de modificar su entorno para bien. | |
| 10. | Dar oportunidad para que los miembros de la familia que quieran y tengan capacidad de hacerlo, desarrollen habilidades útiles para la empresa y para la familia. | |
| 10. | Desarrollar en los miembros de la familia las competencias y habilidades que requieren para desempeñar mejor el puesto que ocupan en la empresa. | |

## Formato 6.05.2. A quiénes aplica la política sobre formación de los miembros de la familia

| ¿A quién aplicará esta política familiar? | |
|---|---|
| De la lista siguiente seleccionar individualmente aquellas personas o grupos de personas que usted considera deben estar sujetas a esta política familiar. Se pueden agregar propuestas adicionales. Especifique claramente a quién se está refiriendo, si es necesario hágalo con nombre y apellido. Al terminar comparta su propuesta con los demás miembros de la familia y acuerden cuáles aplicarán. | |
| 1. Todos los miembros de la familia dueños de acciones, que sean empleados de tiempo completo en la empresa (accionistas que son empleados en la empresa). | |
| 2. Todos los miembros de la familia, que no tengan acciones, que sean empleados de tiempo completo en la empresa (todos los miembros de la familia que no tienen acciones y están empleados en la empresa, por ejemplo, esposa, hijos y otros parientes que desempeñan un puesto en la empresa). | |
| 3. Todos los miembros de la familia que tienen acciones pero no trabajan en la empresa (Accionistas que no trabajan en la empresa). | |
| 4. Todos los miembros de la familia que no tienen acciones y no trabajan en la empresa (todos los miembros de la familia que no tienen acciones y tampoco trabajan en la empresa, por ejemplo, esposa, hijos y otros parientes que nos tienen un puesto en la empresa). | |
| 5. Familiares que no trabajan de tiempo completo en la empresa, tales como consejeros, asesores, practicantes, entre otros. | |

## Formato 6.05.3. Vigilancia del cumplimiento de la política sobre formación de los miembros de la familia

| | ¿Quién tendrá la última palabra sobre este asunto? ¿Quién vigilará que se cumplan con los acuerdos de nuestra política? | |
|---|---|---|
| | De la lista siguiente seleccionar individualmente los criterios que deben aplicarse para vigilar el cumplimiento de la política que acabamos de diseñar. Se pueden agregar propuestas adicionales. Al terminar comparta su propuesta con los demás miembros de la familia y acuerden cuáles aplicarán. | |
| 1. | El cumplimiento de esta política se deja al compromiso moral de todos quienes suscribimos este Protocolo Familiar. | |
| 2. | Cuando exista un incumplimiento a los acuerdos a juicio del Consejo de Accionistas Familiares, éste se reunirá y definirá el procedimiento a seguir para llamar al cumplimiento. | |
| 3. | En todo lo relativo a esta política prevalecerá el criterio del Consejo de Accionistas Familiares. | |
| 4. | El Consejo de Administración es el órgano designado para resolver sobre los asuntos relacionados con esta política y quien tomará la decisión sobre si se cumple o no con los criterios aquí establecidos. | |
| 5. | Aplicaremos sanciones económicas para quienes no cumplan con sus funciones o con los acuerdos que tomemos. Definir cuáles: | |
| 6. | Asignaremos la función de seguimiento a los acuerdos a un tercero, quién tendrá la atribución de llamarnos al cumplimiento, reportando a todos los demás hermanos. | |

## Formato 6.05.4. Política sobre formación de los miembros de la familia

| | |
|---|---|
| Dar respuesta individualmente a las preguntas siguientes. Al terminar, compartir la propuesta con los demás miembros de la familia y acordar cuáles aplicarán para la política familiar sobre formación de los miembros de la familia. | |
| 1. | ¿Se deberá apoyar la formación y capacitación de miembros de la familia? Basados en los objetivos que se plantearon en el formato 6.5.1 para esta política, se deberá decidir cuál es el camino a seguir. Algunas familias optan por establecer como política que la educación de los hijos corresponde a los padres y que la empresa proporcionará a los miembros de la familia que trabajen en la empresa la capacitación que esté de acuerdo con las políticas de la empresa que apliquen para el puesto que se desempeña. Este podría ser el punto de partida. La propuesta puede incluir aspectos tales como:<br><br>a. El Consejo de Administración considerará las solicitudes de apoyo para capacitación que presenten los miembros de la familia y resolverá caso por caso considerando las circunstancias de la empresa, de la familia y de la persona.<br>b. Los padres son responsable de la formación de sus hijos, por lo que deberán cubrir con sus propios recursos el costo de las escuelas o universidades a que asistan.<br>c. La empresa sólo pagará programas de capacitación y formación para miembros de la familia que trabajen en la empresa, para lo que se estará sujeto a la política que la empresa tenga establecida para el puesto que se desempeñe.<br>d. Los programas formativos a los que se podrá asistir estarán al criterio del director de cada empresa.<br>e. Los programas deberán ser cursos de capacitación y desarrollo sobre temas y habilidades requeridos para el mejor desempeño de la función en la empresa de quien asiste y convenciones y conferencias relacionadas con los negocios de la empresa.<br>f. Todos los miembros de la familia que trabajen en la empresa tendrán la obligación de seguir un plan de capacitación y desarrollo de ___ horas de duración al año. Deberán presentar su propuesta al consejo para su aprobación.<br>g. Se apoyará a todos los miembros de la familia que son accionistas y a sus hijos en el pago de las colegiaturas hasta obtener los siguientes grados:<br>   1. Profesional.<br>   2. Posgrado o maestría<br>   3. Doctorado<br>   4. Programas de especialización profesional<br>   5. Programas para el desarrollo personal y humano<br>   6. Programas para el desarrollo profesional<br>   7. Otros: | |

| | | |
|---|---|---|
| 2. | ¿En qué consistirá el apoyo a proporcionar?<br><br>Basados en los programas que se ha acordado apoyar para los miembros de la familia, se deberá ahora definir el tipo de ayuda que se va a proporcionar. El tipo de apoyo podría variar según el programa que se trate, así que tal vez sea necesario el definir en qué consistirá el apoyo para cada uno de ellos. Algunos esquemas posibles podrían incluir los siguientes, especificando claramente en qué consisten:<br><br>a. El pago del 100% del costo.<br>b. Un % del costo los paga el beneficiario o su familia, el resto la empresa. Definir.<br>c. En el caso de quienes trabajan en la empresa, facilidad para dedicarle tiempo de la empresa.<br>d. En cantidad "prudente" a criterio del Consejo de Accionistas Familiares.<br>e. Se pagará gastos de manutención en programas fuera de la ciudad sede de la familia.<br>f. Se pagarán los gastos de transportación en programas fuera de la ciudad sede de la familia.<br>g. Otros: | |
| 3. | ¿Bajo qué condiciones se podrá otorgar este apoyo? ¿Qué pedirá la empresa/familia en retribución al apoyo proporcionado?<br><br>Es conveniente especificar claramente qué es lo que espera la empresa o la familia de quienes aspiran a un apoyo para la formación y de quienes ya lo han recibido. Se podría especificar algunos de los esquemas siguientes:<br>a. Se deberá tener demostrada capacidad para cursar el programa que se va a apoyar, a criterio de : _____.<br>b. Sólo se apoyarán programas que tengan un beneficio directo para la empresa, como el mejorar el desempeño del empleado o el desarrollar nuevas habilidades o competencias.<br>c. Sólo se apoyará con una beca escolar por rama familiar.<br>d. No habrá restricciones para acceder al apoyo, sólo se deberá presentar el comprobante de que se está participando en el programa.<br>e. Para el caso de posgrados o maestrías, se requiere el compromiso de laborar por un tiempo equivalente en la empresa de la familia al concluir los estudios.<br>f. Sólo se apoyará la participación en las escuelas que sean aprobadas por el Consejo de Accionistas Familiares.<br>g. Compartir de alguna manera sus conocimientos con miembros de la familia o empleados de la empresa.<br>h. Otros: | |

| 4. | ¿Cómo mediremos el impacto económico que esta política puede tener en la empresa?<br><br>Se deberá definir un indicador que sea contundente en reflejar el impacto que el apoyo para la formación de la familia tendrá en la empresa o en el patrimonio familiar. Puede ser en términos de flujo de efectivo, de rentabilidad, de utilidad de la empresa, de dividendos o de ingresos de los miembros de la familia. Se deberá tomar conciencia de ello con la intención de valorar el beneficio y motivar su aprovechamiento. Se podría también limitar el apoyo a otorgar en los términos de alguno de estos indicadores. Por ejemplo: El presupuesto anual de apoyo a la formación de la familia no deberá exceder un 5% del flujo libre de operación que generó la empresa en el año anterior. | |

**Cuadro 6.05.01. Ejemplos de acuerdos sobre la formación de miembros de la familia**

| |
|---|
| *1. Para los miembros de la familia que así lo deseen y que tengan probada vocación y aptitudes, la empresa de la familia apoyará su formación y capacitación hasta el grado de Profesional.*<br><br>*2. Con este fin, se cubrirá el 100% de la colegiatura, sin que esta rebase el promedio de la colegiatura que cobren las tres mejores escuelas de la ciudad.*<br><br>*3. Procuraremos y alentaremos la capacitación profesional y la formación integral continua de los miembros de nuestro grupo familiar, y para ello nos comprometemos a asistir a las ferias, exposiciones, congresos, seminarios, conferencias, etc., que convengan a nuestro negocio y nos permitan nuestra superación personal y empresarial, de acuerdo con los planes y presupuestos establecidos en la empresa. La asistencia a estos eventos será en cantidad prudente y con cargo a la empresa. Quien asista transmitirá al resto de la familia su experiencia y su aprendizaje.*<br><br>*4. El presupuesto anual de apoyo a la formación de la familia no deberá exceder un 5% del flujo libre de operación que generó la empresa en el año anterior.* |

# Ejercicio 6.06. Prevención para casos de crisis personales o familiares

La familia deberá considerar que es posible que se presenten asuntos personales o familiares, que a pesar de que pudieran parecer muy propios, íntimos y personales de cada uno de sus integrantes, podrían afectar la estructura de la propiedad y la buena marcha de la empresa si no existen acuerdos previos sobre cómo deben ser manejados. En este ejercicio la familia buscará dar respuesta a las siguientes preguntas:

1. ¿Qué circunstancias propias, íntimas, personales de cada uno de nosotros o de nuestra rama familiar, podrían afectar la estructura y buena marcha de nuestro negocio o la unidad familiar? ¿Qué medidas debemos acordar para evitar que puedan afectar la empresa o la familia?

2. ¿Qué circunstancias pueden ser consideradas como un riesgo para la integridad emocional o física de alguno de los miembros de la familia o para la familia misma? ¿Qué planes debemos diseñar para poder actuar con una mente clara en estas circunstancias?

3. ¿Qué medidas de apoyo podemos acordar para ayudar a quienes pasen por esas situaciones? ¿De dónde deberán salir los recursos necesarios para dar ese apoyo?

*Instrucciones*

1. Para iniciar el diseño acuerdos sobre prevención de crisis personales o familiares los miembros de la familia deberán elaborar los formatos 6.06.1, 6.06.2 y 6.06.3.

2. Una vez que se han llenado los primeros tres formatos y todos están de acuerdo en una versión final, se procederá a contestar las preguntas que se presentan en los formatos siguientes. Se hará en forma individual y después lo compartirán en grupo. Para cada pregunta se deberá documentar el acuerdo alcanzado.

## Formato 6.06.1. Objetivos de nuestra política sobre prevención en caso de crisis personales o familiares

| | |
|---|---|
| ¿Cuáles son los objetivos de la política familiar que estamos diseñando? ¿Qué es lo que deseamos para el futuro con respecto a este asunto? | |
| De la lista siguiente seleccionar individualmente aquellos objetivos que usted considera pueden aplicarse a la política que se está diseñando. Se pueden agregar propuestas adicionales. Al terminar, compartir la propuesta con los demás miembros de la familia y acordar cuáles aplicarán. | |
| 1. Evitar malos entendidos que nos lleven a situaciones de conflicto por falta de una definición. | |
| 2. Evitar el quebranto de nuestra empresa o poner en riesgo nuestro patrimonio. | |
| 3. Facilitar el control de la propiedad de nuestro negocio. | |
| 4. Fomentar la libertad con responsabilidad en los miembros de la familia. | |
| 5. Establecer una clara diferencia entre nuestros derechos y obligaciones como miembros de la familia, como empleados y como propietarios. | |
| 6. Fomentar la solidaridad entre los miembros de la familia. | |
| 7. | |

## Formato 6.06.2. A quiénes aplica la política familiar sobre prevención en caso de crisis personales

| ¿A quién aplicará esta política familiar? | |
|---|---|
| De la lista siguiente seleccionar individualmente aquellas personas o grupos de personas que usted considera deben estar sujetas a esta política familiar. Se pueden agregar propuestas adicionales. Especifique claramente a quién se está refiriendo, si es necesario hágalo con nombre y apellido. Al terminar comparta su propuesta con los demás miembros de la familia y acuerden cuáles aplicarán. | |
| 1. Todos los miembros de la familia dueños de acciones, que sean empleados de tiempo completo en la empresa (accionistas que son empleados en la empresa). | |
| 2. Todos los miembros de la familia, que no tengan acciones, que sean empleados de tiempo completo en la empresa (todos los miembros de la familia que no tienen acciones y están empleados en la empresa, por ejemplo, esposa, hijos y otros parientes que desempeñan un puesto en la empresa). | |
| 3. Todos los miembros de la familia que tienen acciones pero no trabajan en la empresa (Accionistas que no trabajan en la empresa). | |
| 4. Todos los miembros de la familia que no tienen acciones y no trabajan en la empresa (todos los miembros de la familia que no tienen acciones y tampoco trabajan en la empresa, por ejemplo, esposa, hijos y otros parientes que nos tienen un puesto en la empresa). | |
| 5. Familiares que no trabajan de tiempo completo en la empresa, tales como consejeros, asesores, practicantes, entre otros. | |

## Formato 6.06.3. Vigilancia del cumplimiento de la política sobre prevención en caso de crisis personales

| ¿Quién tendrá la última palabra sobre este asunto? ¿Quién vigilará que se cumplan con los acuerdos de nuestra política? | |
|---|---|
| De la lista siguiente seleccionar individualmente los criterios que deben aplicarse para vigilar el cumplimiento de la política que acabamos de diseñar. Se pueden agregar propuestas adicionales. Al terminar comparta su propuesta con los demás miembros de la familia y acuerden cuáles aplicarán. | |
| 1. El cumplimiento de esta política se deja al compromiso moral de todos quienes suscribimos este Protocolo Familiar. | |
| 2. Cuando exista un incumplimiento a los acuerdos a juicio del Consejo de Accionistas Familiares, éste se reunirá y definirá el procedimiento a seguir para llamar al cumplimiento. | |
| 3. En todo lo relativo a esta política prevalecerá el criterio del Consejo de Accionistas Familiares. | |
| 4. El Consejo de Administración es el órgano designado para resolver sobre los asuntos relacionados con esta política y quien tomará la decisión sobre si se cumple o no con los criterios aquí establecidos. | |
| 5. Aplicaremos sanciones económicas para quienes no cumplan con sus funciones o con los acuerdos que tomemos. Definir cuáles: | |
| 6. Asignaremos la función de seguimiento a los acuerdos a un tercero, quién tendrá la atribución de llamarnos al cumplimiento, reportando a todos los demás hermanos. | |

## Formato 6.06.4. Política sobre prevención para casos de crisis personales o familiares

| | | |
|---|---|---|
| ¿Qué circunstancias propias, íntimas, personales de cada uno de nosotros o de nuestra rama familiar, podrían afectar la estructura y buena marcha de nuestro negocio o la unidad familiar? ¿Qué medidas debemos acordar para evitar que puedan afectar la empresa o la familia? Seleccionar de la siguiente lista los asuntos que consideramos se deben prever por la familia. Proponer un acuerdo sobre cómo debe la familia proceder en cada caso. Se muestra un ejemplo de cómo se puede manejar[2], pero pueden agregar adicionales a los mostrados. | | |
| 1. | Matrimonio<br>Ejemplo: Para facilitar el cumplimiento de lo acordado en el Protocolo Familiar sobre la conservación de la propiedad de la empresa en la familia y para simplificar la sucesión por causa de muerte, el régimen patrimonial de nuestros matrimonios, será el de Separación de Bienes. | |
| 2. | Adicciones<br>Ejemplo: Cuando el Consejo de Accionistas Familiares estime que el consumo de alcohol u otras drogas esté afectando a algún miembro de la familia, se hablará con éste en una sesión muy reservada, y se le apoyará en su rehabilitación. Si el familiar enfermo es además empleado de la empresa familiar, estará sujeto a los acuerdos sobre la pérdida de empleo en los negocios de la familia. | |
| 3. | Privación de la libertad<br>Ejemplo: Acordamos que en sesión de Consejo de Accionistas Familiares discutiremos las posibles contingencias que podríamos enfrentar como familia empresaria que ponga en riesgo la seguridad de algunos o varios miembros de la familia, y decidiremos las acciones concretas que deberemos seguir para prevenirlas y en caso de que se presenten. Por seguridad, no se incluye en este Protocolo Familiar las acciones que habremos de seguir en caso de presentarse la contingencia | |

---

[10]   Tomados de: Díaz Salazar, Manuel; Negocios en Familia Herramientas Legales al Alcance de Todos

## Formato 6.06.5. Origen de los recursos para apoyo en casos de crisis personales o familiares

| ¿Qué medidas de apoyo podemos acordar para ayudar a quienes pasen por esas situaciones? ¿De dónde deberán salir los recursos necesario para dar ese apoyo? Seleccionar los criterios que debe seguir la familia. | | |
|---|---|---|
| 1. | El Consejo de Accionistas Familiares decidirá el apoyo a proporcionar al familiar en crisis después de escuchar las circunstancias particulares del problema. | |
| 2. | La empresa no podrá apoyar económicamente ninguna crisis personal o familiar. | |
| 3. | La familia establecerá un fondo para apoyo en crisis personales o familiares. Será el Consejo de Accionistas Familiares quien establecerá las reglas de operación del fondo. Los recursos provendrán de un porcentaje de las utilidades de la empresa. | |
| 4. | Los apoyos otorgados para las crisis personales mencionadas se harán a título de préstamo y deberán ser reembolsados a la familia en los términos que acuerde el Consejo de Accionistas Familiares. | |
| 5. | El apoyo que decida dar el Consejo de Administración en cierto caso no deberá representar una antecedente para presionar al apoyo a otro caso. Cada caso se revisará en forma independiente de otros casos. | |

# Ejercicio 6.07. Promoción del Espíritu Emprendedor en los miembros de la familia

Una de las condiciones para el éxito de la transferencia de una empresa a la siguiente generación es el que los miembros de esta nueva generación tengan el mismo espíritu emprendedor de los fundadores de su empresa. El espíritu emprendedor es algo que se debe fomentar poniendo las condiciones necesarias para que se desarrolle. En este ejercicio la familia dará respuesta a las siguientes preguntas:

1. ¿Cómo fomentaremos el espíritu emprendedor entre los miembros de la familia?
2. ¿Qué requisitos pondremos para apoyar las iniciativas emprendedoras de miembros de la familia?

*Instrucciones*

1. Para iniciar el diseño acuerdos sobre la promoción del espíritu emprendedor en los miembros de la familia se deberán elaborar los formatos 6.07.1, 6.07.2 y 6.07.3.
2. Una vez que se han llenado los primeros tres formatos y todos están de acuerdo en una versión final, se procederá a contestar las preguntas que se presentan en los formatos siguientes. Se hará en forma individual y después lo compartirán en grupo. Para cada pregunta se deberá documentar el acuerdo alcanzado.

**Formato 6.07.1. Objetivos de nuestra política para promover el espíritu emprendedor en los miembros de la familia**

| | | |
|---|---|---|
| ¿Cuáles son los objetivos de la política familiar que estamos diseñando? ¿Qué es lo que deseamos para el futuro con respecto a este asunto? | | |
| De la lista siguiente seleccionar individualmente aquellos objetivos que usted considera pueden aplicarse a la política que se está diseñando. Se pueden agregar propuestas adicionales. Al terminar, compartir la propuesta con los demás miembros de la familia y acordar cuáles aplicarán. | | |
| 1. | Evitar malos entendidos que nos lleven a situaciones de conflicto por falta de una definición | |
| 2. | Fomentar el espíritu empresarial en la familia | |
| 3. | Aprovechar buenas ideas de negocio que surjan de miembros de la familia | |
| 4. | No caer en fallas de proyectos emprendedores que se podrían haber evitado | |
| 5. | Contar con marcas y empresas que nos hagan sentirnos orgullosos | |
| 6. | Queremos formar a los que siguen en la siguiente etapa de la empresa | |
| 7. | Mantenernos al día en oportunidades de negocio para estar en la punta de la innovación | |
| 8. | Debemos buscar cómo hacer sinergias | |
| 9. | | |

## Formato 6.07.2. A quiénes aplica la política para promover el espíritu emprendedor en los miembros de la familia

| ¿A quién aplicará esta política familiar? | |
|---|---|
| De la lista siguiente seleccionar individualmente aquellas personas o grupos de personas que usted considera deben estar sujetas a esta política familiar. Se pueden agregar propuestas adicionales. Especifique claramente a quién se está refiriendo, si es necesario hágalo con nombre y apellido. Al terminar comparta su propuesta con los demás miembros de la familia y acuerden cuáles aplicarán. | |
| 1. Todos los miembros de la familia dueños de acciones, que sean empleados de tiempo completo en la empresa (accionistas que son empleados en la empresa). | |
| 2. Todos los miembros de la familia, que no tengan acciones, que sean empleados de tiempo completo en la empresa (todos los miembros de la familia que no tienen acciones y están empleados en la empresa, por ejemplo, esposa, hijos y otros parientes que desempeñan un puesto en la empresa). | |
| 3. Todos los miembros de la familia que tienen acciones pero no trabajan en la empresa (Accionistas que no trabajan en la empresa). | |
| 4. Todos los miembros de la familia que no tienen acciones y no trabajan en la empresa (todos los miembros de la familia que no tienen acciones y tampoco trabajan en la empresa, por ejemplo, esposa, hijos y otros parientes que nos tienen un puesto en la empresa). | |
| 5. Familiares que no trabajan de tiempo completo en la empresa, tales como consejeros, asesores, practicantes, entre otros. | |

## Formato 6.07.3. Vigilancia del cumplimiento de la política para promover el espíritu emprendedor en los miembros de la familia

| | | |
|---|---|---|
| ¿Quién tendrá la última palabra sobre este asunto? ¿Quién vigilará que se cumplan con los acuerdos de nuestra política? | | |
| De la lista siguiente seleccionar individualmente los criterios que deben aplicarse para vigilar el cumplimiento de la política que acabamos de diseñar. Se pueden agregar propuestas adicionales. Al terminar comparta su propuesta con los demás miembros de la familia y acuerden cuáles aplicarán. | | |
| 1. | El cumplimiento de esta política se deja al compromiso moral de todos quienes suscribimos este Protocolo Familiar. | |
| 2. | Cuando exista un incumplimiento a los acuerdos a juicio del Consejo de Accionistas Familiares, éste se reunirá y definirá el procedimiento a seguir para llamar al cumplimiento. | |
| 3. | En todo lo relativo a esta política prevalecerá el criterio del Consejo de Accionistas Familiares. | |
| 4. | El Consejo de Administración es el órgano designado para resolver sobre los asuntos relacionados con esta política y quien tomará la decisión sobre si se cumple o no con los criterios aquí establecidos. | |
| 5. | Aplicaremos sanciones económicas para quienes no cumplan con sus funciones o con los acuerdos que tomemos. Definir cuáles: | |
| 6. | Asignaremos la función de seguimiento a los acuerdos a un tercero, quién tendrá la atribución de llamarnos al cumplimiento, reportando a todos los demás hermanos. | |

## Formato 6.07.4. Política para la promoción del Espíritu Emprendedor en los miembros de la familia

| ¿Cómo fomentaremos el espíritu emprendedor entre los miembros de la familia? Seleccionar de la siguiente lista las opciones de cómo debe la familia proceder con relación a la promoción del espíritu emprendedor. Se pueden hacer propuestas adicionales. | |
|---|---|
| 1. | Alentaremos el espíritu emprendedor de los miembros de la familia en los términos que definimos en este Protocolo Familiar. | |
| 2. | La familia se mantendrá alejada de toda iniciativa emprendedora personal de cualquier miembro de la familia. Sólo apoyaremos iniciativas que tengan que ver con el desarrollo de los negocios de la familia. | |
| 3. | Todo negocio de la familia deberá ser mayoría familiar, no de un miembro individual. | |
| 4. | Estableceremos un comité que evalúe la viabilidad de los proyectos que presenten los miembros de la familia. Los miembros de la familia podrán entregar para su consideración una propuesta de coinversión con la empresa. | |
| 5. | Será parte de las funciones de los miembros de la familia que trabajen en la empresa el presentar para su evaluación propuestas emprendedoras factibles. | |
| 6. | Para apoyar las iniciativas emprendedoras de los miembros de la familia crearemos un fondo específicamente con este fin. Las reglas de operación de este fondo serán definidas por el Consejo de Accionistas Familiares. | |
| 7. | | |

## Formato 6.7.5. Requisitos para apoyar iniciativas emprendedoras

| | | |
|---|---|---|
| ¿Qué requisitos pondremos para apoyar las iniciativas emprendedoras de miembros de la familia? | | |
| Seleccionar de la siguiente lista las opciones de cómo debe la familia proceder con relación a las iniciativas emprendedoras de miembros de la familia. Se pueden hacer propuestas adicionales, modificar las que se muestran o hacer combinaciones con ellas. | | |
| 1. | Contar con plan de negocio detallado, con pronósticos financieros factibles que demuestren que la inversión es viable y que ofrece a la empresa o a la familia un retorno sobre la inversión razonable y atractivo, de acuerdo con los criterios de inversión que fije el Consejo de Accionistas Familiares. | |
| 2. | El miembro de la familia que propone el negocio debe ser el proponente principal, si no es que el único, y deberá ser él o ella quien maneje directamente el negocio. | |
| 3. | La propuesta deberá especificar que la persona que propone el negocio aportará de sus recursos personales al menos un __% del capital requerido para financiar el proyecto, de tal forma que constituya un compromiso significativo de su persona y de su capital personal. | |
| 4. | La obtención de financiamiento para el proyecto no deberá en momento alguno comprometer a la empresa de la familia. El proyecto deberá ser capaz de proveerse del financiamiento externo necesario. | |
| 5. | Deberá contener una estrategia de salida para la empresa familiar ejecutable en cualquiera de los primeros ____ años de la inversión. | |
| 6. | La inversión deberá ser en un área o campo que no constituya una competencia para la empresa de la familia ni para un negocio de algún otro miembro de la familia. | |
| 7. | Si la propuesta es aprobada, el Director General de la Empresa será quien decida si la empresa familiar está en condiciones de apoyar al proyecto con algunos servicios como contabilidad, pago de nóminas, consejería de algunos empleados de la empresa, etc. La propuesta de inversión deberá incluir una lista de los servicios que podría requerir de la empresa familiar. | |
| 8. | Los servicios que preste la empresa de la familia a todo proyecto emprendedor deberán ser cobrados al proyecto a las tasas aplicables en el mercado. | |

## Ejercicio 6.08. Acciones Altruistas de la Familia

Para aquellas familias empresarias que consideran que ya es tiempo de hacer la diferencia en la comunidad o el país en que viven, más allá del bien común que han creado en la sociedad con su actividad empresarial, el apoyo a diferentes causas es una buena opción. En este ejercicio la familia reflexionará sobre las opciones que puede tener para hacer esa diferencia con su presencia en su comunidad, buscando impactar positivamente a aquellos quienes de alguna manera se cruzan

Para hacer esto, se presentan diversas acciones que podrían iniciarse. Los miembros de la familia deberán comentar sobre cada una de estas opciones y al final decidir cuál va a ser su postura al respecto.

## Formato 6.08.1. Opciones altruistas de la familia

| Comentar cada una de las opciones que se muestran a continuación y al final decidir cuál va a ser la postura de la familia al respecto. Pueden modificar las propuestas, modificarlas o agregar otras adicionales. Documentar el acuerdo al que lleguen. | | |
|---|---|---|
| 1. | El Consejo de Accionistas Familiares, en un periodo de tiempo que no será mayor a un año contado a partir de la fecha de la firma de nuestro Protocolo Familiar, acordará sobre cómo debe el grupo familiar participar en tareas altruistas en nuestra comunidad a través de una fundación u organismo similar, concretando la creación del mismo. | |
| 2. | Toda solicitud de apoyo de la empresa que reciba algún miembro de la familia no será atendida personalmente, sino que será canalizada al Consejo de Accionistas Familiares. | |
| 3. | Emprenderemos actividades de participación social basados en nuestro deseo de regresar a la comunidad algo de lo que hemos recibido, actuando en congruencia con los valores que promovemos. | |
| 4. | Anualmente, cada uno de los miembros del Consejo de Accionistas Familiares propondrá al consejo el proyecto de labor social en que desea involucrarse, con un plan de inversión de su tiempo y de recursos que requerirá con este fin. El Consejo resolverá si autoriza la inversión propuesta y la disposición del fondo establecido. | |

| | | |
|---|---|---|
| 5. | Los proyectos a apoyar por la familia deberán estar relacionados con: _____<br>Ejemplos:<br>Grupos marginados, desastres naturales, educación, problemas sociales, ecología, apoyos extraordinarios a empleados. | |
| 6. | Buscaremos beneficiar, de preferencia, a la comunidad en que tenemos nuestras empresas. | |
| 7. | Cada miembro de la familia estará en libertad de apoyar con sus recursos personales y/o su tiempo personal las iniciativas altruistas que considere conveniente, a título personal. | |
| 8. | Fomentaremos las acciones de apoyo a la comunidad a través de organizar, a título personal, acciones que traigan beneficios para nuestro entorno, sin comprometer los recursos de la empresa. | |
| 9. | La empresa canalizará sus actividades altruistas o de responsabilidad social a través de la Fundación Familiar u otros canales que le sean apropiados. | |
| 10. | Los fondos que se destinen para estos fines serán administrados por nuestra madre, quien tomará las decisiones que considere pertinentes para cumplir con los acuerdos de la familia en este sentido. | |
| 11. | Será el Consejo de Accionistas familiares quien decida el momento adecuado para crear una fundación u organismo similar para canalizar los esfuerzo altruistas de la familia.<br>El Consejo de Accionistas Familiares deberá concretar la creación de esta fundación u organismo en un periodo de tiempo que no exceda un año a partir de la firma de este Protocolo Familiar. | |
| 12. | Otro | |

# Ejercicio 6.09. Solución de controversias

Otro aspecto de suma importancia para el éxito de los acuerdos de la familia, es contar con una instancia en la que puedan resolver cualquier controversia con respecto a la interpretación, omisión o aplicación de los acuerdos del Protocolo Familiar. La familia deberá reflexionar sobre las propuestas que se presentan en el siguiente formato para tener esta instancia en buen funcionamiento. Discutirán las opciones planteadas y llegarán a un acuerdo sobre cómo procederán si surge alguna diferencia.

## Formato 6.09.1. Solución de controversias

| | | |
|---|---|---|
| Comentar cada una de las opciones que se muestran a continuación y al final decidir cuál va a ser la postura de la familia al respecto. Documentar el acuerdo al que lleguen. | | |
| 1. | Cuando haya una controversia sobre el contenido del Protocolo Familiar o de otra índole no prevista en el Protocolo Familiar, buscaremos en primera instancia el llegar a un acuerdo. | |
| 2. | Cuando haya una controversia sobre el contenido del Protocolo Familiar o de otra índole no prevista en el Protocolo Familiar, llamaremos a un tercero cuya decisión será inapelable. | |
| 3. | Acordamos que la persona a que llamaremos para resolver la controversia será:<br>- Un miembro del consejo de administración<br>- Un consultor externo<br>- Un amigo de la familia quien nos conoce y al que todos le tenemos confianza<br>- Otro: | |
| 4. | Los honorarios y gastos que se causen por la controversia se pagarán por partes iguales entre los familiares en controversia. | |
| 5. | En caso de controversia, todos nos obligamos a agotar la vía del mediador, antes de intentar una acción judicial o administrativa. | |
| 6. | El mediador será seleccionado de común acuerdo entre las parte que tengan la diferencia. Si no hay un acuerdo en este sentido, el Consejo de Accionistas Familiares lo designará por mayoría, debiendo las partes en conflicto abstenerse de votar. | |
| 7. | Nos someteremos a la decisión que por mayoría tome el Consejo de Accionistas Familiares | |
| 8. | Nos someteremos a la decisión que por mayoría tome el Consejo de Administración. | |
| 9. | Otro | |

# Ejercicio 6.10. Modificaciones al Protocolo Familiar

Los acuerdos del Protocolo Familiar son alcanzados bajo ciertas circunstancias de la empresa, de la familia como grupo y de cada uno de los miembros de la familia individualmente. Esta circunstancias no son estáticas, cambian con el tiempo. Por esta razón, los acuerdos del Protocolo Familiar pueden llegar a quedar obsoletos. La familia deberá mantener actualizado este documento para asegurar que los compromisos que contiene no pierdan su fuerza moral. Es importante acordar previamente la forma en que se podrán hacer modificaciones. Para llegar a este acuerdo, la familia revisará cada una de las propuestas que se presentan a continuación, reflexionarán sobre cada una de ellas y al final acordarán cómo procederán en caso de requerir hacer un cambio.

**Formato 6.10.1. Modificaciones al Protocolo Familiar**

| | | |
|---|---|---|
| Comentar cada una de las opciones que se muestran a continuación y al final decidir cuál va a ser la postura de la familia al respecto para mantener vigente su Protocolo Familiar asegurando su adecuación a la situación real de la familia y de la empresa. Documentar el acuerdo al que lleguen. | | |
| 1. | Nos comprometemos a mantener vigente nuestro Protocolo Familiar, por lo que el mismo será revisado y actualizado por lo menos cada ____ años, en sesión especial. | |
| 2. | Nos reuniremos a revisar y actualizar el Protocolo Familiar cuando nos convoquen al menos ____ miembros del Consejo de Accionistas Familiares. | |
| 3. | Las modificaciones y adiciones a este documento requerirán acuerdo aprobatorio de la totalidad de los miembros del Consejo de Accionistas Familiares. | |
| 4. | Las modificaciones y adiciones a este documento requerirán acuerdo aprobatorio de al menos ____ de los ____ miembros del Consejo de Accionistas Familiares. | |
| 5. | | |

# Ejercicio 6.11. La autonomía de cada familia

Es conveniente incluir en los acuerdos del Protocolo Familiar la forma en que la familia conceptualiza la relación con las familias de cada uno de sus integrantes. Los acuerdos alcanzados hasta ahora obligan directamente a quienes forman la familia empresaria, lo que los compromete a actuar conforme a estos acuerdos. Si bien algunos acuerdos pueden obligar directamente a los algunos integrantes de las familias de cada uno de los que firmarán el documento, es una buena práctica el que sean reconocidas como entes independientes y que se exprese el convencimiento de que no se pretende tener injerencia alguna en ellas por parte del grupo familiar que firma el Protocolo Familiar, lo que fomentará una buena relación entre los integrantes de todas las familias, incluyendo los familiares políticos.

### Formato 6.11.1. La autonomía de cada familia

| Comentar cada una de las opciones que se muestran a continuación y al final decidir cuál va a ser la postura de la familia al respecto. Documentar el acuerdo al que lleguen. | | |
|---|---|---|
| 1. | Queremos precisar con toda claridad que la solidaridad y los compromisos fraternales a que nos obligamos en este Protocolo Familiar, no implican la injerencia de los demás familiares en los asuntos que sean propios y exclusivos de las familias de cada uno de nosotros. | |
| 2. | Si bien seremos solidarios, respetaremos la autonomía de cada familia para sus asuntos patrimoniales, sociales, políticos, religiosos, educativos y demás, propios de cada familia. | |
| 3. | Otras consideraciones: | |

# Ejercicio 6.12. La confidencialidad del contenido del Protocolo Familiar

Los acuerdos del Protocolo Familiar deben ser visto como algo muy privado de la familia que los suscribe. Para preservar esta condición de privacidad, la familia deberá acordarla con anticipación a fin de evitar sorpresas por la posible indiscreción o descuido de algún miembro de la familia. En seguida se propone algunas formas de acordar la confidencialidad del contenido del Protocolo Familiar. La familia deberá reflexionar sobre cada una de ellas y decidir cómo procederán.

## Formato 6.12.1. Confidencialidad del contenido del Protocolo Familiar

| Comentar cada una de las opciones que se muestran a continuación y al final decidir cuál va a ser la postura de la familia al respecto. Documentar el acuerdo al que lleguen. | |
|---|---|
| 1. | Todos nos obligamos a guardar absoluta reserva respecto a la existencia y contenido de este Protocolo Familiar. Sólo se dará a conocer a terceras personas por necesidad de interpretación o asesoría, y con previo acuerdo del Consejo de Accionistas Familiares. | |
| 2. | Podremos compartir con nuestros cónyuges el contenido de este Protocolo Familiar, a discreción de cada uno de nosotros. El cónyuge también quedará obligado a este compromiso de confidencialidad. | |
| 3. | Se permitirá el acceso al contenido de este Protocolo Familiar a autoridades administrativas o judiciales, o a consultores en caso de controversia. | |
| 4. | | |

# SESIÓN 7: IMPLEMENTACIÓN DE LOS ACUERDOS DEL PROTOCOLO FAMILIAR

El proceso de redactar el Protocolo Familiar permite a todos los miembros de la familia expresar y ser escuchados en sus sentimientos, anhelos y expectativas sobre lo que debe ser la relación de la familia con sus negocios. Durante el proceso seguramente que todos han dicho lo que tenían que decir y han acordado ya el rumbo a seguir. Se atendieron cabalmente todos los asuntos que tienen relevancia inmediata, además de los que se pudieron prever. Una vez que se firma el protocolo familiar se vive una relativa paz y se refuerza la esperanza de poder trabajar en paz en familia en el futuro. Pero existe el riesgo de que la familia se quede en esta etapa sin transitar a la más importante de todas: poner en práctica lo que acordaron. En esta sesión la familia revisará cuáles son esos acuerdos y definirá la forma en que harán de ellos una realidad, incluyendo este compromiso en el Protocolo Familiar y dejándolo listo para su firma.

## Ejercicio 7.01. Análisis de los acuerdos del Protocolo Familiar

Antes de reunirse en familia para elaborar el plan se deberá elaborar en forma individual y con suficiente tiempo un análisis de los acuerdos del Protocolo Familiar. Se puede acordar un periodo de 7 días para que todos elaboren el Formato 7.01.1 para reunirse y elaborar el plan de implementación.

Antes de iniciar el trabajo individual de análisis de los acuerdos del Protocolo Familiar, deberán revisar los ejemplos de acuerdos que se muestran en el Cuadro 7.01.1 para tener una idea de qué es lo que van a buscar en el análisis.

## Cuadro 7.01.1. Ejemplo de acuerdos para la implementación de Protocolo Familiar

*Para dar cumplimiento a los compromisos que adquirimos en este Protocolo Familiar acordamos crear las siguientes comisiones y designamos a la persona que se menciona para coordinar las actividades que se requieran con este fin.*

*Comisión para la operación de la Asamblea Familiar*
*Objetivo: Hacer que opere el Consejo Familiar para que cumpla con sus objetivos*
*Responsable: _____, apoyada por _____*
*Tareas a 2 meses: Elaborar un plan de acción de este consejo para el resto del año e iniciar su ejecución.*

*Comisión para la operación del Consejo de Accionistas Familiares*
*Objetivo: Hacer que opere el Consejo de Accionistas Familiares para que cumpla con sus objetivos*
*Responsable: _____, apoyada por _____*
*Tareas a 2 meses:*
*a.  Desarrollar propuestas para acotar los límites de toma de decisiones del Consejo de Accionistas Familiares*
*b.  Planear y realizar la sesión del mes de septiembre*

*Comisión para la operación del Consejo de Administración*
*Objetivo: Formalizar la realización de las sesiones de consejo de acuerdo con lo que se establece en este Protocolo Familiar y dar seguimiento a la definición de indicadores de operación individuales y de consejeros.*
*Responsable: _____*
*Tareas a 3 meses:*
*a.  Seguimiento a las convocatorias*
*b.  Calendario de temas a tratar en el consejo*
*c.  Circulación previa de información para consejeros*
*d.  Realizar la primera junta de Consejo de Administración*

*Comisión para la restructuración del patrimonio común*
*Objetivo: Consolidar los activos de la familia de acuerdo con los deseos del Consejo de Accionistas Familiares y lo definido en nuestro Protocolo Familiar*
*Responsable: _____*
*Tareas a 12 meses:*
*a.  Informar status actual de las propiedades (en un mes)*
*b.  Presentar una propuesta de restructuración en las fechas establecidas en este Protocolo Familiares (en dos meses)*
*c.  Concluir la restructuración del patrimonio (doce meses)*

---

*Comisión para la ejecución del plan de generación de ingresos adicionales*
*Objetivo: Obtener un plan de acción para los cónyuges*
*Responsable: _____*
*Tareas a 12 meses:*
a. *Promover una reunión real o virtual para decidir plan a seguir. Enviar mail para definir fecha de la primera reunión virtual (un mes)*
b. *Promover que cada una de ellas prepare su propuesta, o coordinar propuestas conjuntas (dos meses)*
c. *Presentar para aprobación del Consejo de Accionistas Familiares las propuestas de cónyuges (4 meses)*
d. *Elaborar el plan de negocio para propuestas aprobadas (12 meses)*

*Comisión para seguimiento a la formalización de testamentos y su salvaguarda*
*Objetivo: Promover que todos tengan su testamento en los términos de este Protocolo Familiar*
*Responsable: _____*
*Tareas a 3 meses:*
a. *Verificar cómo va cada uno con este compromiso para que lo tengan listo en el mes de septiembre*
b. *Buscar la forma en que se guardarán los testamentos*

---

En la revisión y análisis de compromisos deberán leer detenidamente el protocolo familiar que han redactado. Detecten el más mínimo compromiso que pueda emanar de los acuerdos que alcanzaron, ya sea para un solo miembro de la familia o para varios en conjunto, inclusive si es un compromiso para una tercera persona. Con la información que van recabando deberán elaborar el Formato 7.01.1.

## Formato 7.01.1. Análisis personal de los compromisos del Protocolo Familiar

Revise detenidamente el Protocolo Familiar y transcriba todos y cada uno de los compromisos que emanan de ese documento. Incluya una propuesta de quién se deberá encargar de realizar o coordinar que se cumpla con ese compromiso, la fecha en que usted considera se debe realizar y los recursos que previsiblemente se podrían requerir. Sea exhaustivo y minucioso en su búsqueda de compromisos y tareas a realizar.

| Referencia: No. de artículo o cláusula en que se encuentra el compromiso. | Descripción del compromiso. Puede ser literalmente lo que está redactado. | Tareas que podrían derivarse para cumplir el compromiso. | Quién o quiénes pueden encargarse de realizar o coordinar las acciones necesarias. | Fecha en que se propone debería quedar concluido el compromiso. | Recursos que podrían requerirse |
|---|---|---|---|---|---|
| | | | | | |
| | | | | | |
| | | | | | |
| | | | | | |
| | | | | | |
| | | | | | |
| | | | | | |
| | | | | | |
| | | | | | |
| | | | | | |
| | | | | | |
| | | | | | |
| | | | | | |

Una vez que se ha trabajado individualmente en la detección de compromisos en el Protocolo Familiar y después de que se ha elaborado el Formato 7.01.1, la familia se reunirá y compartirá lo que preparado. Juntos deberán llegar a un acuerdo de los compromisos a dar seguimiento, del responsable, fecha de terminación y recursos que se requerirán. Utilicen para esto el Formato 7.01.2. Al terminar deberán redactar el acuerdo de seguimiento e implementación de los acuerdos, para incluirlo en su Protocolo Familiar.

**Formato 7.01.2. Plan de Implementación de los compromisos del Protocolo Familiar**

| Con lo que individualmente se obtuvo en el Formato 7.01.1, compartan en familia y lleguen a un acuerdo sobre los compromisos a que darán seguimiento. | | | | | |
|---|---|---|---|---|---|
| Referencia: No. de artículo o cláusula en que se encuentra el compromiso. | Descripción del compromiso. Puede ser literalmente lo que está redactado. | Tareas que podrían derivarse para cumplir el compromiso. | Quién o quiénes se encargarán de realizar o coordinar las acciones necesarias. | Fecha en que se deberá quedar concluido el compromiso. | Recursos que podrían requerirse. |
| | | | | | |
| | | | | | |
| | | | | | |
| | | | | | |
| | | | | | |
| | | | | | |
| | | | | | |
| | | | | | |
| | | | | | |
| | | | | | |

# ÍNDICE DE EJERCICIOS

# ÍNDICE DE CUADROS

# ÍNDICE DE FIGURAS

# ÍNDICE DE FORMATOS